# 고도 엔진 4
# 게임 개발 프로젝트

제**2**판

# Godot 4 Game Development Projects – Second Edition

Copyright © 2023 Packt Publishing.

First published in the English language under the title
'Godot 4 Game Development Projects – Second Edition – (9781804610404)'

---

# 고도 엔진 4 게임 개발 프로젝트(제2판)

**1판 1쇄 발행** 2024년 3월 21일

**지은이** 크리스 브래드필드
**옮긴이** 강세중
**펴낸이** 장성두
**펴낸곳** 주식회사 제이펍

**출판신고** 2009년 11월 10일 제406-2009-000087호
**주소** 경기도 파주시 회동길 159 3층 / **전화** 070-8201-9010 / **팩스** 02-6280-0405
**홈페이지** www.jpub.kr / **투고** submit@jpub.kr / **독자문의** help@jpub.kr / **교재문의** textbook@jpub.kr

**소통기획부** 김정준, 이상복, 김은미, 송영화, 권유라, 송찬수, 박재인, 배인혜, 나준섭
**소통지원부** 민지환, 이승환, 김정미, 서세원 / **디자인부** 이민숙, 최병찬

**진행** 권유라 / **교정·교열** 이정화 / **내지디자인 및 편집** 이민숙
**용지** 타라유통 / **인쇄** 한길프린테크 / **제본** 일진제책사

**ISBN** 979-11-92987-92-7 (93000)
**값** 29,000원

제이펍은 여러분의 아이디어와 원고를 기다리고 있습니다. 책으로 펴내고자 하는 아이디어나 원고가 있는 분께서는
책의 간단한 개요와 차례, 구성과 지은이/옮긴이 약력 등을 메일(submit@jpub.kr)로 보내주세요.

# 고도 엔진 4 게임 개발 프로젝트

### 제2판

크리스 브래드필드 지음 / 강세중 옮김

# 차 례

**CHAPTER 1** 고도 4 소개

**CHAPTER 2** 코인 대시: 첫 2D 게임 만들기

# CHAPTER 3

# 스페이스 록: 물리 엔진으로 고전 2D 아케이드 만들기

CHAPTER 6 인피니트 플라이어

# 옮긴이 머리말 ───────────────

게임 엔진이라는 개념이 이제 막 확립되던 20여 년 전에 AAA급 게임은 수백 MB 정도 크기였고, 수십~백여 명이 참여해 1년 반~3년 정도에 걸쳐 제작하는 것이 보통이었다. 지금도 개발 기간은 크게 달라지지 않았지만, 용량은 수십 GB로 늘어났다. 단순히 숫자만 따지자면 효율성이 약 100배로 늘어난 것이다. 게임 엔진이라는 도구 없이 모든 게임을 바닥부터 새로 만들었다면 (유능한 개발팀이 수년간 쌓은 노하우를 십분 활용한다 해도) 이런 발전은 불가능했을 것이다. 물론 이런 발전이 순전히 게임 엔진 덕분인 건 아니다. 그 밖의 소프트웨어/하드웨어도 큰 발전을 했고, 하나의 프로젝트에 참여하는 인원도 10배 가까이 증가했다.

그러나 사실은 이런 대규모 인원이 동시에 개발에 참여할 수 있는 것 자체가 게임 엔진이 있기에 가능한 일이다. 게임 엔진의 효용성을 '이미 누군가가 개발한 기능을 재활용'하는 것뿐이라고 생각하기 쉽지만, 개발팀 전체의 기술 이해도와 작업 방식, 그리고 작업 결과물의 형식을 하나의 '표준'으로 통일시킴으로써 팀 전체의 의사소통을 원활하게 한다는, 보이지 않지만 어마어마하게 큰 혜택이 있다. 각 개발자마다 지식 배경이 모두 다르고 팀원 간에 직접 대면을 통한 협의가 거의 불가능한 대형 팀에서 이런 표준화는 필수 불가결한 기능이다. 게임 엔진이 없었다면 단일 개발팀의 규모는 50명을 넘기 힘들었을 것이다.

그러나 게임 엔진이 이렇게 게임 개발의 필수 요소가 될 정도로 발전하면서, 아직 현업을 경험하지 못한 학생이나 소수 인원으로 수많은 기존 대형 개발팀과 경쟁해야 하는 인디 개발자가 다루기에는 너무 방대하고 비싼 물건이 되는 문제가 생겼다. 특히 양대 엔진이라고 불리는 유니티와 언리얼은 기능이든 라이선스든 개인이 사용하기는 사실상 불가능할 정도로 부담스러운 규모다.

한편 게임 엔진이 점점 정교하고 강력해지면서, 게임 엔진 자체의 작동 원리에 대해 이해하는 엔지니어 비율이 상대적으로 낮아졌다는 점도 문제다. 그래서 연습 삼아서라도 스스로 게임 엔진을 개발해보라고 권유하는 업계 선배들도 있고, 실제로 매우 일리 있는 충고지만 아무리 간단한 습작 엔진 제작이라 하더라도 게임 개발자를 지망하는 초보자가 쉽게 엄두를 낼 만한 작업이라 말하긴 어렵다. 그렇다고 막 입사해 프로젝트에 매진해야 하는 신입 엔지니어가 개인 시간을 내서 자작 엔진을 개발하기도 쉽지 않다.

고도 4는 이런 업계의 '후발 주자'들에게 더할 나위 없는 대안이다. 사용하기 쉽고 가벼울 뿐더러 복잡한 라이선스 문제가 아예 없어서, 개인이 연습용으로 사용하든 전문 개발팀이 상업용 게임을 전 세계에 배포하기 위해 사용하든 부담이 없다. 게다가 오픈 소스라서 엔진 내부 구조를 알고 싶은 사람은 얼마든지 소스 코드를 살펴볼 수 있고, 더 나아가 기여자로 참여해 직접 엔진을 개선하면서 실력을 키울 수도 있다.

고도 엔진은 기여자들의 봉사로 만들어지는 완전 무료 오픈 소스 엔진이며 출시된 지도 이미 10년째라는 역사를 자랑하지만, 3.x 버전까지는 세계 유수의 상용 엔진들과 경쟁할 수 있는 수준이라 하기 어려웠다. 그러나 4.0 이후로 괄목할 만한 발전을 이뤄서, 2024년 1월에는 디스코드 커뮤니티 인원 기준으로 유니티와 언리얼에 버금가는 세계 3위 엔진으로 성장했다. 4위인 로블록스 스튜디오와는 2배 가까이 차이가 난다. 개인 또는 소수 팀이 세계 수준의 엔진을 무료로 사용해 자기 게임을 만들 수 있는 시대가 열린 것이다.

하지만 이렇게 유망한 엔진으로 떠올랐음에도 국내에는 고도 엔진에 대해 변변히 참고할 만한 자료가 없는 것이 현실이다. 고도 에디터 자체는 한국어를 100% 지원해 웬만한 상용 엔진보다도 현지화 면에서 앞서는데도 불구하고, 고도 4 문서 대부분이 아직 번역되지 않은 채 남아 있어 국내 개발자들이 고도 엔진을 익히기가 그리 쉽지 않다. 이런 시점에서 에디터 사용법부터 실제 게임 개발 방법까지 쉽고 꼼꼼하게 설명하는 이 책은 국내 개발자들에게 고도 4의 우수성과 사용법을 널리 알려줄 디딤돌 역할을 할 것이다.

나는 엔지니어가 아니라 게임 디자이너지만, 이 책을 번역하며 예제 프로젝트를 따라 만드는 작업은 무척 즐거웠다. 처음 접하는 엔진을 초보자도 쉽게 따라 할 수 있을 만큼 친절하고 자세하게 설명해줘서, 한동안 잊고 있었던 게임 제작의 재미를 다시 떠올릴 수 있을 정도였다. 고도 4가 사용하기 좋은 도구라는 점만큼이나 이 책이 고도 4의 친절한 입문서라는 데에도 의심할 여지가 없다.

최고의 비주얼과 정교한 메커니즘을 원한다면 언리얼 엔진이 더 낫다. 안정적인 기술 지원과 다양한 용례를 바란다면 전 세계 가장 많은 개발자가 사용하는 유니티가 더 낫다. 그러나 혼자서 또는 마음 맞는 동료와 함께 내가 만들고 싶은 게임을 만든다면, 나는 주저 없이 고도 4 엔진을 선택할 것이다. 그리고 여러분도 나와 같은 선택을 한다면, 이 책이 여러분의 첫 게임 개발을 마칠 때까지 (어쩌면 그 이후로도) 함께하는 충실한 동반자가 되어줄 것이다.

고도 엔진 에디터 메뉴가 익숙하지 않은 독자를 위해 한국어판 부록을 추가했다. 프로젝트를 따라 하면서 참고하길 바란다.

이런 좋은 책을 우리말로 옮길 기회를 준 제이펍 관계자들께 감사드리며, 옮긴이의 부족한 능력을 통해서나마 원서의 훌륭함이 우리나라 독자 여러분께 잘 전달되기를 바란다.

강세중

몇 년 전부터 고도 엔진에 대한 관심이 많아졌지만 제대로 된 저서나 역서를 찾기 어려워 아쉬웠는데, 이렇게 멋진 책이 나오게 되어 반갑습니다. 고도 엔진으로 2D 게임뿐만 아니라 3D 게임 개발 과정까지, 프로젝트 시작부터 GDScript 작성, 애셋 관리 등 게임을 개발하기 위한 첫 단추를 끼울 수 있을 정도의 간단하면서도 필요한 내용이 다 포함되어 있습니다.

**박일(엔씨소프트 TL 캠프)**

국내에 처음으로 고도 엔진 입문서가 나온다는 소식은 고도 엔진 후원자이자 나름 전도사로서 매우 반가운 일입니다. 그동안 해외 인디 게임 씬에서는 고도 엔진의 사용자가 꾸준히 증가해서 세 번째로 사용자가 많은 엔진이 되었지만 국내에는 사용자가 드물었습니다. 최근 유니티 엔진의 가격 정책 변경 때문에 그 어느 때보다 무료 오픈 소스인 고도 엔진에 대한 관심이 커졌지만, 상대적으로 국내 사용자가 적다 보니 한국어로 된 정보도 한정되고 특히 한국어 책은 없었습니다. 이런 상황에서 고도 엔진 4의 최신 입문서 중 가장 좋은 책의 번역서가 나오게 되어 참으로 기쁩니다. 저자는 미국에서 청소년들에게 게임 만들기를 통해 코딩을 가르치는 교육 과정을 오랫동안 운영해온 베테랑 교육자이기도 합니다. 고도 엔진을 처음 배우려는 이들에게 좋은 입문서가 되리라고 기대합니다.

**김성완(Godot Engine Korea 운영자, 인디라! 인디 게임 개발자 모임 대표)**

유니티와 언리얼 엔진을 현업에서 모두 사용해본 경험이 있지만, 고도 엔진과의 인연은 지금껏 없었습니다. 최근 즐겨 하는 스팀 게임들 사이에서 고도 엔진 적용 사례가 늘어나는 것을 보며 흥미가 있던 찰나에 이 책을 만나게 되었습니다. 간단한 게임을 만들어보자는 생각으로 책을 대했고, 필요한 기능을 차근차근 책에서 찾아나가기 시작했습니다. 유니티와 유사한 구조를 가지고 있어, 씬과 노드에 대한 이해만 새롭게 하면 유니티 사용자들도 고도 엔진으로 쉽게 전환할 수 있을 것으로 보입니다. 고도 엔진을 활용한 2D와 3D 게임 제작에 이르기까지, 이 책은 고도 엔진을 처음 접하는 이들에게 훌륭한 레퍼런스가 될 것입니다.

장세용(NDUS Interactive TD)

게임 엔진은 새로운 강자가 나타나고 또한 없어지는 것이 계속 반복되면서 지금은 유니티와 언리얼, 2강으로 굳어졌습니다. 하지만 개발이 엔진에 종속되는 것은 항상 위험성을 가지고 있습니다. 2018년 고도 엔진 코리아 페이스북 그룹이 생기면서 이 새로운 엔진이 자리 잡기를 기대했지만, 한국어 자료가 부족하고 해당 기술을 사용하는 개발자 역시 부족했기 때문에 자리를 잡지 못하고 있었습니다. 고도 엔진은 파이썬과 유사한 GDScript를 지원하며, 오픈 소스라는 장점이 있습니다. 2D부터 3D까지 다양한 예제로 고도 엔진 사용법을 배울 수 있는 이 책은 고도 엔진에 입문하고자 하는 사람들에게 좋은 마중물이 될 것입니다. 이 책을 통해 프로덕트까지 진행되는 고도 엔진 프로젝트가 나오기를 기대합니다.

오영욱(게임 프로그래머, 가천대 게임·영상 전공 강사)

유명한 두 상용 게임 엔진 사이에서 오픈 소스로 완전 무료로 사용할 수 있는 고도 엔진에 대한 국내 게임 개발자들의 관심이 급격히 커졌습니다만, 공식 문서 외에는 한국어로 접할 수 있는 입문 자료가 거의 전무했습니다. 이런 상황에서 한국어로 된 첫 고도 엔진 4 입문서가 나올 수 있게 된 것도 반가운데, 최신 버전에 맞춘 실습 중심의 입문서라 더 반갑고 기쁩니다.

게임을 개발하기 위해 필요한 모든 걸 공부한 뒤 개발을 시작할 필요는 없습니다. 게임 개발 분야는 방대하기 때문에, 만들고자 하는 게임에 필요한 요소들만 공부하는 것이 가장 빠르고, 쉽고, 효율적인 학습 방법입니다. 이 책은 고도 엔진을 빠르게, 쉽게, 효율적으로 익히고자 하는 분들을 위해 장황한 사전 설명을 최소화하고 5개의 게임을 하나씩 만들어보는 과정에서 고도 엔진의 특징과 필수 게임 개발 지식을 자연스럽게 설명합니다.

고도 엔진으로 게임을 직접 만들어보고 싶은 게임 개발 유경험자분들은 물론, 초심자분들께도 추천합니다.

**원소랑(인디 게임 개발자, 게임 개발 블로거)**

1인 개발을 시작하는 사람들이 많이 늘고 있습니다. 이에 따라 무료 게임 엔진을 찾는 사람들도 늘고 있습니다. 이 책에서는 무료 게임 엔진의 신흥 강자인 고도 엔진의 사용법을 간단한 게임을 개발해 보면서 차근차근 익힐 수 있습니다. 1인 개발을 시작하려는 개발자나 무료 게임 엔진 사용을 고려 중인 팀 모두에게 이 책을 추천합니다.

**이동연(게임 개발자)**

# 베타리더 후기 _____

### 🦋 김범준(효돌)

언리얼 엔진이나 유니티로 프로젝트를 진행하기에는 부담스러운 분들에게 고도를 추천합니다. 이 책은 다양한 예제를 통해 최근 주목받고 있는 고도 4에 대해 단계적으로 소개하고 있는 최적의 입문서입니다. 그동안 어렴풋이 알고 있었던 것들에 대해 명확하게 알 수 있었고, 마치 마술의 비밀과 트릭을 알아가는 것처럼 마지막 장까지 즐겁게 읽을 수 있었습니다. 고도의 한국어 서적이 전무한 가운데 이번 《고도 엔진 4 게임 개발 프로젝트(제2판)》의 출간은 정말 희소식이 아닐 수 없습니다. 이번 출간을 계기로 다양한 서적들이 더 많이 출간되기를 진심으로 기대합니다.

### 🦋 김효진(에스지코드랩)

《고도 엔진 4 게임 개발 프로젝트(제2판)》는 게임 개발을 향한 여정을 시작하는 입문자부터 중급 수준의 개발자들까지 포용하는 탁월한 도서입니다. 그다지 친절하진 않지만, 저자가 설정한 장벽들을 넘어가는 실습 과정을 통해 독자들은 직접 학습하며 실제 경험을 쌓을 수 있습니다. 이 과정에서 고도 엔진을 사용하는 방법과 실무에 적용 가능한 팁과 기술적 통찰력을 습득할 수 있습니다. 오픈 소스 게임 엔진으로 떠나는 첫걸음을 내딛기에 아주 적합한 도서입니다.

### 🦋 박두현(팀리미티드)

이 책은 고도 엔진의 기본을 익힌 분들이 다음 프로젝트를 하기 이전에 한 번 정리하기에 좋은 책이라고 여겨집니다. 고도 엔진을 급하게 프로젝트 위주로 진행했던 저도, 이 책을 통해서 많은 내용을 갈무리할 수 있었습니다. 따라서 많은 분들에게 도움이 되리라고 생각합니다. 단 완전 초보자는 잠시 기본을 다지고 이 책을 만나면 원하는 배움을 얻을 수 있을 거라 생각합니다.

### 심주현(삼성전자)

5개의 실습 프로젝트는 학습용으로 구성이 잘 짜여 있습니다. 프로젝트를 따라 하다 보면 막히거나 길을 잃을 때가 가끔 있지만, 그럴 때는 공식 문서와 제공되는 코드를 참고하면 됩니다. 이런 과정들이 고도를 친숙하고 익숙하게 해줍니다. 저자는 실습한 내용을 떠올려보고 반복하길 틈틈이 강조합니다. GDScript는 따로 공부할 필요가 없을 정도로 쉽습니다.

### 이재호(하니소프트)

영어 반 한글 반인 고도 웹 사이트의 공식 문서를 보면서 게임을 개발했던 지난날들이 떠오릅니다. 정확히 이해하지 못하고 넘어갔던 수많은 기능의 참뜻을 이 책을 통해 알게 되었습니다. 책에 실린 게임 프로젝트를 정복하고 나면 어떤 게임이든 개발할 수 있을 것 같은 자신감이 생길 것입니다.

### 전민제(미디어 아티스트)

최적의 게임 개발 입문서! 이 책은 고도 엔진을 사용하여 게임 개발을 처음 접하는 이들을 위한 이상적인 안내서입니다. 기초부터 시작해 실용적인 적용까지, 게임 제작의 모든 단계를 친절하고 명확하게 설명합니다. 초보자부터 경험 많은 개발자까지 모두에게 유용한 이 지침서는 다양한 유형의 게임 제작 과정을 쉽게 따라 할 수 있게 도와줍니다. 게임 제작의 재미와 도전을 경험하고 싶은 모든 이들에게 추천하는 입문서입니다.

### 전희원(네이버클라우드, 유튜브 GameFromGodot)

아이와 함께 고도 엔진 기반 게임 개발을 취미로 진행한 지도 어언 2년이 넘어갑니다. 그동안 게임 개발 분야에서는 초보인 저나 아이에게 가장 큰 허들은 참고할 만한 국내서가 없다는 것이었습니다. 특히나 초등학생인 아이에게 유니티가 아닌 고도 엔진을 추천한 저로서는 참 미안한 부분이었는데, 다행히 이제는 이 책을 아이들에게 자신 있게 추천해줄 수 있겠다는 생각에 마음 한편에 안도감이 듭니다.

### 한상곤(부산대학교 PL연구실 연구원)

쉽고 빠르게 자신만의 작은 게임에 도전하고 있다면 이 책과 함께 고도 엔진으로 시작해보길 권합니다. 제공하는 도구도 많고, 코드도 생각보다 어렵지 않기 때문에 즐겁게 자신만의 작은 세계를 만들어볼 수 있습니다. 이 책을 읽는 동안 책에 제시된 게임을 만들면서 즐겁고 신나는 경험을 했습니다. 무엇보다 이 책 정말 재미있습니다. 시간이 허락한다면 제공된 코드를 좀 고쳐서 뭔가 해 보고 싶다는 생각이 들 정도로 좋았습니다. 특히 〈슈퍼 마리오브라더스〉 형태의 게임을 만드는 건 정말 즐거웠습니다. 여러분도 재미있는 경험이 되길 기원합니다.

### 함시환(슈퍼크리에이티브)

유니티와 언리얼의 양강 구도로 이어지던 게임 엔진 시장에 균열을 일으키고 있는 고도 엔진은 현재 중소규모 프로젝트에서 유니티와 언리얼에 비해 확고한 우세를 점하고 있습니다. 이 도서는 한국에서 고도의 유일한 약점이었던, '따라 할 수 있는 책이 없다'라는 약점마저 극복하게 해줍니다. 고도는 여러분에게 창작의 자유를 부여해주는 날개가 될 것이며, 이 책은 그 날개를 펼치는 방법을 알려줍니다.

대다수의 기술들이 추천을 하다가 마지막쯤에 가서 '...대신 내년쯤에는 쓸 만해져요'라고 이야기하는 것과 달리, 2023년 고도 4가 릴리스된 후부터는 '지금 당장 사용해도 괜찮아요'라고 말할 수 있게 되었습니다. 유니티와 언리얼이 비대해지고 뚱뚱해지고 느려지는 동안, 고도는 아주 경량에, 즐겁게 개발할 수 있는 환경을 만들어주었습니다. 실제로 해외 게임 잼에 주로 사용하는 엔진 2위까지 올라갔습니다. 고도 4 릴리스가 고작 1년밖에 안 됐다는 점에서 이는 매우 고무적인 성과입니다.

그렇지만 고도 4에서 아쉬웠던 건 다름 아닌 한국어로 된 괜찮은 튜토리얼의 부재였고, 그래서 계속 섣불리 추천을 못하다가 이 책을 우연히 만나게 되었고, 이 책을 읽으며 정말 즐거웠습니다.

다만 이 책은 초보자의 독학을 위한 책이라고 느껴지지는 않는데, 프로그래밍을 처음 시작하시는 분들에게는 난이도가 꽤 높고, 특히 주요 문법들에 대한 설명이 부족하다고 느껴져서 그런 것 같습니다.

그러나 이걸 강의서라고 생각하면서 접근하거나 보통 입문서처럼 하나하나 따라 하며 다 떠먹여주는 책이 아닌, 직접 모르는 것을 찾아보고 미지의 영역을 뒤져보는 사람들을 위한 책이라면, 생각보다 더 괜찮은 입문서가 될 것입니다.

이 책은 고도Godot 게임 엔진의 최신 버전인 고도 4에 대한 입문서다. 고도 4에는 값비싼 상용 게임 엔진에 버금가는 새 기능feature이 많이 들어 있다. 초보자에게는 손쉽게 게임 개발 기술을 배울 수 있는 방법을 제공하고, 숙련된 개발자에게는 비전을 실현할 수 있을 만큼 강력하고 커스터마이징도 가능한 툴이다.

이 책은 프로젝트 기반 접근 방식으로 고도 사용법을 학습한다. 5개의 프로젝트와 추가 리소스로 구성되어 있으며, 개발자가 고도를 사용하여 게임을 만드는 방법을 제대로 이해하는 데 도움이 될 것이다.

## 대상 독자

이 책은 최신 게임 엔진을 사용하여 게임을 제작하는 방법을 배우고자 하는 모든 이를 대상으로 한다. 신규 사용자와 숙련된 개발자 모두에게 유용한 자료가 될 것이다. 그래도 프로그래밍 경험은 어느 정도 있는 편이 좋다.

## 책의 구성

이 책은 고도 게임 엔진 사용에 대한 프로젝트 기반 입문서다. 여기 실린 5개의 게임 프로젝트는 각각 이전 프로젝트에서 배운 개념을 기반으로 한다.

**1장. 고도 4 소개**에서는 게임 엔진의 전반적인 개념과 고도의 특성을 소개하며, 고도를 다운로드하는 방법과 이 책을 효과적으로 사용하는 방법이 포함되어 있다.

**2장. 코인 대시: 첫 2D 게임 만들기**는 작은 2D 게임으로, 씬scene을 만들고 고도의 노드 시스템으로 작업하는 방법을 보여준다. 고도 에디터 사용 방법과 GDScript로 스크립트를 작성하는 방법을 처음 배우게 된다.

**3장. 스페이스 록: 물리 엔진으로 고전 2D 아케이드 만들기**에서는 물리 바디physics body를 사용하여 〈아스테로이드〉식 우주 게임을 만드는 방법을 보여준다.

**4장. 정글 점프: 2D 플랫포머[1]의 달리기와 점프**에서는 〈슈퍼 마리오브라더스〉식 횡 스크롤 플랫폼 platform 게임에 대해 알아본다. 키네마틱 바디kinematic body, 애니메이션 상태animation state, 타일 맵을 사용한 레벨 디자인에 대해 배운다.

**5장. 3D 미니골프: 미니골프 코스를 만들며 3D로 뛰어들기**에서는 이전 개념을 3차원으로 확장한다. 메시mesh, 조명lighting, 카메라 제어camera control를 다루게 될 것이다.

**6장. 인피니트 플라이어**에서는 계속해서 3D 개발을 탐색하며 동적 콘텐츠dynamic content, 절차적 생성 procedural generation, 기타 3D 기법을 다룬다.

**7장. 다음 단계와 추가 리소스**에서는 5가지 게임 프로젝트의 자료를 숙지한 후 추가로 탐색할 만한 다양한 주제를 다룬다. 여러분의 게임 개발 스킬을 더욱 확장하고 싶다면 여기에 있는 링크와 팁을 살펴보자.

# 사전 지식

이 책의 예제 코드를 제대로 이해하려면 프로그래밍에 대한 일반적인 지식이 있어야 하며, 되도록이면 파이썬Python이나 자바스크립트JavaScript 같은 동적 유형의 최신 언어를 사용하는 편이 좋다. 프로그래밍이 완전 처음이라면 이 책의 게임 프로젝트에 뛰어들기에 앞서 초보자 튜토리얼을 다시 보기를 권장한다.

고도는 윈도우, 맥OS, 리눅스 운영체제를 실행하는 비교적 최신 PC에서 실행된다.

---

1 옮긴이 platformer. 플레이어 캐릭터가 딛고 돌아다닐 수 있는 발판(platform)을 중심 요소로 하는 게임. 플랫폼 게임이라고도 한다. 게임을 구동하는 기기인 '플랫폼'과는 다른 의미다.

이 책의 디지털 버전(전자책)을 사용하는 경우, 코드를 직접 입력하거나 깃허브 저장소GitHub repository (링크는 다음 절에서 확인할 수 있음)에서 코드에 액세스하기를 권한다. 이렇게 하면 코드 복사 및 붙여넣기와 관련된 잠재적인 오류를 방지하는 데 도움이 된다.

## 예제 코드 다운로드

이 책의 예제 코드 파일은 깃허브의 https://github.com/PacktPublishing/Godot-4-Game-Development-Projects-Second-Edition(단축 URL: https://bit.ly/godot4game)에서 다운로드할 수 있다. 코드에 업데이트가 있을 경우 깃허브 저장소에 업데이트된다.

## 컬러 이미지 다운로드

이 책에 사용된 스크린숏과 도식의 컬러 이미지가 포함된 PDF 파일도 제공한다. https://bit.ly/godotengine4에서 다운로드할 수 있다.

# 감사의 글 ————————————————————————

3D 미니골프 타일을 제공해주신 케니 플루헬스Kenney Vleugels(@kenneyNL), 우주선 아트를 제공해주신 스코피오skorpio, 루이스 주노Luis Zuno(@ansimuz), 그리고 서니랜드Sunny Land 아트를 제공해주신 분들께 감사의 말씀을 전한다.

# CHAPTER 1

# 고도 4 소개

게임 개발은 직업으로 삼든 취미로 하든 재미와 보람을 느낄 수 있는 일이다. 지금이 게임 개발을 시작하기에 더할 나위 없이 좋은 시기다. 최신 프로그래밍 언어와 툴 덕분에 고품질 게임을 만들고 전 세계에 배포하기가 그 어느 때보다 쉬워졌다. 지금 이 책을 읽고 있다면 꿈꾸던 게임을 직접 만들기 위한 첫발을 내디딘 것이다.

이 책은 2023년에 새로 출시된 고도Godot 게임 엔진 버전 4에 대한 입문서다. 고도 4에는 고가의 상용 게임 엔진에 버금가는 새 기능이 대거 추가됐다. 초보자에게는 손쉽게 게임 개발의 기본을 배울 수 있는 방법을 제공하고, 숙련된 개발자에게는 비전을 실현할 수 있을 만큼 강력하고 커스터마이징이 가능한 개방형 툴 모음을 제공한다.

이 책은 프로젝트를 진행하는 형식으로 고도 엔진의 기초를 소개한다. 5개의 게임 프로젝트로 구성되어 있으며, 게임 개발 개념을 제대로 이해하고 이를 고도에 적용할 수 있게 도와준다. 그 과정에서 여러분은 고도의 작동 방식을 배우고 자신의 프로젝트에 적용할 수 있는 중요한 기술을 습득할 것이다.

이 장에서는 다음 주제를 다룬다.

- 시작을 위한 조언
- 게임 엔진이란 무엇인가?
- 고도란 무엇인가?

- 고도 다운로드

- 고도 UI 개요

- 노드와 씬

- 고도에서 스크립팅하기

## 1.1 시작을 위한 조언

이 절에는 필자가 교사이자 강사로 활동한 경험을 바탕으로 여러분에게 알려주는 일반적인 조언 몇 가지를 첨부했다. 이 조언을 염두에 두고 책을 읽길 바란다. 프로그래밍을 처음 접하는 분에게는 특히 유용할 것이다.

이 책의 프로젝트를 순서대로 따라가보자. 이전 장에서 소개한 주제를 뒤에 나오는 장에서 더 자세히 설명하는 경우가 있다. 기억나지 않는 내용이 나오면 이전 장으로 돌아가서 해당 주제를 복습하자. 시간 제한이 있는 것도 아니고 책을 빨리 끝낸다고 상을 주는 사람도 없다.

여러분이 습득해야 할 자료는 많다. 한 번에 이해가 되지 않는다고 낙심하지는 말자. 이 책을 읽는다고 하룻밤에 게임 개발 전문가가 되지는 않는다. 이는 불가능한 목표다. 목공예나 악기 연주 같은 스킬과 마찬가지로 숙련되려면 수년간의 연습과 공부가 필요하다. 반복이야말로 복잡한 주제를 학습하는 데 핵심 요소이며, 고도의 기능 역시 많이 사용할수록 점점 더 익숙하고 쉽게 느껴질 것이다. 끝까지 간 뒤에는 앞의 장 중 하나를 다시 한번 반복해보자. 처음 읽었을 때에 비해 이해되는 것이 얼마나 많은지에 놀랄 것이다.

이 글을 전자책으로 읽는다면, 코드를 복사하여 붙여 넣고 싶은 유혹을 뿌리쳐야 한다. 직접 코드를 입력하면 두뇌가 더 활성화된다. 강의 중에 필기를 하면 나중에 노트를 다시 보지 않더라도 듣기만 했을 때보다 더 기억에 남는 것과 비슷하다. 타이핑이 느리다면 타이핑 속도 향상에도 도움이 된다. 한마디로, 여러분이 프로그래머라면 코드 타이핑에 익숙해야 한다.

초보 게임 개발자가 저지르는 아주 큰 실수 중 하나가 자신이 감당할 없을 만큼 큰 프로젝트를 맡는 것이다. 시작할 때는 프로젝트의 개발 범위scope를 가능한 한 작게 유지하는 것이 매우 중요하다. 감당할 수 없는 정도로 커진, 완성하지 못할 대규모 프로젝트를 진행하는 것보다 작은 게임 두세 개를 완성하는 편이 훨씬 더 성공적이다(그리고 배우는 것도 많다).

이 책에 수록된 5가지 게임은 이 전략을 매우 엄격하게 따르고 있음을 알 수 있다. 모두 개발 범위가 작은데, 여기에는 2가지 실용적인 이유가 있다. 책 한 권 분량에 적절한 학습량을 맞추기 위해서이기도 하지만, 기본을 연습하는 데 집중하기 위해서이기도 하다. 이 게임들을 만들다보면 추가적인 기능과 게임 플레이 요소를 바로 떠올릴 수 있을 것이다. '우주선에 업그레이드 기능이 있다면 어떨까?' '캐릭터가 벽 점프를 할 수 있다면 어떨까?'라는 식으로 말이다.

아이디어가 많은 것은 좋지만, 아직 기본 프로젝트를 완성하지 않았다면 일단 적어만 두고 나중에 적용하기를 기약하자. '멋진 아이디어'를 잇달아 떠올리는 데 정신을 팔지 않게 주의해야 한다. 개발자들은 이를 **피처 크리프**feature creep라고 부르는데, 구현해야 할 기능 목록이 끝없이 늘어난다는 뜻이며, 수많은 프로젝트를 미완성으로 끌고 들어간 함정이다. 결코 이 함정에 빠지지 말자.

마지막으로, 가끔씩 휴식을 취하는 것을 잊지 말자. 책 전체는 물론이고 프로젝트 하나라도 앉은 자리에서 끝내려고 해서는 안 된다. 새로운 개념이 나올 때마다, 특히 각 장이 끝난 후에는 다음 장으로 넘어가기에 앞서 새 정보를 흡수할 시간을 가지자. 그러면 정보를 더 많이 기억할 수 있을 뿐만 아니라 과정도 더 즐길 수 있을 것이다.

## 1.1.1 효과적인 학습 비결

이 책의 프로젝트를 최대한 활용하고 그 과정에서 향상된 스킬을 오래 간직할 수 있는 비결을 밝힌다. 각 장 마지막에서 게임 프로젝트 제작이 끝나면 즉시 그 프로젝트를 삭제하고 다시 시작하는 것이다. 다만 이번에는 책을 보지 않고 다시 만들어보다가, 막히면 그 장의 해당 부분만 살펴본 다음 책을 다시 덮는다. 정말로 자신감이 생겼다면 자신의 취향대로, 게임 플레이의 일부를 변경하거나 새로운 요소를 추가하는 식으로 게임을 만들어보자.

이 과정을 각 게임마다 여러 번 반복하다 보면 책을 확인하는 횟수가 얼마나 줄어드는지에 깜짝 놀랄 것이다. 이 책에 소개된 프로젝트를 아무 도움 없이 혼자서 만들 수 있다면 여러분만의 콘셉트를 펼쳐낼 준비가 제대로 된 것이다.

이 팁을 마음에 담고 다음 절을 읽어보자. 다음 절에서는 게임 엔진이란 무엇이고, 왜 게임 개발자가 게임 엔진을 사용하면 좋은지에 대해 알아본다.

## 1.2 게임 엔진이란 무엇인가?

게임 개발은 복잡하고, 다방면의 지식과 스킬이 필요하다. 요즘에는 게임을 제작하려면 실제 게임 제작에 들어가기도 전에 대량의 기반 기술부터 필요하다. 프로그래밍을 시작하기 전에 컴퓨터를 만들고 직접 운영체제를 작성해야 한다고 상상해보자. 게임 개발도 정말 밑바닥부터 시작해서 필요한 모든 요소를 만들어야 한다면 이와 비슷할 것이다.

게다가 모든 게임에 공통되는 요구 사항도 많다. 예를 들어 어떤 게임이든 화면에 무언가를 그려야 한다는 점은 마찬가지다. 이를 위한 코드가 이미 작성되어 있다면, 게임마다 매번 다시 작성하기보다 재사용하는 편이 더 합리적이다. 바로 이것이 게임 프레임워크와 엔진의 역할이다.

**게임 프레임워크**game framework란 게임의 기본적인 부분을 구축하는 데 도움이 되는 헬퍼 코드가 포함된 라이브러리 집합이다. 그렇다고 모든 부품을 제공하는 것은 아니며, 모든 요소를 하나로 묶기 위해서는 코드를 훨씬 더 많이 작성해야 할 수도 있다. 이 때문에 게임 프레임워크로 게임을 만드는 것이 완전한 게임 엔진으로 만드는 것보다 시간이 더 걸릴 수 있다.

**게임 엔진**game engine이란 새 게임 프로젝트마다 바퀴를 재발명할[1] 필요가 없도록 게임 제작 과정을 간단히 할 수 있게 설계design된[2] 툴과 기술 모음이다. 흔히 쓰이는 기능 모음을 제공하며, 그런 기능 중에는 개발하는 데 상당한 시간과 노력을 투자해야 하는 것도 많다.

전형적인 게임 엔진이 제공하는 주요 기능 몇 가지를 거론하자면 다음과 같다.

- **렌더링(2D 및 3D)**: 렌더링rendering이란 게임을 플레이어의 화면에 표시하는 과정이다. 최신 GPU 지원, 고해상도 디스플레이, 조명, 원근, 뷰포트 같은 효과를 고려하면서도 이 모든 것을 매우 높은 프레임 속도로 유지해야 좋은 렌더링 파이프라인이라고 할 수 있다.
- **물리**: 매우 흔한 요구 사항임에도, 견고하고 정확한 물리physics 엔진을 구축하는 일은 어마어마한 과업이다. 대부분의 게임에는 어떤 종류가 됐든 충돌 감지 및 대응 시스템이 필요하며, 물리 시뮬레이션이 필요한 게임도 많다. 반면에 이를 작성하는 과업을 감당할 만한 개발자는 드물다. 특히 한 번도 해본 적이 없는 개발자라면 더욱 그렇다.

---

1 　[옮긴이] 'reinvent the wheel'은 이미 있는 것을 다시 만들어서 노력을 낭비한다는 뜻의 관용구다.
2 　[옮긴이] 이 책 전체에 걸쳐, design의 번역어로 설계와 디자인이 병용되었다. 한국어의 어감 차이 때문에 문장이 자연스럽도록 나눠서 썼을 뿐 큰 의미 차이는 없다.

- **플랫폼[3] 지원**: 오늘날의 시장 상황에서는 대부분의 개발자가 데스크톱, 콘솔, 모바일, 웹 등의 여러 플랫폼에 게임을 출시할 수 있기를 바란다. 게임 엔진은 여러 플랫폼에 게임을 퍼블리싱할 수 있게 통합된 내보내기_export 프로세스를 제공해서, 게임 코드를 다시 작성하거나 여러 배포 버전을 위한 추가 작업을 줄여준다.
- **공통 개발 환경**: 동일한 통합 인터페이스를 사용하여 여러 게임을 제작함으로써, 개발자는 새 프로젝트를 시작할 때마다 새로운 워크플로_workflow[4]를 다시 배울 필요가 없다.

여기에 더해 네트워킹, 이미지 및 사운드 관리 프로세스 간소화, 애니메이션, 디버깅 등의 기능을 지원하는 툴도 있을 것이다. 게임 엔진에는 애니메이션이나 3D 모델 제작용 툴 등의 다른 툴에서 콘텐츠를 가져올_import 수 있는 기능이 포함되어 있는 경우가 많다.

게임 엔진을 사용하면 개발자는 게임 제작에만 집중하고, 게임을 작동하는 데 필요한 기반 프레임워크를 만드는 일은 엔진에 떠넘길 수 있다. 소규모나 인디 개발자에게는 이것이 개발 기간을 3년에서 1년으로 줄여주거나, 아예 출시하지 못할 것을 출시할 수 있게 되는 차이를 가져올 수도 있다.

현재 시장에는 유니티_Unity, 언리얼 엔진_Unreal Engine, 게임메이커 스튜디오_GameMaker Studio 등 유명한 게임 엔진이 수십 개나 있다. 한 가지 알아둬야 할 중요한 사실은, 유명한 게임 엔진은 대부분 상용 제품이라는 점이다. 시작할 때는 금전적 투자가 필요하지 않은 것도 있지만, 게임이 수익을 창출할 경우에는 라이선스나 로열티를 (심지어는 둘 다) 지불해야 할 것이다. 어떤 엔진을 선택하든 사용자 계약을 주의 깊게 읽고 그 엔진으로 할 수 있는 일과 할 수 없는 일은 무엇이고, 숨겨진 비용은 (있다면) 얼마인지 확실히 이해해야 한다.

그런 반면에 어떤 엔진들은 비상업적 **오픈 소스**_open source다. 이 책에서 소개하는 고도 게임 엔진이 바로 그런 경우다.

## 1.3 고도란 무엇인가?

고도는 이전 절에서 설명한 모든 기능에 추가로 다른 것들까지 제공하는 최신 게임 엔진이다. 게다가 완전 무료 오픈 소스이며, 매우 융통성 있는 MIT 허가서_license[5]에 따라 출시됐다. 수수료와 숨겨

---

3 [옮긴이] 여기서의 플랫폼은 플랫폼 게임과 의미가 다르다. 게임이 구동되는 다양한 환경을 뜻한다.
4 [옮긴이] 작업 절차를 따라 정보나 업무가 이동하는 것을 말한다. 작업 흐름이라고도 한다.
5 [옮긴이] https://ko.wikipedia.org/wiki/MIT_허가서 참조.

진 비용도 없으며, 이는 게임 수익에 대해 로열티를 지불할 필요가 없다는 뜻이다. 여러분이 고도로 만든 모든 것은 100% 여러분 소유이며, 이 점은 지속적인 계약 관계가 필요한 대다수 상용 게임 엔진과 다르다. 이는 대다수 개발자에게 매우 매력적인 조건이다.

커뮤니티가 주도하는 개발인 오픈 소스라는 개념에 익숙하지 않다면 낯설게 느껴질 수도 있다. 하지만 리눅스 커널, 파이어폭스 브라우저, 그 밖에 유명한 여러 소프트웨어들과 마찬가지로 고도는 기업이 상용 제품으로 개발한 것이 아니다. 그 대신 열정적인 개발자로 구성된 커뮤니티가 시간과 전문성을 기부해서 엔진 제작, 버그 테스트 및 수정, 문서 제작 등을 한다.

게임 개발자로서는 고도를 사용했을 때 얻을 수 있는 이득이 많다. 우선 상업적 라이선스의 제약을 받지 않기 때문에 게임을 배포하는 방식과 분야를 완전히 제어할 수 있다. 대다수 상용 게임 엔진은 제작할 수 있는 프로젝트 유형을 제한하거나 도박 등 특정 장르의 게임을 제작하는 데는 훨씬 더 비싼 라이선스를 요구한다.

고도가 오픈 소스라는 점은 상업용 게임 엔진과는 비교할 수 없는 수준의 투명성이 있다는 뜻이기도 하다. 예를 들어 특정한 엔진 기능이 사용자의 요구 사항에 맞지 않는다는 것을 알게 되면 엔진 자체를 자유롭게 수정해서 필요한 새 기능을 추가할 수 있으며, 이 과정에서 허락을 받을 필요도 없다. 또한 엔진의 내부 작동에 대한 완전한 접근 권한이 있으므로 대규모 프로젝트를 디버깅할 때 매우 유용할 수 있다.

이는 여러분이 고도의 미래에 직접 기여할 수 있다는 의미이기도 하다. 7장의 '추가 주제'를 보면 고도 개발에 참여할 수 있는 방법에 대한 더 많은 정보가 있다.

이제 고도가 무엇이고 게임 제작에 어떻게 도움이 될 수 있는지 이해했으니, 직접 시작해볼 시간이다. 다음 절에서는 고도를 다운로드하고 자신의 컴퓨터에서 사용할 수 있도록 설정하는 방법을 알아보자.

## 1.4 고도 다운로드

https://godotengine.org/을 방문하여 [Download Latest]를 클릭하면 고도의 최신 버전을 다운로드할 수 있다. 이 책은 버전 4.0용으로 작성됐다.[6] 다운로드하는 버전의 뒷부분 숫자가 달라도 괜찮다

---

6  옮긴이 이 책의 원서는 4.0 버전을 기준으로 썼으나, 한국어판은 4.2 버전에서 바뀐 부분이 있을 경우 이를 적용했다.

(예: 4.2.1). 이는 버그 등의 문제를 수정하거나 기능을 개선한 업데이트가 포함되어 있다는 의미일 뿐이다.

[Download] 페이지에서는 표준 버전에 더해 .NET 버전도 볼 수 있을 것이다. .NET 버전은 C# 프로그래밍 언어와 함께 사용하도록 특별히 제작된 버전이다. 고도에서 C#을 사용할 계획이 아니라면 이 버전을 다운로드하지 말자. 이 책의 프로젝트는 C#을 사용하지 않는다.

그림 1.1 고도 다운로드 페이지

다운로드한 .zip 파일의 압축을 풀면 고도 애플리케이션이 설치된다.[7] 원한다면 `Programs`나 `Applications` 폴더로 (그런 폴더가 있는 경우) 드래그해 넣을 수 있다. 애플리케이션을 더블 클릭해서 실행하면 고도의 프로젝트 매니저 창이 나타나는데, 이에 대해서는 다음 절에서 배우게 될 것이다.

### 1.4.1 다른 설치 방법

컴퓨터에 고도를 설치하는 데는 고도 웹사이트에서 다운로드하는 방법 말고도 다른 방법이 몇 가지 더 있다. 이 방법으로 설치해도 기능에는 차이가 없다. 다음 설명은 애플리케이션을 다운로드하는 다른 방법일 뿐이다.[8]

- **스팀**: 스팀Steam 계정이 있다면, 스팀 데스크톱 애플리케이션을 통해 고도를 설치할 수 있다. 다음 그림과 같이 스팀 상점에서 Godot를 검색하고 안내에 따라 설치한다. 스팀 애플리케이션에서 고도를 실행할 수 있다.

---

7 (옮긴이) 사실 설치라고 할 것도 없다. 실행 파일의 압축이 풀릴 뿐이다. 설치된 앱 목록이나 데스크톱 메뉴에 등록되지 않았다고 놀라지 말자.

8 (옮긴이) 홈페이지에서 바로 다운로드한 경우와 달리, 이런 설치 방법을 통하면 데스크톱 메뉴에 통합된다. 그쪽이 편하다면 이 절의 설치 방법을 추천한다.

그림 1.2 스팀에 있는 고도 엔진

- **Itch.io**: 인기 좋은 `itch.io` 웹사이트에서도 고도를 다운로드할 수 있다. 이 사이트는 인디 게임 개발자와 창작자를 위한 시장이다. Godot를 검색하고 제공되는 링크에서 다운로드하면 된다.
- **패키지 관리자**: 다음 운영체제 패키지 관리자 중 하나를 사용하는 경우, 해당 패키지 관리자의 일반 설치 프로세스로 고도를 설치할 수 있다. 자세한 내용은 해당 패키지 관리자의 설명 문서를 보자.

  - 홈브루Homebrew(맥OS)
  - 스쿱Scoop(윈도우)
  - 스냅Snap(리눅스)

[NOTE] **안드로이드와 웹 버전**

고도 홈페이지에서는 안드로이드와 웹 브라우저에서 실행되는 고도 버전도 다운로드가 가능한 것을 볼 수 있다. 이 글을 작성하는 현 시점에서는 이런 버전이 '실험적(experimental)'이라고 표시되어 있으며 안정적이지 않거나 완전하게 기능하지 않을 수도 있다. 되도록 데스크톱 버전의 고도를 사용하는 것을 권장한다.

축하한다. 여러분은 컴퓨터에 고도 설치를 성공했다. 다음 절에서는 고도의 에디터 인터페이스에 대한 개요를 살펴볼 것이다. 에디터로 작업할 때 사용할 다양한 창과 버튼의 용도에 대한 설명이다.

## 1.5 고도 UI 개요

대다수 게임 엔진과 마찬가지로, 고도는 통합 개발 환경unified development environment을 제공한다. 이는 게임의 모든 측면(코드, 비주얼, 오디오 등)에서 동일한 인터페이스를 사용해 작업한다는 뜻이다. 이 절에서는 이 인터페이스와 그 구성 요소에 대해 소개한다. 우선은 용어부터 정리하자. 이 용어들은 이 책 전체에 걸쳐 에디터 창에서 취할 동작을 언급할 때 사용된다.

### 1.5.1 프로젝트 매니저

**프로젝트 매니저**Project Manager 창은 고도를 열었을 때 가장 먼저 보게 될 창이다.[9]

그림 1.3 프로젝트 매니저

> **NOTE 처음으로 고도 열기**
> 고도를 처음 열었을 때는 아직 아무런 프로젝트가 없고, '애셋 라이브러리에서 공식 예제 프로젝트를 찾아보는 게 어떨지'를 묻는 팝업 창부터 보게 될 것이다. [취소]를 선택하면 그림 1.3의 스크린숏과 같이 프로젝트 매니저가 표시된다.

---

9  옮긴이 고도를 처음 실행하면 이 책의 스크린숏과 달리 어두운 화면이 뜰 것이다. 상단 메뉴의 [에디터 | 에디터 설정]을 선택해 나오는 팝업창에서 인터페이스 섹션의 테마를 [Light]로 설정하면 책과 같은 화면을 볼 수 있다. 테마는 개인 취향에 따라 선택하면 된다.

이 창에서는 기존 고도 프로젝트 목록을 볼 수 있다. 기존 프로젝트를 골라서 [실행]을 클릭해 게임을 플레이할 수도, [편집]을 클릭해 고도 에디터에서 작업할 수도 있다. 아니면 [새로 만들기]를 클릭해 새 프로젝트를 생성할 수도 있다.

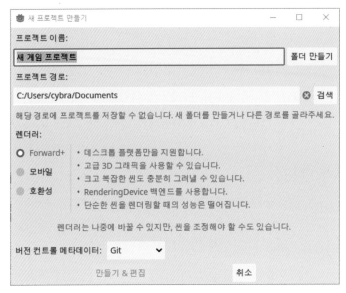

그림 1.4 새 프로젝트 설정

여기서는 프로젝트의 이름을 정하고 저장할 폴더를 생성할 수 있다. 경고 메시지에 주의하자. 고도 프로젝트는 컴퓨터에 별개의 폴더로 저장된다. 프로젝트에서 사용하는 모든 파일은 이 폴더에 있어야 한다. 이 덕분에 고도 프로젝트를 편리하게 공유할 수 있는데, 프로젝트 폴더를 압축해서 보내기만 하면 다른 고도 사용자에게 프로젝트를 공유할 수 있다.

## ● 렌더러

새 프로젝트를 만들 때 **렌더러**Renderer도 고를 수 있다. 그림 1.4의 3가지 옵션은 최신 데스크톱 GPU가 필요한 최첨단 고성능 그래픽에서부터 모바일이나 구형 데스크톱과 같이 성능이 낮은 플랫폼과의 호환성 사이의 균형을 나타낸다. 이 옵션은 나중에 필요하면 변경할 수 있으므로, 기본 설정으로 두어도 괜찮다. 나중에 모바일 플랫폼용 게임을 빌드하기로 결정한다면, 고도 문서에 성능 및 렌더링 옵션에 관한 정보가 많이 있으므로 이를 참조하자. 7장을 보면 문서 링크와 추가 정보가 나와 있다.

● **파일 이름 고르기**

새 프로젝트 이름을 지을 때 권장할 만한 간단한 규칙 몇 가지가 있다. 이 규칙을 지키면 나중에 생길 문제를 미리 줄일 수 있다. 프로젝트가 무엇인지를 설명하는 이름을 짓자. '위저드 배틀 아레나'가 '게임 2호'보다 훨씬 더 좋은 프로젝트 이름이다. 나중에는 어떤 게임이 2번째인지 기억할 수 없을 테니 가능한 한 서술적으로 짓자.

프로젝트 폴더와 그 안의 파일 이름을 어떻게 지을지도 생각해야 한다. 어떤 운영체제는 대소문자를 구분해 My_Game과 my_game을 다르게 보는 반면, 그렇지 않은 운영체제도 있다. 이로 인해 프로젝트를 한 컴퓨터에서 다른 컴퓨터로 옮길 때 문제가 일어날 수 있다. 이 때문에 많은 프로그래머가 프로젝트에 표준화된 명명 체계를 개발한다. 예를 들어 파일 이름의 단어 사이에 공백을 사용하는 대신 _(밑줄)을 사용하는 방법 등이다.[10] 어떤 명명 체계를 적용하든 가장 중요한 점은 일관성을 유지하는 것이다.

일단 프로젝트 폴더를 생성한 후 [만들기 & 편집] 버튼을 누르면 새 프로젝트가 에디터 창에서 열릴 것이다. 바로 시도해 보자. `test_project`[11]라는 프로젝트를 만든다.

> NOTE **콘솔 창**
> 윈도우 운영체제 버전을 사용하는 경우, Godot_v4.2.1-stable_win64_console.exe 파일로 고도를 실행하면 콘솔 창이 열리는 것을 볼 수 있다. 이 창에서는 엔진이나 프로젝트에서 생성된 경고와 오류를 볼 수 있다. 맥OS 나 리눅스에는 이 창이 표시되지 않지만, 명령줄에서 터미널 프로그램을 사용해 이 애플리케이션을 실행하면 콘솔 출력을 볼 수 있다.

### 1.5.2 에디터 창

다음 그림은 기본 고도 에디터 창의 스크린숏이다. 고도에서 프로젝트를 제작할 때는 대부분의 시간을 이 창에서 보내게 된다. 에디터 인터페이스는 여러 섹션으로 나뉘며, 그 각각은 서로 다른 기능을 제공한다. 각 섹션에 대한 구체적인 용어는 그림 1.5 이후에 자세히 설명된다.[12]

---

10 (옮긴이) 이때 쓰이는 _이 기어가는 뱀 같다고 해서 스네이크 방식(snake_case)이라고 한다. 그 밖에 많이 쓰이는 체계로 모든 단어를 붙여 쓰고 각 단어 첫 글자를 대문자로 쓰는 카멜 방식(CamelCase)도 있다.

11 (옮긴이) 고도는 프로젝트 이름 입력으로 한글을 지원하지만, OS나 플랫폼에 따라서 한글 파일/폴더 이름에 오류가 나는 경우가 있다. 게임 제작에 쓰이는 모든 파일/폴더/변수/함수/메서드 이름은 되도록이면 영숫자와 밑줄(_)로만 짓는 편을 권장한다.

12 (옮긴이) 자세한 메뉴 설명은 한국어판 부록을 참고하자.

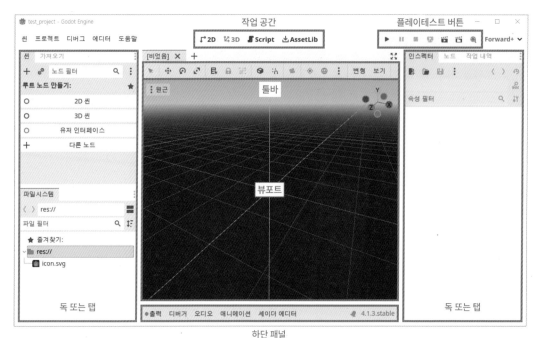

그림 1.5 **고도 에디터 창**

에디터 창의 대부분은 **뷰포트**Viewport다. 여기서 여러분이 작업하는 게임의 온갖 부분을 보게 될 것이다.

창 상단 중앙에는 **작업 공간**Workspaces 목록이 있으며 여기서 게임의 서로 다른 부분으로 작업을 전환할 수 있다. **2D** 모드와 **3D** 모드뿐만 아니라 게임의 코드를 편집하는 **Script**(스크립트) 모드로도 전환할 수 있다. **AssetLib**(애셋 라이브러리)에서는 고도 커뮤니티에서 제공하는 애드온add-on과 예제 프로젝트를 다운로드할 수 있다. 7장을 보면 애셋 라이브러리 사용에 대한 정보가 더 나온다.

그림 1.6은 현재 사용 중인 작업 공간의 **툴바**toolbar를 보여준다. 여기의 아이콘은 작업 중인 오브젝트의 종류에 따라 변경된다.

그림 1.6 **툴바 아이콘**

상단 오른쪽 **플레이테스트**playtest 영역의 버튼은 개발 중인/완료한 게임을 실행하거나, 작업 중인 씬을 테스트하거나, 디버깅하는 용도다.

그림 1.7 플레이테스트 버튼

왼쪽과 오른쪽 옆에는 **독**Dock 또는 **탭**Tab이 있어 게임 아이템을 보고, 선택하고, 속성property을 설정하는 데 사용할 수 있다. 왼쪽 독 하단에서 **파일시스템**FileSystem 탭을 찾을 수 있을 것이다. 프로젝트 폴더에 있는 모든 파일이 여기에 표시되며, 폴더를 클릭하면 열어서 내용을 확인할 수 있다. 프로젝트의 모든 리소스는 `res://` 경로에 상대적으로 위치하는데, 이 경로는 프로젝트의 루트 폴더다. 예를 들어 경로가 `res://player/player.tscn` 같은 식으로 보이는 경우라면 `player` 폴더에 있는 파일을 의미한다.

그림 1.8 파일시스템 탭

왼쪽 독 상단에는 씬 탭이 있는데, 현재 뷰포트에서 작업 중인 씬을 보여준다(씬에 대해서는 그림 1.9 이후에 더 자세히 설명한다).

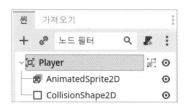

그림 1.9 씬 탭

오른쪽 옆에는 **인스펙터**Inspector라고 이름 붙은 상자가 있는데, 여기서는 게임 오브젝트의 속성을 보고 조정할 수 있다.

이 책의 게임 프로젝트를 작업해 가면서 이런 아이템의 기능을 배우면 점차 친숙하게 에디터 인터페이스를 누빌 수 있을 것이다.

이제 고도 에디터 창의 레이아웃과 책 전체에서 보게 될 요소의 이름에 익숙해졌을 것이다. 감질나는 소개를 끝내고 게임 제작을 시작하는 데 한 걸음 더 가까워졌다. 하지만 먼저, 그림 1.9에 몇 가지 요소가 있는 것을 눈치 챘을 것이다. 이를 노드라고 하는데, 다음 절에서 구체적으로 알아볼 것이다.

## 1.6 노드와 씬

**노드**node는 고도에서 게임을 만들기 위한 기본 빌딩 블록building block[13]으로서, 특화된 게임 기능을 다양하게 제공하는 오브젝트다. 노드 유형에 따라 이미지를 표시할 수도, 애니메이션을 재생할 수도, 3D 모델을 나타낼 수도 있다. 노드에는 속성 모음이 포함되어 있어 그 동작을 커스터마이징할 수 있다. 어떤 노드를 프로젝트에 추가할지는 어떤 기능이 필요한지에 달려 있다. 노드는 게임 오브젝트[14] 제작에 유연성을 주도록 설계된 모듈식 시스템이다.

여러분이 추가하는 노드는 **트리**tree 구조로 정돈된다. 트리 안에서 한 노드는 다른 노드의 **자식**children으로 추가된다. 특정 노드는 자식을 몇 개든 가질 수 있지만 **부모**parent 노드는 1개만 가질 수 있다. 노드 집단이 모여 트리가 되면 이를 **씬**scene이라고 한다.

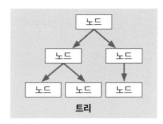

**그림 1.10  트리에 배열된 노드들**

고도의 씬은 일반적으로 프로젝트 안의 다양한 게임 오브젝트를 생성하고 구조화하는 데 사용된다. 플레이어 씬을 만들어서 플레이어의 캐릭터를 작동하게 하는 모든 노드와 스크립트를 포함했다고 해보자. 그다음에는 게임 맵을 정의하는 또 다른 씬을 만들 수도 있다. 이 씬에는 플레이어[15]가 통과해야 하는 장애물과 아이템 등이 들어간다. 다시 그다음에는 이런 다양한 씬을 결합해 최종적인 게임으로 만들 수 있다.

노드에는 다양한 속성과 기능이 붙지만, 어느 노드든 **스크립트**script를 붙여attach 동작과 역량을 확장할 수 있다. 이 덕분에 노드가 기본default 상태일 때 가능한 것보다 더 많은 작업을 수행하도록 코드를 작성할 수 있다. 예를 들어 `Sprite2D` 노드를 추가하면 이미지를 표시할 수 있지만, 클릭 시 해당 이미지가 움직이거나 사라지게 하려면 그런 동작을 생성하는 스크립트를 추가할 필요가 있을 것이다.

---

**13** [옮긴이] 무언가를 구성하는 기초 요소

**14** [옮긴이] 노드는 게임 제작을 위해 특화된 오브젝트다. 달리 말해 노드는 오브젝트 클래스에 각종 속성과 스크립트를 추가한 '자식'이라고 할 수 있다.

**15** [옮긴이] 플레이어는 원칙적으로 게임을 하는 '사람'을 뜻하는 말이지만, 게임 개발 분야에서는 플레이어가 조작하는 캐릭터를 의미할 때가 많다. 이 책에서도 극히 일부 경우를 제외하면 플레이어 캐릭터를 뜻하는 말로 쓰였다.

노드는 강력한 툴이며, 이를 이해하는 것이야말로 고도에서 게임 오브젝트를 효과적으로 제작하는 비결이다. 하지만 노드 자체만으로는 많은 것을 할 수 없다. (게임 속 오브젝트가 따라야 할 규칙인) 게임 로직을 제공하는 것은 여전히 여러분의 몫이다. 다음 절에서는 고도의 스크립팅 언어를 사용해 코드를 작성함으로써 이를 달성하는 방법을 살펴볼 것이다.

## 1.7 고도에서의 스크립팅

고도는 노드 스크립팅용 공식 언어를 2가지 제공한다. 바로 GDScript와 C#이다. GDScript는 전용 내장 언어라서 엔진과 가장 긴밀하게 통합되어 있으며 사용하기에도 직관적이다. 그렇지만 C#에 이미 친숙하거나 능숙하다면 해당 언어를 지원하는 버전을 다운로드할 수 있다.

이렇게 지원되는 2가지 언어 말고 고도 자체는 C++로 작성되었으며, 엔진의 기능을 여러분이 직접 확장해 더 높은 성능과 통제력을 얻을 수 있다. 다른 언어 사용과 엔진 확장에 관한 정보에 대해서는 7장의 '추가 주제'를 보자.

이 책에 나오는 모든 게임은 GDScript를 사용한다. 대다수 프로젝트에서는 언어로 GDScript를 선택하는 편이 최선이다. 고도의 **애플리케이션 프로그래밍 인터페이스**Application Programming Interface, API와 긴밀하게 통합되어 있으며 개발을 빨리 할 수 있게 설계됐다.

### 1.7.1 GDScript

GDScript의 구문은 파이썬과 매우 가깝게 모델링했기에, 파이썬에 이미 친숙하다면 GDScript도 매우 친숙하게 느껴질 것이다. 자바스크립트 같은 다른 동적 언어에 익숙해도 비교적 쉽게 배울 수 있다. 파이썬은 초심자에게 좋은 언어로 강력 추천되며, GDScript도 이런 사용자 친화성을 공유한다.

이 책은 여러분에게 최소한 약간의 프로그래밍 경험은 있다고 가정한다. 코딩을 해본 적이 전혀 없다면 좀 더 어려울 수 있다. 게임 엔진에 대한 학습은 그 자체만으로도 큰일인데, 그와 동시에 코딩까지 배운다는 것은 커다란 도전에 뛰어든다는 뜻이다. 이 책의 코드를 이해하느라 악전고투한다면, 파이썬이나 자바스크립트 같은 언어의 프로그래밍 입문 강좌를 수강해서 기초를 파악하는 편이 좋다.

파이썬처럼 GDScript도 동적 타입 언어다. 이는 변수를 생성할 때 타입을 선언할 필요가 없다는 뜻이다. 또한 공백(들여쓰기)을 사용해 코드 블록을 나타낸다. 전체적으로 봐서 GDScript를 게임 로직에 사용했을 때의 장점은, 엔진과 긴밀하게 통합되어서 코드 작성량이 적다는 점이다. 이는 그만큼 개발이 빨라지고 실수를 수정할 일도 줄어든다는 뜻이다.

GDScript가 어떤 모습인지 개념을 잡을 수 있게 다음 예제 코드를 준비했다. 스프라이트sprite를 정해진 속도speed[16]로 화면 왼쪽에서 오른쪽으로 움직이는 짧은 스크립트다.

```
extends Sprite2D
var speed = 200

func _ready():
    position = Vector2(100, 100)

func _process(delta):
    position.x += speed * delta
```

파이썬 같은 다른 고급 언어를 사용해본 적이 있다면 이 코드가 매우 익숙해 보일 것이다. 하지만 아직 잘 이해가 되지 않더라도 걱정하지 말자. 다음 장에서 여러분은 코드를 잔뜩 작성하게 되고, 더불어 그 많은 코드가 어떻게 작동하는지에 대한 설명도 함께 제공할 것이다.

## 요약

이 장에서는 게임 엔진의 일반적인 개념과 고도의 특징에 대해 소개했다. 가장 중요한 점은 여러분이 고도를 다운로드하고 실행했다는 것이다.

이 책 전체에 걸쳐 고도 에디터 창의 각 부분을 참조할 때 사용할 중요한 어휘 몇 가지를 배웠다. 또한 고도의 기본 구성 요소인 노드와 씬의 개념에 대해서도 배웠다.

그리고 이 책의 프로젝트에 대한 접근법과 게임 개발 전반에 대한 조언도 받았다. 이 책을 진행하다가 좌절감을 느낀다면 '시작을 위한 조언' 절로 돌아가서 다시 읽어보자. 배울 것이 많으니 처음에는 이해가 안 가도 괜찮다. 여러분은 이 책 전체에 걸쳐 5가지 게임을 만들게 되는데, 그 각 과정을 거치면서 조금씩 이해의 폭이 더 넓어질 것이다.

이제 다음 장으로 넘어갈 준비가 됐다. 고도에서 첫 번째 게임 제작을 시작해보자.

---

16 [옮긴이] 물리학에서는 speed를 속력, velocity를 속도로 구분하지만, 일상 생활에서는 speed가 속도로 번역되는 경우가 훨씬 많고 게임 분야에서도 마찬가지다. 따라서 이 책에서는 반드시 구분해야 할 필요가 있을 때를 제외하면 두 용어 모두 속도로 번역했다.

CHAPTER **2**

# 코인 대시:
# 첫 2D 게임 만들기

첫 프로젝트로서 처음으로 고도 엔진 게임을 만드는 과정을 안내할 것이다. 고도 에디터의 작동 방식, 프로젝트 구성 방법, 고도에서 가장 흔하게 사용되는 노드를 이용해 작은 2D 게임을 제작하는 방법도 배운다.

> **NOTE** **왜 2D부터 시작해야 할까?**
> 요컨대 3D 게임은 2D 게임보다 훨씬 더 복잡하기 때문이다. 하지만 알아야 할 기본 게임 엔진 기능은 대부분 동일하다. 고도의 워크플로를 제대로 이해하기 전까지는 2D를 사용하는 편이 좋다. 그 뒤에 3D로 넘어가는 편이 훨씬 쉽다. 이 책의 뒷부분으로 가면 3D로 작업할 기회가 있다.

게임 개발에 생초보가 아니더라도 이 장을 건너뛰지는 말자. 여러분은 이미 많은 개념을 이해하고 있을지도 모르지만, 이 프로젝트에서 고도의 기능과 설계 패러다임도 소개할 것이기 때문이다. 이는 앞으로 꼭 알아두어야 할 부분이다.

이 장의 게임은 〈코인 대시Coin Dash〉다. 캐릭터는 시간과 다투면서 화면을 돌아다니며 코인을 가능한 한 많이 모아야 한다. 게임이 완성되면 다음 그림과 같은 모습이 될 것이다.

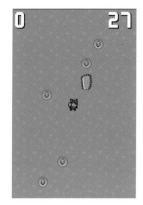

그림 2.1 완성된 게임

이 장에서는 다음 주제를 다룬다.

- 새 프로젝트 설정
- 캐릭터 애니메이션 만들기
- 캐릭터 이동
- Area2D를 사용해 오브젝트가 닿을 때 감지
- Control 노드를 사용해 정보 표시
- 시그널signal을 사용해 게임 오브젝트 간 통신

## 2.1 기술적 요구 사항

다음 링크[1]에서 게임 애셋asset을 다운로드해 (앞으로 만들) 새 프로젝트 폴더 안에 압축을 푼다.

https://github.com/PacktPublishing/Godot-4-Game-Development-Projects-Second-Edition/tree/main/Downloads

이 장의 전체 코드는 다음 링크에서 확인할 수 있다.

https://github.com/PacktPublishing/Godot-4-Game-Development-Projects-Second-Edition/tree/main/Chapter02 - Coin Dash

---

1    옮긴이 〈코인 대시〉뿐만 아니라 이 책에 나오는 5가지 게임의 애셋이 모두 있다.

## 2.2 프로젝트 설정

고도를 실행하고 프로젝트 매니저에서 [+ 새로 만들기] 버튼을 클릭한다.

먼저 프로젝트 폴더를 생성해야 한다. 프로젝트 이름 상자에 `Coin_Dash`를 입력하고 [폴더 만들기]를 클릭한다. 프로젝트 폴더를 생성하는 일은 중요하다. 프로젝트의 모든 파일을 컴퓨터 안의 다른 프로젝트와 분리해서 보관해야 하기 때문이다. 그런 다음, [만들기 & 편집]을 클릭하면 고도 에디터에서 새 프로젝트를 열 수 있다.

그림 2.2 새 프로젝트 창

이 프로젝트에서는 3개의 독립적인 씬(플레이어 캐릭터, 동전, 점수와 시계를 보여주는 디스플레이)을 만들고, 이 모든 씬을 게임의 '메인' 씬에 결합해 넣을 것이다(1장 참조). 규모가 큰 프로젝트에서는 각 씬의 애셋과 스크립트를 별도의 폴더로 정리하는 편이 유용하겠지만, 이렇게 비교적 작은 게임에서는 모든 씬과 스크립트를 `res://`(res는 리소스resource의 줄임말이다)라는 루트 폴더에 저장해도 된다. 프로젝트의 모든 리소스는 `res://` 폴더에 상대적으로 위치한다. 프로젝트의 파일은 왼쪽 아래의 **파일시스템** 독에서 볼 수 있다. 새 프로젝트이므로 고도 아이콘인 `icon.svg`만 있을 것이다.

이 게임의 아트와 사운드(총칭해 애셋이라고 한다) 압축ZIP 파일은 다음 링크에서 다운로드할 수 있다.

https://github.com/PacktPublishing/Godot-Engine-Game-Development-Projects-Second-Edition/tree/main/Downloads

다운로드한 파일의 압축을 풀어서 assets 폴더를 생성한 새 프로젝트 폴더에 넣는다. 그러면 파일 시스템 탭 안에서 자동으로 애셋 파일과 폴더가 갱신될 것이다.

그림 2.3 **파일시스템 탭**

예를 들어 코인용 이미지는 res://assets/coin/에 있다.

이 게임은 세로portrait 모드(가로보다 세로 길이가 더 긴 화면)이므로 게임 창 설정하기부터 시작해보자.

상단 메뉴에서 [프로젝트 | 프로젝트 설정]을 클릭한다. 다음과 같이 설정 창이 보일 것이다.

그림 2.4 **프로젝트 설정 창**

**표시/창** 섹션을 찾거나, 설정 검색창에 '창'을 입력하여 클릭하자. 그림 2.4와 같이 **뷰포트 너비**ViewportWidth를 480으로, **뷰포트 높이**ViewportHeight는 720으로 설정한다. 그리고 이 섹션의 [스트레치]에서 [모드]를 canvas_items로 설정하고 **양상**Aspect(가로세로 비율)을 **keep**으로 설정한다. 이렇게 하면 사용자가 게임 창의 크기를 조정해도 모든 것의 크기가 적절하게 조정되고 늘어나거나 변형되지 않는다. 원한다면 [크기] 아래의 [크기 조절 가능한] 상자를 선택 해제해 창 크기를 전혀 조정할 수 없게 할 수도 있다.

축하한다. 여러분은 방금 새 프로젝트를 설정했고, 이제 첫 번째 게임을 만들 준비가 됐다. 이 게임에서는 2D 공간에서 움직이는 오브젝트를 만들게 되므로, 2D 좌표를 사용해 오브젝트를 배치하고 이동하는 방법을 이해하는 것이 중요하다. 다음 절에서는 그 작동 방식과 게임에 적용하는 방법을 배울 것이다.

## 2.3 벡터와 2D 좌표계

이 절에서는 게임 개발에 사용되는 2D 좌표계와 벡터 수학에 대한 개요를 간략히 설명한다. 벡터 수학은 게임 개발에 필수적인 도구이므로 이 주제에 대한 이해의 폭을 넓히고 싶다면 칸 아카데미Khan Academy의 선형 대수 시리즈(https://ko.khanacademy.org/math/linear-algebra)를 참조하자.

2D에서 작업할 때는 데카르트 좌표를 사용해 2D 평면에서 위치를 식별한다. 2D 공간의 특정 위치는 (4, 3) 같은 한 쌍의 값으로 쓰이며, 이 값은 각각 $x$축과 $y$축을 따르는 위치를 나타낸다. 2D 평면의 모든 위치는 이런 식으로 표현할 수 있다.

고도는 2D 공간에서 $x$축은 오른쪽으로, $y$축은 아래쪽으로 뻗어나가는 일반적인 컴퓨터 그래픽 관행을 따른다.

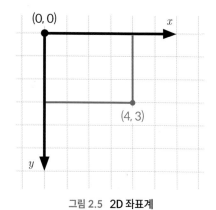

그림 2.5 **2D 좌표계**

NOTE **수학 선생님은 그렇게 가르치시지 않았는데!**
컴퓨터 그래픽이나 게임 개발을 처음 접한다면 수학 시간에 배운 것처럼 양의 $y$축이 위쪽이 아닌 아래쪽을 가리키는 것이 이상하게 보일 수 있다. 하지만 이 방향은 컴퓨터 그래픽 애플리케이션에서 매우 일반적이다.

● 벡터

(4, 3) 위치를 (0, 0) 점, 즉 원점으로부터의 오프셋offset으로 생각할 수도 있다. 원점에서 이 점을 가리키는 화살표가 있다고 상상해보자.

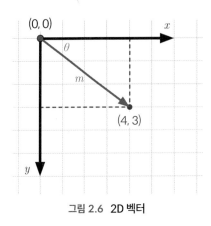

그림 2.6  2D 벡터

이 화살표가 바로 **벡터**vector다. 이 벡터는 유용한 정보를 대량으로 포함하는데, 이런 정보에는 점의 위치, 점까지의 **길이**(m), $x$축으로부터의 각도($\theta$) 등이 있다. 더 구체적으로 말하면 이런 유형의 벡터를 **위치 벡터**position vector라고 하는데, 공간에서의 위치를 표현하는 벡터라는 뜻이다. 벡터는 이동, 가속도, 그 밖에 크기와 방향이 있는 온갖 양을 나타낼 수도 있다.

고도에서는 벡터가 폭 넓게 사용되며, 여러분도 이 책의 모든 프로젝트에서 벡터를 사용할 수 있을 것이다.

이제 2D 좌표 공간이 어떻게 작동하는지, 그리고 벡터가 오브젝트를 배치하고 이동하는 데 어떻게 도움이 될지 이해했을 것이다. 다음 절에서는 플레이어 오브젝트를 생성하고 이 지식을 사용해 오브젝트의 움직임을 제어한다.

## 2.4 1단계: 플레이어 씬

첫 번째 씬은 플레이어 오브젝트다. 플레이어용(다른 오브젝트도 마찬가지) 씬을 별도로 만들면 게임의 다른 부분을 만들기 전에도 독립적으로 테스트할 수 있어 좋다. 이런 게임 오브젝트 분리는 프로젝트의 크기와 복잡성이 커짐에 따라 점점 더 유용해질 것이다. 개별 게임 오브젝트를 서로 분리해놓으면 게임의 다른 부분에는 영향을 주지 않으면서 문제를 해결하고, 수정하고, 완전히 교체하기가 더 쉬워진다. 이는 또한 한 번 만든 플레이어를 재사용할 수 있다는 뜻이기도 하다. 이 플레이어 씬을 아예 다른 게임에 드롭drop해도 동일하게 작동할 것이다.

플레이어 씬에는 다음 내용이 필요하다.

- 캐릭터와 애니메이션 표시
- 사용자 입력에 응답해 캐릭터 이동
- 동전이나 장애물 등 다른 게임 오브젝트와의 충돌(콜리전collision) 감지

### 2.4.1 씬 생성

**자식 노드 추가**Add/Create a New Node 버튼(키보드 단축키는 Ctrl + A)을 클릭하고 Area2D를 선택하여 시작하자. 그런 다음 방금 만든 노드 이름을 클릭해 Player로 변경하고, [씬 | 씬 저장 Ctrl + S]을 클릭해 이 씬을 저장한다.

**그림 2.7 노드 추가하기**

이제 **파일시스템** 탭을 보면 `player.tscn` 파일이 생겼음을 알 수 있다. 고도에서는 씬을 저장할 때마다 `.tscn` 확장자를 사용할 텐데, 이는 고도의 씬용 파일 형식이다. 확장자에서 't'는 '텍스트'를 뜻한다. 다시 말해 이 파일은 텍스트 파일이다. 궁금하면 외부 텍스트 편집기로 열어서 살펴봐도 좋지만, 실수로 파일을 손상시킬 위험을 감수하기 싫다면 직접 편집하지는 말자.

방금 만든 것이 **씬**의 **루트**root, 즉 최상위 노드다. 이 노드는 해당 오브젝트의 전반적인 기능을 정의한다. Area2D를 선택한 이유는 이것이 2D 노드라서 2D 공간에서 움직일 수 있고, 다른 노드와의 중첩을 감지할 수 있으므로 동전 등의 게임 오브젝트 감지가 가능할 것이기 때문이다. 게임 오브젝트를 디자인할 때는 특정 게임 오브젝트에 어떤 노드를 선택할지가 가장 중요하다.

자식 노드를 추가하기 전에 항상 노드를 클릭해 실수로 이동하거나 크기를 조정하지 않았는지 확인하는 편이 좋다. `Player` 노드를 선택하고 자물쇠 아이콘 옆의 [선택한 노드 그룹화] 위에 마우스를 올려 보자.

그림 2.8 노드 그룹화 토글

툴팁에 '선택된 노드의 자식을 선택하지 못하게 합니다.'라고 표시되어 있는데, 이 옵션은 실수를 방지하는 데 도움이 된다. 버튼을 클릭하면 `Player` 노드 이름 옆에 동일한 아이콘이 표시될 것이다.

그림 2.9 노드 그룹화 아이콘

새 씬을 생성하고 작업하기 전에 이렇게 하는 것을 권장한다. 오브젝트의 자식 노드가 오프셋되거나 스케일이 조정되면 예기치 않은 오류가 발생할지도 모르고, 문제 해결이 어려울 수 있다.

### 2.4.2 스프라이트 애니메이션

`Area2D` 노드로는 다른 오브젝트가 플레이어와 겹치거나 부딪혔을 때를 감지할 수 있지만, `Area2D` 자체에는 모양이 없다. 그러니 이미지를 표시할 수 있는 노드도 필요하다. 캐릭터에 애니메이션이 있어야 하므로 `Player` 노드를 선택하고 자식 노드로 `AnimatedSprite2D`를 추가한다. 이 노드는 `Player`의 모양과 애니메이션을 처리한다. 노드 옆에 경고 아이콘이 있는 것에 주목하자(그림 2.9).

`AnimatedSprite2D`에는 `SpriteFrames` 리소스가 필요하다. 이 노드가 표시할 애니메이션이 여기에 담긴다. 이를 생성하기 위해 **인스펙터** 창에서 **Animation**(애니메이션)/**Sprite Frames** 속성을 찾고 **<비어 있음(empty)>**을 클릭해 드롭다운dropdown을 표시하자. 목록에서 **새 SpriteFrames**를 선택한다.

그런 다음 동일한 위치에 표시되는 `SpriteFrames` 레이블을 클릭하면 화면 하단에 새 `SpriteFrames` 패널이 열린다.

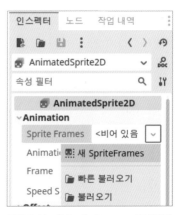

그림 2.10 새 SpriteFrames 추가하기

그림 2.11  스프라이트 프레임 패널

왼쪽에는 애니메이션 목록이 표시된다. `default` 애니메이션을 클릭하고 `run`으로 이름을 바꾸자. 그런 다음 [애니메이션 추가] 버튼을 클릭해서 `idle`이라는 이름의 두 번째 애니메이션과 `hurt`라는 이름의 세 번째 애니메이션을 만든다.

왼쪽의 **파일시스템** 독에서 `res://assets/player/` 폴더 밑의 `run`, `idle`, `hurt` 폴더 속 이미지들을 찾아 해당 애니메이션으로 드래그한다.

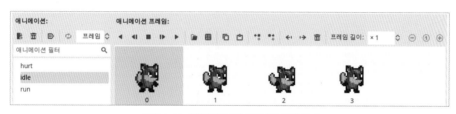

그림 2.12  플레이어 애니메이션 설정하기

새로 만든 애니메이션들의 기본 속도 설정은 초당 프레임frames per second, FPS[2] 값이 `5`다. 이 설정은 너무 느린 것 같으니 각 애니메이션을 선택하고 **애니메이션 속도**를 `8`로 설정한다.

애니메이션이 작동하는 모습을 보려면 [재생] 버튼(▶)을 클릭한다. 방금 만든 애니메이션은 **인스펙터** 창의 **Animation/Animation** 속성 드롭다운에서 선택할 수 있다. 하나씩 선택해 실제 동작을 확인해보자.

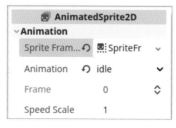

그림 2.13  Animation 속성

---

2  옮긴이 현재(4.2.1) 한국어판은 FPS를 '프레임'이라고 번역한 사소한 문제로 인해 값이 에디터에 제대로 표시되지 않는다. 애니메이션 탭의 [프레임]이라고 쓰인 상자를 클릭해 직접 입력하거나, 오른쪽의 위아래 꺾쇠(∧∨) 버튼을 클릭해 조정하자.

기본default으로 재생할 애니메이션을 선택할 수도 있다. `idle` 애니메이션을 선택하고 애니메이션 창 상단의 [불러오면 자동 재생] 버튼을 클릭한다.

그림 2.14 애니메이션을 자동 재생으로 설정하기

나중에는 플레이어가 무엇을 하느냐에 따라 이런 애니메이션 중 하나를 선택하는 코드를 작성하게 될 것이다. 하지만 지금은 먼저 플레이어의 노드 설정부터 끝내야 한다.

플레이어 이미지가 약간 작으니, `AnimatedSprite2D`의 **Scale** 속성을 (2, 2)로 설정해 크기를 늘리자. 이 속성은 **인스펙터** 창의 **Transform**(변형) 섹션에서 찾을 수 있다.

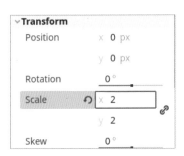

그림 2.15 Scale 속성 설정

### 2.4.3 콜리전 모양

`Area2D` 등의 콜리전collision 오브젝트를 사용할 때는 고도에게 해당 오브젝트의 모양을 알려줄 필요가 있다. 콜리전 모양collision shape은 그 오브젝트가 차지하는 영역을 정의하며 중첩overlap 및 충돌을 감지하는 데 사용된다. 모양은 다양한 `Shape2D` 유형으로 정의되며 직사각형, 원, 다각형이 포함된다. 게임 개발에서는 이를 **히트박스**hitbox라고 부르기도 한다.[3]

---

3　[옮긴이] 초창기 게임에서 명중(hit) 판정을 사각형 상자 모양으로 한 데서 유래했다.

간단하게 영역area이나 물리 바디physics body에 도형을 추가해야 할 때 CollisionShape2D를 자식으로 추가할 수 있다. 그런 다음 에디터에서 원하는 모양의 유형을 선택하고 크기를 편집하면 된다.

CollisionShape2D를 Player 노드의 자식으로 추가하자(AnimatedSprite2D의 자식으로 추가하지 않게 주의하자). **인스펙터** 창에서 **Shape** 속성을 찾아 **<비어 있음>**을 클릭하고 [새 Rectangle Shape2D]를 선택한다.

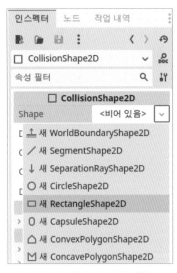

그림 2.16 **콜리전 모양 추가하기**

주황색 핸들을 드래그해 스프라이트가 덮히도록 도형의 크기를 조정한다. 한 가지 힌트를 주자면, Alt 키를 누르고 핸들을 드래그하면 도형의 크기가 대칭으로 조정된다. 다음 그림에서 콜리전 모양이 스프라이트의 중앙에 있지 않다는 점을 눈치챘는지 모르겠다. 이는 스프라이트 이미지 자체가 세로 중앙에 있지 않기 때문이다. AnimatedSprite2D에 오프셋을 조금 추가하면 이 문제를 해결할 수 있다. 이 노드를 선택하고 **인스펙터** 창에서 **Offset**(오프셋) 속성을 찾아 (0, -5)로 설정한다.

그림 2.17 **콜리전 모양 크기 조정**

다 끝내면 **Player** 씬은 다음 그림과 같은 모습일 것이다.

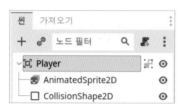

그림 2.18  Player 노드 설정

### 2.4.4 플레이어 스크립트 작성

이제 플레이어에 코드를 추가할 준비가 됐다. 노드에 스크립트를 붙이면 노드 자체만으로는 제공하지 않는 기능을 추가할 수 있다. `Player` 노드를 선택하고 [새 스크립트] 버튼을 클릭한다.

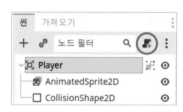

그림 2.19  새 스크립트 버튼

**노드 스크립트 붙이기**Attach Node Script 창에서 기본 설정은 그대로 둬도 된다. 앞서 씬 저장을 잊지 않았다면 스크립트 이름이 자동으로 씬의 이름과 일치하게 지정된다. [만들기]를 클릭하면 스크립트 창으로 넘어갈 것이다. 이 스크립트에는 몇 가지 기본 주석과 힌트가 포함돼 있다.

모든 스크립트의 첫 줄은 어떤 노드를 상속하는지를 나타낸다. 그 바로 밑에서부터 변수 정의를 시작할 수 있다.

```
extends Area2D

@export var speed = 350
var velocity = Vector2.ZERO
var screensize = Vector2(480, 720)
```

`speed` 변수에 `@export` 어노테이션annotation을 사용하면 기존 노드 속성처럼 **인스펙터** 창에서 값을 설정할 수 있다. 이 방법은 인스펙터를 통해 값을 조정할 수 있어 매우 유용하다. `Player` 노드를

선택하면 이제 **인스펙터** 창에 **Speed** 속성이 나타나는 것을 볼 수 있을 것이다. **인스펙터** 창에서
설정하는 모든 값은 스크립트에 작성한 속도값 `350`을 재정의(오버라이드_override_)한다.

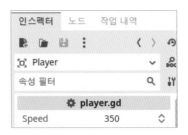

그림 2.20  **인스펙터 창으로 내보내진 변수**

다른 변수 중에 `velocity`는 캐릭터의 이동 속도와 방향을 저장하고, `screensize`는 캐릭터의 이동
한계를 설정하도록 도와준다. 나중에 게임의 메인 씬에서 이 값을 자동으로 설정할 수 있겠지만,
당장은 수동으로 설정해서 모든 것이 제대로 작동하는지 테스트하도록 하자.

### 2.4.5 플레이어 이동

다음으로는 `_process()` 함수를 사용해 플레이어가 무엇을 할 것인지 정의한다. `_process()` 함수
는 프레임마다 호출되므로, 게임 내에서 지속적인 입력, 변화가 필요한 게임 요소에 사용된다. 각
프레임마다 플레이어는 3가지 작업을 수행해야 한다.

- 키보드 입력 확인
- 주어진 방향으로 이동
- 적절한 애니메이션 재생

먼저 입력부터 확인해야 한다. 이 게임에서는 4방향 입력(4가지 화살표 키)을 받는다. 입력 동작은
[프로젝트 설정]의 **입력 맵**_Input Map_ 탭에서 정의한다. 이 탭에서는 커스텀 이벤트를 정의하고 키, 마
우스 동작, 기타 입력을 할당할 수 있다. 고도에는 기본적으로 화살표 키에 이벤트가 할당되어 있
으므로 이를 〈코인 대시〉 프로젝트에 사용할 수 있다.

입력 동작이 눌렸는지 아닌지는 `Input.is_action_pressed()`를 사용해 감지할 수 있다. 이 함수
는 키가 눌린 상태면 `true`를, 아니면 `false`를 반환한다. 화살표 키 4개의 상태를 모두 조합하면
이동 방향을 알 수 있다.

결과적인 이동 방향을 알아내기 위해 화살표 키를 전부 검사하는 방식을 사용할 수도 있지만, 이동 방향을 알아내야 하는 경우가 매우 흔하기에 고도는 따로 이 일을 처리하는 `Input.get_vector()`라는 유용한 함수를 제공한다. 이 함수에 사용할 입력 4가지만 알려주면 된다. 입력 동작이 나열되는 순서에 주목하자. `get_vector()`는 이 순서대로 처리한다. 이 함수의 결과는 **방향 벡터** direction vector로, 눌린 입력에 따라 8가지 가능한 방향 중 하나를 가리킨다.

```
func _process(delta):
    velocity = Input.get_vector("ui_left", "ui_right", "ui_up", "ui_down")
    position += velocity * speed * delta
```

이렇게 해서 어느 방향으로 움직일지 나타내는 `velocity` 벡터를 얻은 다음에는 이 벡터로 플레이어의 `position`(위치)을 실제로 업데이트한다.[4]

상단 오른쪽의 [현재 씬 실행 F6]을 클릭하고 방향 키 4개를 모두 사용해보면서 플레이어를 이동할 수 있는지 확인하자.

플레이어가 화면 밖으로도 계속 달리는 것을 알아차렸는가? `clamp()` 함수를 사용하면 플레이어의 위치를 최솟값과 최댓값으로 제한해 플레이어가 화면을 벗어나지 못하게 할 수 있다. 앞서의 예제 코드 바로 다음에 다음 두 줄을 추가한다.

```
position.x = clamp(position.x, 0, screensize.x)
position.y = clamp(position.y, 0, screensize.y)
```

## ● delta에 대해

`_process()` 함수에는 `delta`(델타)라는 매개변수parameter가 있고 여기에 `velocity`를 곱한다. 그런데 이 `delta`란 무엇일까?

이 게임 엔진은 일정하게 초당 60프레임으로 실행하려고 한다. 그러나 고도에서든 컴퓨터에서 동시에 실행 중인 다른 프로그램 때문이든 컴퓨터의 속도가 느려지면 불가능할 수도 있다. 프레임율frame rate이 일정하지 않으면 게임 속 오브젝트의 움직임에 영향을 미친다. 예를 들어 프레임당 10픽셀씩 움직이길 바라는 오브젝트를 생각해보자. 모든 것이 매끄럽게 돌아간다면 이 오브젝트

---

4  [옮긴이] 예제 코드를 입력할 때는 들여쓰기에 주의하자. GDScript에서 들여쓰기는 문법의 일부다.

는 1초에 600픽셀을 이동한다. 그러나 일부 프레임이 조금 더 오래 걸린다면 1초에 50프레임밖에 안 될 수 있으므로 오브젝트의 이동도 500픽셀밖에 안 될 수 있다.

고도는 (대다수 게임 엔진 및 프레임워크와 마찬가지로) delta라는 값을 전달해 이 문제를 해결한다. 이 값은 이전 프레임 이후에 경과된 시간이다. 대부분의 경우 이 값은 0.016초(약 16밀리초)에 매우 근접하다. 이 예에서 원하는 속도인 초당 600픽셀에 이 delta를 곱하면 정확히 10픽셀의 움직임을 얻을 수 있다. 그러나 만일 delta가 0.03초로 증가했다면, 오브젝트는 18픽셀 이동한다. 덕분에 전반적으로 보면 이동 속도가 프레임 속도와 상관없이 일정하게 유지된다.

게다가 이동을 프레임당 픽셀이 아닌 초당 픽셀 단위로 표현할 수 있어 시각화하기 쉽다는 부가적인 장점도 있다.

### 2.4.6 애니메이션 선택

이제 플레이어 이동이 가능해졌으니, AnimatedSprite2D가 재생하는 애니메이션을 플레이어가 움직이는지 가만히 서 있는지에 따라 변경해야 한다. 또한 run 애니메이션의 아트는 오른쪽을 향하고 있으므로, 왼쪽으로 이동할 때는 수평으로 뒤집어야 한다(**인스펙터** 창에서 볼 수 있는 **Flip H** 속성을 사용한다. 직접 토글하며toggling 시험해보자). _process() 함수의 이동 코드 뒤에 다음 코드를 추가한다.

```
if velocity.length() > 0:
    $AnimatedSprite2D.animation = "run"
else:
    $AnimatedSprite2D.animation = "idle"
if velocity.x != 0:
    $AnimatedSprite2D.flip_h = velocity.x < 0
```

> NOTE **노드 가져오기**
> $ 표기법을 사용할 때, 노드 이름은 스크립트를 실행하는 노드에 대해 상대적(relative)이다. 예를 들어 $Node1/ Node2는 스크립트를 실행하는 노드의 자식 노드(Node1)의 자식 노드(Node2)를 가리킨다. 고도의 자동 완성 기능은 사용자가 입력할 때 노드 이름을 제안할 것이다. 이름에 공백이 포함된 경우 $"My Node"와 같이 따옴표로 묶어야 한다는 점에 주의하자.

이 코드는 약간의 지름길을 사용한다는 점에 주목하자. `flip_h`는 불Boolean 속성이며, 이는 `true` 아니면 `false`라는 뜻이다. 불값은 `<` 같은 크기 비교의 결과이기도 하다. 이 때문에 속성과 비교 결과를 등호로 바로 이을 수 있다.

씬을 다시 재생해서 각 경우마다 애니메이션이 올바른지 확인하자.

### 2.4.7 플레이어의 이동 시작 및 종료

메인 씬은 플레이어에게 게임이 언제 시작되고 종료됐는지를 알릴 필요가 있다. 이를 위해 플레이어에 `start()` 함수를 추가한다. 이 함수는 플레이어의 시작 위치와 애니메이션을 설정할 것이다.

```
func start():
    set_process(true)
    position = screensize / 2
    $AnimatedSprite2D.animation = "idle"
```

그리고 플레이어가 장애물에 부딪히거나 시간이 부족할 때 호출되는 `die()` 함수도 추가한다.

```
func die():
    $AnimatedSprite2D.animation = "hurt"
    set_process(false)
```

`set_process(false)`를 사용하면 고도에 매 프레임 `_process()` 함수를 호출하는 일을 중지하도록 알린다. 이동 코드가 `_process()` 함수 안에 있으므로, 게임이 끝나면 더 이상 이동할 수 없다.

### 2.4.8 충돌에 대비하기

플레이어가 동전이나 장애물에 부딪혔을 때는 이를 감지해야 하지만, 아직 이런 오브젝트를 만들지 않았다. 하지만 괜찮다. 고도의 **시그널**signal 기능을 사용하여 만들 수 있다. 시그널은 노드가 메시지를 보내서 다른 노드가 감지하고 반응할 수 있게 하는 방법이다. 대다수 노드에는 이벤트(바디body가 충돌하거나 버튼이 눌리는 등)가 발생했을 때 이를 알려주는 시그널이 내장되어 있다. 또한 여러분의 목적에 맞게 커스텀 시그널을 정의할 수도 있다.

시그널은 이 시그널을 수신하려는 노드에 연결connect해 사용한다. 연결은 **인스펙터** 창이나 코드에서 할 수 있다. 이 프로젝트 후반에 2가지 방법으로 시그널을 연결하는 방법을 배울 것이다.

스크립트 상단에(extends Area2D 다음에) 다음 예제 코드를 추가한다.

```
signal picup ## 동전에 닿았을 때 발신할 시그널
signal hurt ## 장애물에 닿았을 때 발신할 시그널
```

이 코드는 플레이어가 동전이나 장애물에 닿았을 때 **발신**emit할 커스텀 시그널을 선언한다. 닿았는지는 Area2D에서 감지한다. Player 노드를 선택하고 **인스펙터** 탭 옆에 있는 **노드** 탭을 클릭하면 플레이어가 발신할 수 있는 시그널 목록을 확인할 수 있다.

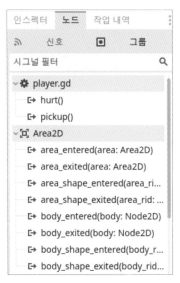

그림 2.21 **노드의 시그널 목록**

방금 만든 커스텀 시그널도 여기에 있음에 주목하자. 코인 등 다른 오브젝트들도 Area2D 노드가 될 것이므로 area_entered 시그널을 사용하는 편이 좋다. 이를 오른쪽 클릭하고 [연결]을 클릭한다(또는 더블 클릭한다). 팝업 창이 나타나면 다시 [연결] 버튼을 클릭한다. 팝업 창의 설정을 변경할 필요는 없다. 고도가 스크립트에 _on_area_entered()라는 새 함수를 자동으로 생성할 것이다.

시그널을 연결할 때, 고도가 함수를 생성하게 하는 대신 사용하려는 기존 함수의 이름을 여러분이 직접 지정할 수도 있다. 팝업 창에서 '**받는 메서드:**'에 원하는 함수명을 입력하면 된다.

이렇게 만든 새 함수에 다음 코드를 추가한다.

```
func _on_area_entered(area):
    if area.is_in_group("coins"):
        area.pickup()
        pickup.emit()
    if area.is_in_group("obstacles"):
        hurt.emit()
        die()
```

다른 영역 오브젝트가 플레이어와 중첩될 때마다 이 함수가 호출되고, 중첩되는 영역은 area 매개
변수로 전달될 것이다. 동전 오브젝트에는 획득했을 때 동전이 수행할 작업(예: 애니메이션이나 사운
드 재생)을 정의하는 pickup() 함수가 들어갈 예정이다. 나중에 동전과 장애물을 만들 때 적절한
**그룹**에 할당해서 올바르게 감지할 수 있게 하자.

요약하면, 다음이 지금까지 작성된 플레이어 스크립트 전체다.

```
extends Area2D

signal pickup
signal hurt

@export var speed = 350

var velocity = Vector2.ZERO
var screensize = Vector2(480, 720)

func _process(delta):
    # 플레이어의 입력을 나타내는 벡터를 구한 다음
    # 화면 안에서 이동하고 경계선을 넘지 못하게 자른다.
    velocity = Input.get_vector("ui_left", "ui_right", "ui_up", "ui_down")
    position += velocity * speed * delta
    position.x = clamp(position.x, 0, screensize.x)
    position.y = clamp(position.y, 0, screensize.y)

    # 어느 애니메이션을 플레이할지 고른다.
    if velocity.length() > 0:
        $AnimatedSprite2D.animation = "run"
    else:
        $AnimatedSprite2D.animation = "idle"

    if velocity.x != 0:
        $AnimatedSprite2D.flip_h = velocity.x < 0

func start():
    # 이 함수는 새 게임을 시작할 때 플레이어를 재설정한다.
```

```
    set_process(true)
    position = screensize / 2
    $AnimatedSprite2D.animation = "idle"

func die():
    # 플레이어가 죽으면 이 함수를 호출한다.
    $AnimatedSprite2D.animation = "hurt"
    set_process(false)

func _on_area_entered(area):
    # 오브젝트에 닿으면, 무엇을 할지 결정한다.
    if area.is_in_group("coins"):
        area.pickup()
        pickup.emit()
    if area.is_in_group("obstacles"):
        hurt.emit()
        die()
```

이렇게 해서 플레이어 오브젝트 설정을 완료하고, 이동과 애니메이션이 올바르게 작동하는지도 테스트했다. 다음 단계로 넘어가기 전에 플레이어 씬 설정과 스크립트를 검토review하고 여러분이 무엇을 왜 했는지 확실히 이해하도록 하자. 다음 절에서는 플레이어가 모을 오브젝트 몇 가지를 만들 것이다.

## 2.5 2단계: 동전 씬

이 절에서는 플레이어가 모을 동전을 만들 것이다. 이것은 별도의 씬이며, 동전 하나의 모든 속성과 동작을 묘사할 것이다. 다 만들고 저장하면 메인 씬이 이 씬을 로드해서 여러 개의 **인스턴스** instance(사본)를 생성할 것이다.

### 2.5.1 노드 설정

[씬 | 새 씬]을 클릭하고 다음 노드를 추가한다. 플레이어 씬에서 했던 것처럼 자식을 선택할 수 없게 설정하는 것을 잊지 말자.

- Area2D(Coin으로 이름 변경)
  - AnimatedSprite2D
  - CollisionShape2D

노드를 다 추가했으면 반드시 씬을 저장하자.

플레이어 씬에서 한 것처럼 `AnimatedSprite2D`를 설정한다. 이번에는 애니메이션이 하나뿐이다. 동전을 역동적이고 흥미롭게 보이게 하는 반짝이 효과다. 애셋에서 모든 프레임을 추가하고 애니메이션 속도를 12FPS로 설정한다. 이미지도 너무 큰 감이 있으므로 `AnimatedSprite2D`의 **Scale** 값을 `(0.4, 0.4)`로 설정한다. `CollisionShape2D`에서 `CircleShape2D`를 사용해 동전 이미지를 덮을 수 있게 크기를 조정한다.

### ● 그룹 사용

그룹이란 노드에 태그를 달아서 유사한 노드를 식별할 수 있게 하는 시스템이다. 한 노드는 동시에 여러 그룹에 속할 수 있다. 플레이어 스크립트가 동전을 올바르게 감지하려면 모든 동전이 **coins**라는 그룹에 속하게 해야 한다. `Coin` 노드를 선택하고 **노드** 탭(시그널이 있던 바로 그 탭)을 클릭한 다음 **그룹**을 고른다. 상자에 `coins`를 입력하고 [추가]를 클릭한다.

그림 2.22 그룹 탭

### 2.5.2 동전 스크립트

다음 단계는 `Coin` 노드에 스크립트를 추가하는 것이다. `Player` 노드 때와 마찬가지로 노드를 선택하고 [새 스크립트] 버튼을 클릭한다. **템플릿** 옵션을 선택 해제하면 주석이나 제안 사항이 없는 빈 스크립트가 표시된다. 동전용 코드는 플레이어용 코드보다 훨씬 짧다.

```
extends Area2D

var screensize = Vector2.ZERO

func pickup():
    queue_free()
```

플레이어 스크립트에서 `pickup()` 함수가 호출된다는 점을 생각해보자. 이 함수는 동전이 수집될 때 할 일을 정의한다. `queue_free()`는 고도에서 노드를 제거하는 메서드method다. 트리에서 노드를 (모든 자식과 함께) 안전하게 제거하고 메모리에서 삭제한다. 나중에 여기에 비주얼과 사운드 이펙트를 추가하겠지만, 지금은 동전이 사라지는 것만 해도 충분하다.

> **NOTE** 노드 제거
>
> `queue_free()`는 오브젝트를 즉시 삭제하지 않고, 현재 프레임이 끝날 때 삭제할 대기열(queue)에 추가한다. 이편이 노드를 즉시 삭제하는 것보다 안전한데, 게임에서 실행 중인 다른 코드에서는 아직 해당 노드가 필요할 수있기 때문이다. 프레임이 끝날 때까지 기다림으로써, 해당 노드에 접근할 수 있는 모든 코드가 완료되고 그 노드를 안전하게 제거 가능하다고 확신할 수 있다.

이제 이 게임에 필요한 2가지 오브젝트 중 두 번째도 완성했다. 화면에 무작위로 배치할 동전 오브젝트가 준비됐으며, 플레이어가 닿았을 때 이를 감지하여 획득할 수 있다. 남은 퍼즐 조각은 이 모든 것을 어떻게 합칠 것인가이다. 다음 절에서는 동전을 무작위로 생성하고 플레이어가 동전과 상호작용할 수 있게 하는 세 번째 씬을 만들 것이다.

## 2.6 3단계: 메인 씬

`Main` 씬은 게임의 모든 조각을 하나로 묶는 역할을 한다. 이 씬이 플레이어, 코인, 시계, 기타 모든 게임 요소를 관리할 것이다.

### 2.6.1 노드 설정

새 씬을 생성하고 `Main`이라는 이름의 노드를 추가한다. 가장 간단한 노드 유형인 `Node`로 생성하는데, 자체적으로는 별다른 기능을 수행하지 않지만 모든 게임 오브젝트의 부모로 사용하고 필요한 기능을 제공하는 스크립트를 추가할 것이다. 생성한 씬을 저장한다.

플레이어를 `Main`의 자식 인스턴스로 추가하기 위해 [자식 씬 인스턴스화] 버튼을 클릭하고 저장된 `player.tscn`을 고른다.

그림 2.23 씬 인스턴스화

다음 노드를 Main의 자식으로 추가한다.

- TextureRect 노드를 추가하고 이름을 Background로 변경(배경 이미지용)
- Timer 노드를 추가하고 이름을 GameTimer로 변경(카운트다운 타이머용)

Background가 첫 번째 자식 노드가 되도록 플레이어 위로 드래그한다. 노드는 트리에 표시된 순서 대로 그려지므로 Background가 첫 번째에 있으면 플레이어 뒤에 그려지는 것이 보장된다. 애셋 폴 더에서 grass.png 이미지를 Background 노드의 **Texture** 영역으로 드래그해서 이미지를 추가한다. **Stretch Mode**를 **Tile**로 변경한 다음, 에디터 창 상단의 [2D]➡[앵커 프리셋] 버튼을 클릭해 크기를 **공간 전체**로 설정한다.

그림 2.24 앵커 프리셋 옵션

### 2.6.2 메인 스크립트

Main 노드에 스크립트를 추가하고 다음 예제 코드처럼 변수를 추가한다.

```
extends Node

@export var coin_scene : PackedScene
@export var playtime = 30

var level = 1
var score = 0
var time_left = 0
var screensize = Vector2.ZERO
var playing = false
```

이제 `Main` 노드를 선택하면 **인스펙터** 창에 **Coin Scene**과 **Playtime** 속성이 나타난다. **파일시스템**
패널에서 `coin.tscn`을 드래그해 **Coin Scene** 속성에 놓는다.

### ● 초기화

게임 시작을 위해 `_ready()` 함수를 추가한다.

```
func _ready():
    screensize = get_viewport().get_visible_rect().size
    $Player.screensize = screensize
    $Player.hide()
```

고도는 어느 노드든 추가될 때마다 `_ready()`를 자동으로 호출한다. 따라서 노드가 최초로 시작
될 때 실행되어야 하는 코드를 넣기 좋은 곳이다.

`$` 구문을 사용해 이름으로 `Player` 노드를 참조한다는 점에 주목하자. 이렇게 함으로써 게임 화면
의 크기를 찾아 플레이어의 `screensize` 변수를 설정할 수 있다. `hide()`는 노드를 보이지 않게 만
들어서, 게임이 시작되기 전에는 플레이어를 볼 수 없다.

## 2.6.3 새 게임 시작

`new_game()` 함수는 새 게임을 할 수 있게 모든 것을 초기화한다.

```
func new_game():
    playing = true
    level = 1
    score = 0
    time_left = playtime
    $Player.start()
    $Player.show()
    $GameTimer.start()
    spawn_coins()
```

이 함수는 각종 변수를 시작값으로 설정하는 것에 더해, 앞서 작성한 플레이어의 `start()` 함수를
호출한다. `GameTimer`를 시작하므로 게임에서 남은 시간도 카운트다운하기 시작한다.

마지막에 호출하는 `spawn_coins()`는 동전을 현재 레벨에 맞게 생성할 함수이며 이제부터 작성해
야 한다.

```
func spawn_coins():
    for i in level + 4:
        var c = coin_scene.instantiate()
        add_child(c)
        c.screensize = screensize
        c.position = Vector2(randi_range(0, screensize.x),
            randi_range(0, screensize.y))
```

이 함수에서는 `Coin` 오브젝트의 **인스턴스**를 여러 개 생성하고 이를 `Main` 오브젝트의 자식으로 추가한다(이번에는 손으로 [자식 씬 인스턴스화] 버튼을 클릭하지 않고 코드로). 새 노드를 인스턴스화할 때마다 `add_child()`를 사용해 씬 트리에 추가한다. 마지막으로, 동전의 위치를 랜덤으로 선택하는데, `screensize` 변수를 사용해 화면 밖으로 나타나지 않게 한다. 매 레벨이 시작될 때마다 이 함수를 호출해 레벨이 올라갈수록 동전을 더 많이 생성한다.

최종적으로는 플레이어가 메뉴에서 [시작] 버튼을 클릭했을 때 `new_game()`이 호출되어야 할 것이다. 지금은 모든 것이 제대로 작동하는지 테스트하기 위해 `new_game()`을 `_ready()` 함수 끝에 추가하고 **프로젝트 실행**(F5)을 클릭한다. 메인 씬을 선택하라는 메시지가 표시되면 `main.tscn`을 선택한다. 이제 프로젝트를 재생할 때마다 다시 묻지 않고 메인 씬이 시작될 것이다.[5]

이 시점에서는 플레이어와 동전 5개가 화면에 보여야 하고, 플레이어가 동전을 터치하면 사라져야 한다.

테스트가 다 끝나면 `_ready()` 함수에서 `new_game()`을 제거한다.

## ● 남은 동전 확인

메인 스크립트는 플레이어가 모든 코인을 집었는지 아닌지를 감지할 필요가 있다. 동전은 모두 `coins` 그룹에 포함되므로 이 그룹의 크기를 확인하면 얼마나 남았는지 알 수 있다. 지속적으로 확인해야 하므로 `_process()` 함수에 넣는다.

```
func _process(delta):
    if playing and get_tree().get_nodes_in_group("coins").size() == 0:
        level += 1
        time_left += 5
        spawn_coins()
```

---

5  [옮긴이] 메인 씬을 바꾸고 싶다면 [프로젝트 설정/어플리케이션/실행]에서 변경할 수 있다.

더 이상 동전이 남아 있지 않으면 플레이어는 다음 레벨로 넘어간다.

이렇게 해서 메인 씬이 완성됐다. 이 단계에서 가장 중요한 학습 내용은 코드에서 `instantiate()`를 사용해 새 오브젝트를 동적으로 생성하는 방법이다. 이는 다양한 유형의 게임 시스템을 만들 때 거듭해서 사용하게 될 것이다. 다음 단계에서는 씬을 하나 더 만들어서 플레이어의 점수나 남은 시간 같은 게임 정보 표시를 처리할 것이다.

## 2.7 4단계: 사용자 인터페이스

이 게임에 필요한 마지막 요소는 **사용자 인터페이스**user interface, UI다. UI는 플레이어가 게임 플레이 중에 알아야 하는 정보를 표시해주는데, 게임 뷰 위에 오버레이로 표시되기 때문에 **헤드업 디스플레이**heads-up display, HUD라고 할 때도 많다. 게임 오버 후 시작 버튼을 표시할 때도 이 씬을 사용할 것이다.

HUD는 다음 정보를 표시할 것이다.

- 점수
- 남은 시간
- **게임 오버**Game Over 등의 메시지
- 시작 버튼

### 2.7.1 노드 설정

새 씬을 생성하고 `CanvasLayer` 노드를 추가한 다음 이름을 HUD로 바꾼다. `CanvasLayer` 노드는 새 드로잉 레이어를 생성하는데, 여기에 그리는 UI 요소는 게임의 나머지 부분 위에 있어서 플레이어나 동전 같은 게임 오브젝트로 가려지지 않는다.

고도는 체력 바health bar 같은 표시기부터 인벤토리inventory 같이 복잡한 인터페이스까지 뭐든지 만들어낼 수 있는 다양한 UI 요소를 제공한다. 사실 이 게임을 제작하는 데 사용하는 고도 에디터 자체도 고도 UI 요소를 사용해 만들어졌다. UI용 기본 노드는 모두 `Control`에서 확장되며 노드 목록에서는 녹색 아이콘으로 구분된다. UI를 만들 때는 위치, 포맷, 정보 표시에 다양한 `Control` 노드를 사용할 것이다. 완성된 HUD는 다음과 같은 모습이 될 것이다.

그림 2.25 HUD 레이아웃

## 2.7.2 메시지 레이블

씬에 `Label` 노드를 추가하고 이름을 `Message`로 변경한다. 이 레이블은 게임 제목을 표시하고 게임이 종료되면 **게임 오버**를 표시할 것이다. 이 레이블은 게임 화면의 중앙에 있어야 한다. 마우스로 드래그하거나 **인스펙터** 창에서 직접 값을 설정할 수도 있지만 [앵커 프리셋] 메뉴에 제공된 옵션을 사용해서 값을 설정하는 편이 가장 쉽다.

[앵커 프리셋] 메뉴에서 **가로 중앙 넓게**를 선택한다.

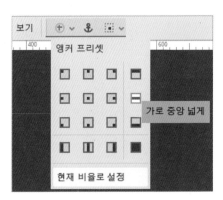

그림 2.26 메시지 위치 잡기

이제 레이블이 화면 너비만큼 펼쳐지고 세로로는 중앙에 배치된다. **Text** 속성은 레이블에 표시할 텍스트를 **Coin Dash!**로 설정하고 **Horizontal Alignment**와 **Vertical Alignment** 둘 다 **Center**로 설정한다.

`Label` 노드의 기본 글꼴은 매우 작고 예쁘지도 않으므로, 이번엔 커스텀 글꼴을 할당해보자. **Label Settings** 속성에서 **새 LabelSettings**를 선택한 다음 클릭해 펼친다.

**파일시스템** 탭에서 `Kenney Bold.ttf` 글꼴[6] 파일을 Font(글꼴)/Font 속성에 드래그해 놓은 다음 `Size`를 48로 설정한다. 원한다면 **Shadow**(그림자) 속성을 조정해서 모양을 개선할 수도 있다. 다음 스크린숏에 표시된 설정을 적용하거나 직접 실험하며 여러분만의 설정을 찾아보자.

그림 2.27 글꼴 설정

### 2.7.3 점수 및 시간 표시 개요

HUD 상단에는 플레이어의 점수와 시계에 남은 시간이 표시된다. 둘 다 `Label` 노드이며, 게임 화면에서 맞은편에 배치된다. 둘의 위치를 별도로 잡는 대신 **컨테이너**container 노드를 사용해 위치를 관리할 것이다.

#### ● 컨테이너

고도의 `Container` 노드는 자식 `Control` 노드(다른 컨테이너도 포함)의 위치와 크기를 자동으로 정렬한다. 이를 사용해 요소 주위에 가장자리를 추가하거나, 중앙 정렬을 유지하거나, 행과 열로 정렬할 수 있다. 각 `Container` 유형에는 자식의 정렬 방식을 제어하는 특수 속성이 있다.

컨테이너는 자동으로 자식을 정렬한다는 점을 기억하자. `Container` 노드 안에 있는 `Control`을 이동하거나 크기 조정을 하려고 하면 에디터에 경고가 표시될 것이다. 컨트롤을 수동으로 정렬할 수도, 컨테이너를 사용해 정렬할 수도 있지만, 둘 다 할 수는 없다.

### 2.7.4 점수 및 시간 표시 구현

점수 및 시간 레이블을 관리하기 위해 `HUD`에 `MarginContainer` 노드를 추가한다. [앵커 프리셋] 메뉴를 사용해 앵커를 **위쪽 넓게**로 설정한다. **인스펙터** 창의 Theme Overrides/Constants(테마 오버라이드/상수) 섹션에서 `Margin` 속성 4개를 `10`으로 설정한다. 이렇게 하면 텍스트가 화면 끝에 닿지 않게 약간의 가장자리가 추가된다.

---

6　옮긴이 Kenney Bold.ttf 글꼴은 영문만 지원하므로, 한글 제목을 예쁘게 보여주고 싶다면 마음에 드는 무료 한글 글꼴을 사용해보자.

점수 및 시간 레이블은 Message와 동일한 글꼴 설정을 사용할 것이므로, 이를 복제하면 시간이 절약된다. Message를 선택하고 Ctrl + D를 2번 눌러 복제 레이블 2개를 만든다. 두 레이블 다 드래그해서 MarginContainer에 놓아 자식으로 만든다. 자식 중 하나의 이름은 Score로 지정하고 다른 하나의 이름은 Time으로 지정한 다음, **Text** 속성을 둘 다 0으로 설정한다. **Vertical Alignment**는 둘 다 **Center** 그대로 두고 **Horizontal Alignment**는 Score에서는 **Right**로, Time에서는 **Left**로 설정한다.

### 2.7.5 GDScript를 통한 UI 업데이트

HUD 노드에 스크립트를 추가한다. 이 스크립트는 동전을 모을 때마다 Score 텍스트를 업데이트하는 등 속성을 변경해야 할 UI 요소를 업데이트한다. 다음 코드를 보자.

```
extends CanvasLayer

signal start_game

func update_score(value):
    $MarginContainer/Score.text = str(value)

func update_timer(value):
    $MarginContainer/Time.text = str(value)
```

Main 씬의 스크립트는 값이 변화할 때마다 이 두 함수를 호출해 표시된 내용을 업데이트할 것이다. Message 레이블이 조금 지나면 사라지도록 타이머도 필요하다.

Timer 노드를 HUD의 자식으로 추가하고 **Wait Time**을 2초, **One Shot**[7]을 **사용**으로 설정한다. 이렇게 하면 타이머가 시작될 때 한 번만 실행되고 반복되지 않을 것이다. 다음 코드를 추가하자.

```
func show_message(text):
    $Message.text = text
    $Message.show()
    $Timer.start()
```

이 함수는 메시지를 표시하고 타이머를 시작한다. 표시한 메시지를 일정 시간 후 숨기기 위해 Timer의 timeout 시그널을 연결한다(이러면 새 함수를 자동으로 생성한다는 점을 기억하자).

---

7  옮긴이 One Shot은 타이머를 한 번만 체크한다는 불 변수 속성(플래그)이다. false(사용 해제)로 설정하면 타이머 체크가 계속 반복된다.

```
func _on_timer_timeout():
    $Message.hide()
```

## ● 버튼 사용

Button 노드를 HUD에 추가하고 이름을 StartButton으로 바꾼다. 이 버튼은 게임이 시작되기 전에 표시되며, 클릭하면 사라지면서 Main 씬에 게임을 시작하라는 시그널을 보낸다. **Text** 속성에 있는 텍스트 박스에 Start라고 적은 다음 **Theme Overrides/Fonts** 섹션까지 밑으로 스크롤하고 글꼴을 Message 때와 같이 설정한다.

[앵커 프리셋] 메뉴에서 **아래쪽 중앙**을 선택해 버튼을 화면 하단의 중앙에 배치한다.

버튼은 눌리면 시그널을 발신한다. StartButton의 노드 탭에서 pressed 시그널을 연결하자.

```
func _on_start_button_pressed():
    $StartButton.hide()
    $Message.hide()
    start_game.emit()
```

## 2.7.6 게임 오버

UI 스크립트의 마지막 작업은 게임 종료에 반응하는 것이다.

```
func show_game_over():
    show_message("Game Over")
    await $Timer.timeout
    $StartButton.show()
    $Message.text = "Coin Dash!"
    $Message.show()
```

이 함수에서는 **게임 오버** 메시지를 2초 동안 표시한 다음 사라지게 해야 하는데, 이것이 바로 show_message("Game Over")가 하는 일이다. 하지만 메시지가 사라진 다음에는 시작 버튼과 게임 제목을 표시하고 싶다. await 명령은 지정된 노드(Timer)가 지정된 시그널(timeout)를 발신할 때까지 함수 실행을 일시 정지한다. 시그널이 수신되면 함수는 계속 실행되고 모든 것이 초기 상태로 돌아가 다시 플레이할 수 있다.

## 2.7.7 메인에 HUD 추가

다음은 Main과 HUD 사이의 통신을 설정하는 것이다. Main에 HUD 인스턴스를 추가한다. Main에서는 GameTimer의 timeout 시그널을 연결하고, 다음 코드를 추가해서 GameTimer가 타임 아웃될 때마다(1초마다) 남은 시간이 줄어들게 한다.

```
func _on_game_timer_timeout():
    time_left -= 1
    $HUD.update_timer(time_left)
    if time_left <= 0:
        game_over()
```

다음으로 Main에서 Player 인스턴스를 선택하고 pickup과 hurt 시그널을 연결한다.

```
func _on_player_hurt():
    game_over()

func _on_player_pickup():
    score += 1
    $HUD.update_score(score)
```

게임이 종료될 때는 몇 가지 일을 처리해야 하므로 다음 함수를 추가한다.

```
func game_over():
    playing = false
    $GameTimer.stop()
    get_tree().call_group("coins", "queue_free")
    $HUD.show_game_over()
    $Player.die()
```

이 함수는 게임을 중지하고 call_group()을 사용해 queue_free()를 호출함으로써 남은 동전을 모두 제거한다.

마지막으로 StartButton을 누르면 Main의 new_game() 함수가 활성화되어야 한다. HUD 인스턴스를 선택하고 start_game 시그널을 연결한다.

```
func _on_hud_start_game():
    new_game()
```

Main의 `_ready()` 함수에서 `new_game()`을 제거했는지 다시 확인하고(기억하겠지만, 이 코드는 테스트용이었다), 다음 두 줄을 `new_game()`에 추가하자.

```
$HUD.update_score(score)
$HUD.update_timer(time_left)
```

드디어 게임을 플레이할 수 있다. 점수, 카운트다운, 게임 종료, 재시작 등 모든 부분이 의도대로 작동하는지 확인한다. 작동하지 않는 부분을 발견하면 앞으로 돌아가서 해당 부분을 만든 단계와 게임의 나머지 부분에 연결됐을 수 있는 단계를 확인하자. 가장 흔한 실수는 게임의 다른 부분에서 사용한 시그널들 중 하나를 연결하는 일을 잊어버리는 것이다.

게임을 플레이하고 모든 것이 올바르게 작동하는지 확인했다면 다음 절로 이동해 게임 경험을 풍성하게 하기 위한 추가 기능을 몇 가지 더해보자.

## 2.8 5단계: 마무리

제대로 작동하는 게임을 만든 것을 축하한다. 이 절에서는 게임을 좀 더 재미있게 만들기 위해 부가 요소 몇 가지를 추가할 것이다. 게임 개발자는 게임을 플레이하는 느낌을 좋게 만드는 요소를 묘사할 때 **주스**juice[8]라는 용어를 사용한다. 주스에는 사운드sound, 비주얼 이펙트visual effect, 그 밖에 게임 플레이의 본질은 바꾸지 않으면서 플레이어의 즐거움을 더하는 온갖 추가 요소를 포함할 수 있다.

### 2.8.1 비주얼 이펙트

지금은 동전을 주을 때 동전이 그냥 사라지는데, 이는 그다지 매력적이지 않다. 시각적 효과를 추가하면 동전을 많이 모을 때 훨씬 더 만족감을 느낄 수 있을 것이다.

#### ● 트윈이란?

**트윈**tween은 특정 수학 함수를 사용해 어떤 값을 시간에 따라 **보간**interpolate(점진적 변경)하는 방법이다. 예를 들어 값을 일정하게 변경하는 함수나 시작할 땐 느리지만 점점 빨라지는 함수를 선택할 수 있다. 트위닝tweening을 **이징**easing이라고도 한다. https://easings.net/에 트위닝 함수의 애니메이션 예제가 많이 있으니 훑어보기 바란다.

---

8 〔옮긴이〕 **크롬**(chrome)이라고도 한다. 어느 용어를 쓰든, 게임의 기본 메커니즘과 직접 관계없는 장식적 요소를 뜻한다.

고도에서 트윈을 사용할 때는, 노드의 속성을 1개 이상 변경하게 할당할 수 있다. 이번 경우에는 동전의 크기를 키웠다가 **Modulate** 속성을 사용해 동전을 페이드아웃할 것이다. 트윈이 역할을 다 하면 동전은 삭제된다.

하지만 여기에는 한 가지 문제가 있다. 동전을 즉시 제거하지 않으면 플레이어가 다시 동전 위로 이동해 `area_entered` 시그널을 2번 트리거하고 점수를 2번 올릴 수 있다. 이를 방지하려면, 콜리전 모양을 비활성화해 동전이 콜리전을 더 이상 트리거하지 못하게 하면 된다.

새로운 `pickup()` 함수는 다음과 같은 모습이어야 한다.

```
func pickup():
    $CollisionShape2D.set_deferred("disabled", true)
    var tw = create_tween().set_parallel().set_trans(Tween.TRANS_QUAD)
    tw.tween_property(self, "scale", scale * 3, 0.3)
    tw.tween_property(self, "modulate:a", 0.0, 0.3)
    await tw.finished
    queue_free()
```

처음 보는 코드가 많으니 자세히 살펴보자.

먼저 CollisionShape2D의 `disabled` 속성을 `true`로 설정할 필요가 있다. 하지만 바로 설정하려고 하면 고도가 불평할 것이다.[9] 콜리전이 처리되는 동안에는 물리 속성을 변경할 수 없기 때문이다. 따라서 현재 프레임이 끝날 때까지 기다려야 한다. 이것이 바로 `set_deferred()`가 하는 일이다.

다음 줄의 `create_tween()`은 트윈 오브젝트를 생성하고, `set_parallel()`은 다음 트윈을 순차적 이 아니라 동시에 발생하게 하며, `set_trans()`는 전환 함수를 '2차quadratic' 곡선으로 설정한다.

그다음에 오는 2줄은 속성의 트위닝을 설정한다. `tween_property()`는 매개변수를 4개 받는데, 각 각 영향을 줄 오브젝트(self), 변경할 속성, 종료값, 지속 시간(초)이다.

이제 게임을 실행하면 동전을 줍는 순간에 이펙트가 재생되는 것을 볼 수 있다.

---

9　옮긴이 에디터 콘솔 창에 경고 메시지가 뜰 것이다.

### 2.8.2 사운드

사운드는 게임 디자인에서 중요하지만 간과하기 쉽다. 사운드 디자인을 잘 하면 아주 적은 노력으로도 게임에 대량의 주스를 더할 수 있다. 사운드는 플레이어에게 피드백을 주고, 캐릭터와 공감대를 형성하거나, 심지어 게임플레이의 직접적인 일부(뒤에서 발자국 소리가 들리는 등)가 될 수도 있다.

이 게임에서는 사운드 이펙트를 3개 추가할 것이다. `Main` 씬에서 `AudioStreamPlayer` 노드 3개를 추가하고 이름을 각각 `CoinSound`, `LevelSound`, `EndSound`로 변경한다. `res://assets/audio/` 폴더에서 각 노드의 이름에 맞는 사운드 파일을 `Stream` 속성에 드래그해 넣는다.

사운드를 재생하려면 노드에서 `play()` 함수를 호출하면 된다. 다음 각 함수에 `play()`를 호출하는 줄을 추가해 적절한 때에 사운드를 재생한다.

- `_on_player_pickup()`에서 `$CoinSound.play()`를 호출
- `game_over()`에서 `$EndSound.play()`를 호출
- `spawn_coins()`에서 `$LevelSound.play()`를 호출(단, 루프 안에 넣으면 안 된다!)

### 2.8.3 파워업

플레이어에게 작은 이득, 즉 파워업을 제공하는 아이템에는 여러 가지가 있을 수 있다. 이 절에서는 모았을 때 플레이어에게 시간 보너스를 조금 제공하는 파워업 아이템을 추가한다. 이 아이템은 가끔씩 나타났다가 금방 사라진다.

이 새 씬은 이미 생성한 `Coin` 씬과 매우 유사하므로 이 씬을 클릭하고 [씬 | 씬을 다른 이름으로 저장]을 선택한 후 `powerup.tscn`으로 저장한다.[10] 루트 노드의 이름을 `Powerup`으로 변경하고 [스크립트 떼기] 버튼을 클릭해 스크립트를 제거한다.

그림 2.28 스크립트 떼기 버튼

---

10 (옮긴이) 씬을 복사해서 쓸 때는 자식 노드 연결에 문제가 있을 수 있으므로, 모든 씬을 저장한 후 고도 에디터를 껐다가 프로젝트를 새로 로드하는 편을 권장한다.

**그룹**Group 탭에서 [휴지통] 아이콘을 클릭해 `coins` 그룹을 삭제하고 대신 `powerups`라는 새 그룹을 추가한다.

`AnimatedSprite2D`에서 동전 이미지를 파워업으로 변경한다. 이 이미지는 `res://assets/pow/` 폴더에서 찾을 수 있다.

[새 스크립트 추가] 버튼을 클릭하고 `coin.gd` 스크립트에서 코드를 복사해 붙인다.

다음에는 `Timer` 노드를 추가하고 이름을 `Lifetime`이라고 변경한다. 이렇게 하면 오브젝트가 화면에 유지되는 시간이 제한된다. **Wait Time** 값을 2로 설정하고 **One Shot**과 **Autostart**를 모두 **사용**으로 설정한다. `timeout` 시그널을 연결해서 해당 시한이 끝나면 파워업이 제거되게 한다.

```
func _on_lifetime_timout():
    queue_free()
```

이제 `Main` 씬으로 이동해 `PowerupTimer`라는 또 다른 `Timer` 노드를 추가한다. **One Shot** 속성을 **사용**으로 설정한다. `audio` 폴더에 `Powerup.wav` 사운드도 있으니 `AudioStreamPlayer`를 추가하고 이름을 `PowerupSound`로 변경해서 여기에 드래그해 넣자. `timeout` 시그널을 연결하고 다음 코드를 추가해 파워업을 스폰spawn(생성)한다.

```
func _on_powerup_timer_timeout():
    var p = powerup_scene.instantiate()
    add_child(p)
    p.screensize = screensize
    p.position = Vector2(randi_range(0, screensize.x), randi_range(0, screensize.y))
```

`Coin` 씬에서 했던 것처럼 `Powerup` 씬을 변수에 연결해야 하므로 `main.gd` 상단에 다음 코드를 추가한 다음, 새로 생성된 **Powerup Scene** 속성에 `powerup.tscn`을 드래그해 넣는다(새 속성이 자동으로 생성되지 않는다면 씬을 저장해보자).

```
@export var powerup_scene : PackedScene
```

파워업은 예상치 못하게 나타나야 하므로 `PowerupTimer`의 대기 시간을 새 레벨을 시작할 때마다 다시 설정할 필요가 있다. 다음 코드를 `_process()` 함수에서 새 동전이 `spawn_coins()`로 스폰되는 것 뒤에 추가하자.

```
$PowerupTimer.wait_time = randf_range(5, 10)
$PowerupTimer.start()
```

이제 파워업이 화면에 나타날 것이다. 마지막 단계는 플레이어에게 파워업을 모을 수 있는 능력을 주는 것이다. 현재 플레이어 스크립트에서는 플레이어가 부딪히는 모든 오브젝트가 동전이나 장애물이라고 가정한다. `player.gd`의 코드를 변경해 어떤 종류의 오브젝트에 부딪혔는지 확인하게 하자.

```
func _on_area_entered(area):
    if area.is_in_group("coins"):
        area.pickup()
        pickup.emit("coin")
    if area.is_in_group("powerups"):
        area.pickup()
        pickup.emit("powerup")
    if area.is_in_group("obstacles"):
        hurt.emit()
        die()
```

이제 발신하는 `pickup` 시그널에 오브젝트 유형을 지정하는 추가 인수가 포함되는 것에 주목하자. 여기에 맞춰 `main.gd`의 해당 함수도 변경해서 인수를 받아들이고 어떤 행동을 취할지 결정하게 해야 한다.

```
func _on_player_pickup(type):
    match type:
        "coin":
            $CoinSound.play()
            score += 1
            $HUD.update_score(score)
        "powerup":
            $PowerupSound.play()
            time_left += 5
            $HUD.update_timer(time_left)
```

`match` 문은 `if` 문의 대안이다. 특히 확인할 분기가 많을 때 유용하다.

게임을 실행하고 파워업을 모아 보자(레벨 1에서는 파워업이 나타나지 않음을 기억하자). 사운드가 재생되고 타이머가 5초씩 늘어나는지 확인한다.

### 2.8.4 동전 애니메이션

동전을 만들 때 `AnimatedSprite2D`를 사용했지만 아직 재생되지 않는다. 동전 애니메이션은 동전 표면을 가로질러 움직이는 '윤슬shimmer' 효과를 표시한다. 모든 동전이 동시에 이 효과를 표시하면 너무 규칙적으로 보이므로 각 동전마다 랜덤하게 애니메이션에 지연을 줄 필요가 있다.

먼저 `AnimatedSprite2D`를 클릭한 다음, `SpriteFrames` 리소스를 클릭해 스프라이트 프레임 패널을 연다. [애니메이션 반복]은 미사용으로 설정하고 **속도**는 12FPS로 설정한다.

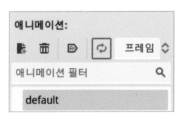

그림 2.29 애니메이션 설정

`Coin` 씬에 `Timer` 노드를 추가한 후 다음 코드를 스크립트에 추가한다.

```
func _ready():
    $Timer.start(randf_range(3, 8))
```

그런 다음 `Timer`의 `timeout` 시그널을 연결하고 다음 코드를 추가한다.

```
func _on_timer_timeout():
    $AnimatedSprite2D.frame = 0
    $AnimatedSprite2D.play()
```

게임을 실행하고 동전의 애니메이션을 지켜보자. 아주 적은 노력으로 멋진 비주얼 이펙트를 얻을 수 있다. 최소한 프로그래머에게는 그렇다(아티스트는 각 프레임을 모두 그려야 하겠지만). 상업적 게임에서도 이 같은 효과를 많이 볼 수 있을 것이다. 사소하다면 사소하지만, 시각적인 매력은 훨씬 더 즐거운 경험을 선사한다.

**장애물**

마지막으로, 플레이어가 피해야 하는 장애물을 도입해 게임을 더욱 어렵게 만들 수 있다. 장애물을 건드리면 게임이 종료되는 것이다.

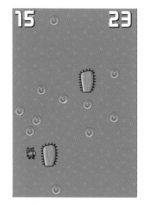

그림 2.30 장애물이 있는 게임 예시

새 `Area2D` 씬을 만들고 이름을 `Cactus`로 변경한다. `Sprite2D`와 `CollisionShape2D`를 자식으로 추가한다. **파일시스템**에서 선인장 텍스처(cactus.png)를 `Sprite2D`의 **Texture** 영역으로 드래그해 넣는다. 콜리전 모양에 `RectangleShape2D`를 추가하고 이미지를 덮을 수 있게 크기를 조정한다. 플레이어의 스크립트에 `if area.is_in_group("obstacles")`라는 코드를 추가한 것을 기억하는가?

**노드** 탭을 사용해 `Cactus`를 `obstacles` 그룹으로 추가한다. `Main` 씬에서 [자식 씬 인스턴스화] 버튼을 눌러 `Cactus` 오브젝트의 인스턴스를 추가하고 플레이 영역 어딘가에 위치하게 한다.[11] 게임을 플레이하고 선인장에 부딪히면 어떤 일이 일어나는지 확인해보자.

여러분은 이미 문제를 발견했을지도 모르겠다. 동전이 선인장 위에도 스폰될 수 있는데, 이러면 줍기가 불가능하다. 따라서 동전을 배치할 때 장애물과 겹치는지를 감지하고 필요하면 동전을 움직여야 한다. `Coin` 씬에서 `area_entered` 시그널을 연결하고 다음 코드를 추가한다.

```
func _on_area_entered(area):
    if area.is_in_group("obstacles"):
            position = Vector2(randi_range(0, screensize.x), randi_range(0, screensize.y))
```

---

11 [옮긴이] Cactus 인스턴스의 위치를 잡기 어려우면 인스펙터 창에서 Transform 섹션의 속성을 활용해보자.

이전 절에서 파워업 오브젝트를 추가했다면 해당 스크립트에도 동일하게 해야 할 것이다.

게임을 플레이하면서 모든 오브젝트가 올바르게 생성되고 장애물과 겹치지 않는지 테스트한다. 장애물에 부딪히면 게임이 종료된다.

플레이해 보니 게임이 어려운가, 아니면 쉬운가? 다음 장으로 넘어가기 전에 이 게임에 추가할 만한 다른 요소에 대해 숙고해보자. 더 나아가 지금까지 배운 내용을 사용해 추가할 수 있는지도 알아보자. 못하겠다면, 적어뒀다가 이후 장에서 기술을 좀 더 배운 후에 다시 돌아오자.

## 요약

이 장에서는 작은 2D 게임을 만들면서 고도 엔진의 기본을 배웠다. 프로젝트를 설정하고 여러 씬을 만들며, 스프라이트와 애니메이션으로 작업하고, 사용자 입력을 캡처하고, 시그널을 사용해 노드 간 통신을 하고, UI를 만들었다. 이 장에서 배운 내용은 어느 고도 프로젝트에서나 사용할 수 있는 중요한 스킬이다.

다음 장으로 넘어가기 전에 이 프로젝트를 쭉 살펴보자. 각 노드가 무슨 일을 하는지 알겠는가? 이해하지 못하는 코드가 있는가? 그렇다면 이 장의 해당 절로 돌아가서 다시 검토하자.

또한 자유롭게 게임을 실험해보며 이것저것 변경해보자. 게임의 어느 부분이 무슨 기능을 하는지 파악하는 아주 좋은 방법 중 하나는 뭔가를 바꾸고 어떤 일이 일어나는지 보는 것이다.

1장의 팁을 기억하는가? 진심으로 스킬을 빨리 향상시키고 싶다면 이 책을 덮고 새 고도 프로젝트를 시작한 다음 책을 들춰보지 말고 〈코인 대시〉를 다시 만들어보자. 꼭 책을 찾아봐야 한다면 그것도 괜찮지만, 직접 방법을 알아낸 후에만 찾아보려고 노력해보자.

다음 장에서는 고도의 더 많은 기능을 살펴보고 더 복잡한 게임을 제작하며 더 다양한 노드 유형을 사용하는 방법을 배울 것이다.

# 3

# 스페이스 록: 물리 엔진으로 고전 2D 아케이드 만들기

지금쯤이면 노드 추가, 스크립트 생성, 인스펙터에서 속성 수정 등의 고도 작업에 익숙해졌을 것이다. 중간에 막히거나 뭔가를 하는 방법이 기억나지 않는 듯하다면 그 부분에 대한 설명이 처음 나왔던 프로젝트로 돌아가면 된다. 고도에서 흔한 동작을 반복하다 보면 점점 더 익숙해지기 시작할 것이다. 한편 각 장에서는 고도의 기능에 대한 이해를 넓힐 수 있는 노드와 기법을 더 많이 소개한다.

이 프로젝트에서는 아케이드 고전 게임 〈아스테로이드〉[1]와 유사한 우주 슈터shooter 게임을 만들 것이다. 플레이어는 어떤 방향으로든 회전하고 이동할 수 있는 우주선을 조종하게 된다. 목표는 떠다니는 '우주 바위space rock'를 피하고 우주선의 레이저로 쏘는 것이다. 다음은 최종적으로 만들어진 게임의 스크린샷이다.

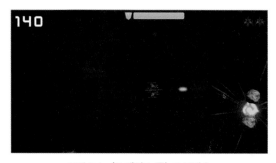

그림 3.1 〈스페이스 록〉 스크린샷

---

1    옮긴이 https://ko.wikipedia.org/wiki/아스테로이즈_(비디오_게임)을 참조하자.

이 프로젝트에서는 배울 핵심 주제는 다음과 같다.

- 커스텀 입력 액션 사용
- `RigidBody2D`를 사용한 물리 구현
- 유한 상태 기계로 게임 로직 체계화
- 동적이고 크기 조절이 가능한 UI 구축
- 사운드 및 음악
- 파티클 효과

## 3.1 기술적 요구 사항

다음 링크에서 게임 애셋을 다운로드해 (앞으로 만들) 새 프로젝트 폴더 안에 압축을 푼다.

https://github.com/PacktPublishing/Godot-4-Game-Development-Projects-Second-Edition/tree/main/
Downloads

이 장의 전체 코드는 다음 링크에서 확인할 수 있다.

https://github.com/PacktPublishing/Godot-4-Game-Development-Projects-Second-Edition/tree/main/
Chapter03 – Space Rocks

## 3.2 프로젝트 설정

새 프로젝트를 생성하고 앞 절에서 다운로드한 프로젝트 애셋을 해당 폴더에 넣는다.

이 프로젝트에서는 **입력 맵**에서 커스텀 입력 액션을 설정한다. 이 기능을 사용하면 커스텀 입력 이벤트를 정의하고 다양한 키, 마우스 이벤트, 기타 입력을 할당할 수 있다. 이렇게 하면 사용자가 어떤 키 또는 버튼을 눌러 해당 이벤트가 발생했는지 정확히 알 필요 없이 '점프' 입력에 반응하도록 코드를 작성할 수 있으므로 게임을 더 유연하게 디자인할 수 있다. 덕분에 동일한 코드가 서로 다른 기기, 심지어 서로 다른 하드웨어에서도 작동하게 만들 수 있다. 게다가 게임 입력을 커스터마이징할 수 있기를 바라는 게이머가 많은데, 이런 사용자에게 해당 옵션을 제공할 수 있다.

이 게임의 입력을 설정하려면 [프로젝트 | 프로젝트 설정]을 열고 **입력 맵** 탭을 선택한다.

입력 액션 4가지를 새로 만들어야 하는데, 바로 `rotate_left`, `rotate_right`, `thrust`, `shoot`다. [새로운 액션 추가] 상자에 각 액션의 이름을 입력하고 **Enter** 키를 누르거나 [추가] 버튼을 클릭한다. 주의해서 정확하게 이름을 입력하자. 오타가 있으면 나중에 코드에서 사용할 때 오류가 난다.

그런 다음 각 액션에서 오른쪽에 있는 [+] 버튼을 클릭한다. 팝업 창에서 특정 입력 유형을 수동으로 찾아서 선택해도 되고, 물리 버튼을 눌러서 고도가 이를 감지하게 해도 된다. 각 액션에 여러 입력을 추가할 수 있다. 예를 들어 플레이어가 화살표 키와 WASD 키를 모두 사용할 수 있게 하려면 다음과 같이 설정하면 된다.

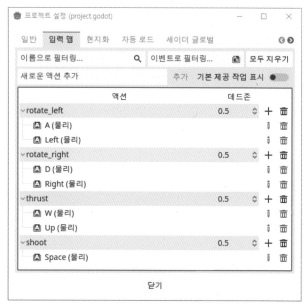

그림 3.2 **입력 액션**

컴퓨터에 게임패드나 기타 컨트롤러가 연결되어 있다면 해당 입력도 같은 방법으로 액션에 추가할 수 있다.

> NOTE 이 단계에서는 버튼식 입력만 고려하고 있으므로 이 프로젝트에 십자 패드(D-pad)는 사용할 수 있지만, 아날로그 조이스틱을 사용하려면 코드 변경이 필요하다.

게임 개발에서는 게임 공간에서 두 오브젝트가 교차하거나 접촉하는 시점을 파악해야 하는 경우가 잦다. 이를 **콜리전 감지**collision detection라고 한다.[2] 일반적으로는 콜리전이 감지되었을 때 뭔가가 일어나기를 바란다. 이를 **콜리전 반응**collision response이라고 한다.

고도는 3가지 종류의 물리 바디를 제공하며, 이는 `PhysicsBody2D` 노드 유형으로 그룹화되어 있다.

- `StaticBody2D`: 정적 바디static body는 물리 엔진에 의해서는 움직이지 않는 바디다. 콜리전 감지에 참여는 하지만 이에 반응해 움직이지는 않는다. 이 유형의 바디는 벽이나 지면 같이 환경의 일부이거나 동적 액션이 필요하지 않은 오브젝트에 주로 사용된다.

- `RigidBody2D`: 리지드 바디rigid body[3]는 물리 시뮬레이션을 제공하는 물리 바디다. 이는 `RigidBody2D` 물리 바디의 위치를 여러분이 직접 제어하지 않는다는 뜻이다. 대신 (중력이나 충격 등의) 힘을 가하면 고도에 내장된 물리 엔진이 충돌collision, 튕김bouncing, 회전, 기타 효과를 포함한 결과 움직임을 계산한다.

- `CharacterBody2D`: 이 바디 유형은 콜리전 감지는 제공하지만 물리는 제공하지 않는다. 모든 움직임은 코드로 구현해야 하며, 콜리전 반응 역시 사용자가 직접 구현해야 한다. 키네마틱 바디 kinematic body는 사실적인 시뮬레이션이 아니라 아케이드식의 물리가 필요한 플레이어 캐릭터 등의 액터에 주로 사용된다. 또 바디의 움직임을 더 정밀하게 제어해야 할 때도 사용된다.

특정 물리 바디 유형을 언제 사용해야 하는지 이해하는 것은 게임 제작에서 아주 큰 부분이다. 올바른 유형을 사용하면 개발이 간소화되는 반면, 잘못된 노드를 사용해 억지로 작업을 수행하면 좌절감을 초래하고 결과도 좋지 않다. 각 유형의 바디로 작업하다 보면 각 바디의 장단점을 파악해서 필요한 것을 제작할 때 어느 것을 사용하면 도움이 되는지를 알 수 있을 것이다.

이 프로젝트에서는 우주선과 바위 모두 `RigidBody2D` 노드를 사용할 것이다. 다른 바디 유형에 대해서는 이후 장에서 배우게 된다.

각 `RigidBody2D` 노드에는 **Mass**(질량), **Friction**(마찰), **Bounce**(탄성) 등 행동을 커스터마이징하는 데 사용할 수 있는 다양한 속성이 있다. 이런 속성은 **인스펙터**에서 설정할 수 있다.

---

2　[옮긴이] 충돌 감지라고도 한다. 게임 엔진에서, 콜리전과 충돌은 사실상 같은 뜻이다.

3　[옮긴이] 강체(剛體)라고도 한다.

리지드 바디는 글로벌 속성의 영향도 받는데, 이 속성은 [프로젝트 설정] 밑의 **물리/2D**에서 설정할 수 있으며 월드[4]의 모든 바디에 적용된다.

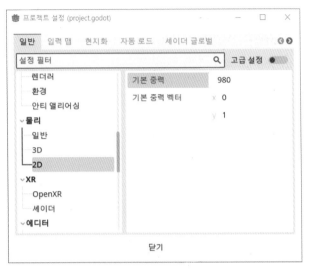

그림 3.3  프로젝트 물리 설정

대부분의 경우에는 이 설정을 수정할 필요가 없다. 그러나 기본적으로 중력의 값은 980이고 방향은 (0, 1), 즉 아래쪽이라는 점에 유의하자. 월드의 중력을 변경하고 싶다면 여기에서 하면 된다.

[프로젝트 설정] 창의 오른쪽 상단에 있는 [고급 설정] 토글을 클릭하면 물리 엔진에 대한 여러 고급 구성 설정configuration 값을 볼 수 있다. 여기서 특히 주의할 것은 2가지, 바로 **기본 선형 댐핑**Default Linear Damp과 **기본 각도 댐핑**Default Angular Damp이다. 이 속성들은 각각 바디의 전진 속도와 회전 속도가 얼마나 빨리 줄어들지를 제어한다. 이 값을 낮게 설정하면 월드에 마찰이 없는 듯 느껴지고, 값을 크게 설정하면 오브젝트가 진흙 속을 움직이는 듯 느껴진다. 이는 다양한 게임 오브젝트와 환경에 맞춰 이동 방식을 다르게 적용할 수 있는 훌륭한 방법이다.

> NOTE **영역 물리 오버라이드**
> Area2D 노드는 **Space Override**(공간 오버라이드) 속성을 사용해 리지드 바디 물리에 영향을 줄 수도 있다. 그러면 해당 영역에 들어오는 모든 바디에 커스텀 중력과 댐핑값이 적용된다.

---

4  옮긴이 게임 속 세상은 월드, 실제 세상은 세계로 구분하여 번역했다.

이 게임은 우주 공간에서 진행되므로 중력이 필요 없어서, [기본 중력]을 0으로 설정한다. 다른 설정은 그대로 둬도 된다.

이로써 프로젝트 설정 작업이 완료됐다. 이 절을 다시 살펴보고 놓친 부분이 없는지 확인하는 편이 좋다. 여기서 변경한 내용은 많은 게임 오브젝트의 행동에 영향을 미치기 때문이다. 다음 절에서 플레이어 우주선을 만들 때 이를 느끼게 될 것이다.

## 3.3 플레이어 우주선

플레이어 우주선은 이 게임의 핵심이다. 이 프로젝트에서 작성하는 코드 대부분은 우주선을 작동시키는 데 쓰일 것이다. 우주선은 고전적인 〈아스테로이드〉 식 좌/우 회전과 전방 추진으로 제어한다. 레이저를 발사해서 떠다니는 바위를 파괴할 수도 있다.

그림 3.4 플레이어 우주선

### 3.3.1 바디 및 물리 설정

새 씬을 생성하고 `RigidBody2D`를 루트 노드로 추가하고 이름을 `Player`로 붙인 다음, `Sprite2D`와 `CollisionShape2D`를 자식으로 추가한다. `res://assets/player_ship.png` 이미지를 `Sprite2D`의 **Texture** 속성에 추가한다. 이 우주선 이미지는 아주 크기 때문에, `Sprite2D`의 **Scale** 속성을 (0.5, 0.5)로 설정하고 **Rotation**을 90으로 설정한다.

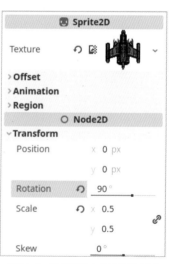

그림 3.5 플레이어 스프라이트 설정

이 우주선 이미지는 위쪽을 향하고 있다. 그런데 고도에서 0도 기준 방향은 오른쪽(x축)을 가리킨다. 이는 스프라이트가 바디의 방향과 일치하게 회전할 필요가 있다는 뜻이다. 처음부터 맞는 방향으로 그려진 아트를 사용하면 이 단계를 피할 수 있다. 그러나 필요한 애셋을 구하다 보면 위쪽 방향으로 그려진 아트를 발견하게 되는 경우가 매우 흔하므로, 이런 방법을 알고 있어야 한다.

`CollisionShape2D`의 **Shape** 속성에 `CircleShape2D`를 추가하고 스케일을 조정해 이미지를 최대한 비슷하게 덮는다.

그림 3.6 플레이어 콜리전 모양

플레이어 우주선은 픽셀 아트 양식으로 그려져 있지만, 확대하면 흐릿하게 변하며 '부드럽게smoothed out' 보이는 것을 알 수 있다. 고도의 텍스처 그리기 기본default 필터 설정은 이 스무딩smoothing 기법을 사용하는데, 일부 아트에는 잘 어울리지만 픽셀 아트에는 대체로 적합하지 않다. 필터링은 각 스프라이트마다 (CanvasItem 섹션에서) 개별적으로, 또는 **프로젝트 설정**에서 전역적으로 설정할 수 있다.

[프로젝트 설정]을 열고 [고급 설정] 토글을 선택 상태로 한 다음 **렌더링/텍스처** 섹션을 찾는다. 상단에 **캔버스 텍스처**에 대한 설정이 2가지 있다. 그중 **기본 텍스처 필터**를 Nearest로 설정한다.

그림 3.7 기본 텍스처 필터 설정

그리고 씬을 저장한다. 대규모 프로젝트에서 작업할 때는 씬과 스크립트를 모두 루트 프로젝트 폴더에 저장하기보다는 각 게임 오브젝트에 따라 폴더로 정리하는 편이 좋다. 예를 들어 'player' 폴더를 만들고 모든 플레이어 관련 파일을 여기에 저장하는 식이다. 이렇게 하면 다양한 게임 오브젝트를 쉽게 찾고 수정할 수 있다. 이 프로젝트는 비교적 작은 프로젝트라 씬이 몇 개 없지만, 프로젝트의 규모가 커지고 복잡해지면 이 방법을 채택하는 것도 좋은 습관이다.

## 3.3.2 상태 기계

플레이어의 우주선은 게임 플레이 중에 다양한 상태가 될 수 있다. 예를 들어 **살아 있을**alive 때는 우주선이 제대로 보이고 플레이어가 조종할 수 있지만 바위에 부딪히면 피해를 입는다. 반면에 **무적**invulnerable 상태일 때는 함선이 반투명하게 보이며 피해를 입지 않게 된다.

프로그래머가 이런 상황을 처리하는 방법 중 하나가 코드에 불 변수, 즉 플래그flag를 추가하는 것이다. 예를 들어 플레이어가 처음 스폰될 때 `invulnerable`(무적) 플래그를 `true`(참)으로 설정하거나 플레이어가 죽었을 때 `alive`(살아 있음)를 `false`(거짓)로 설정할 수 있다. 하지만 이러다 보면 오류와 이상한 상황이 발생할 수 있다. 어떤 이유로 인해 `alive`와 `invulnerable`이 동시에 `false`로 설정되었는데, 이 상황에서 플레이어에게 바위가 부딪히면 어떻게 될까? 이보다는 우주선이 명확하게 한 가지 상태로만 정의될 수 있다면 더 좋을 것이다.

이 문제에 대한 해결책은 **유한 상태 기계**finite state machine, FSM를 사용하는 것이다. FSM을 사용하면 한 엔티티entity[5]는 주어진 시간에 한 가지 상태로만 있을 수 있다. FSM을 디자인하려면 여러 상태와 그 상태들 사이의 전환을 일으킬 수 있는 이벤트나 액션을 정의해야 한다.

다음 그림은 플레이어 우주선에 대한 FSM을 나타낸다.

---

5　[옮긴이] 서로 구별되는 하나하나의 정보 대상. 실체라고도 한다.

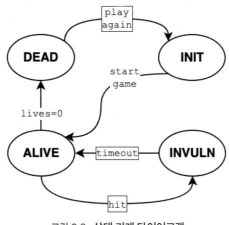

그림 3.8 상태 기계 다이어그램

여기에는 타원으로 표시된 4가지 상태가 있으며, 화살표는 상태 간에 발생할 수 있는 전환과 그 전환을 트리거<sub>trigger</sub>하는 요소를 나타낸다. 현재 상태를 확인함으로써 플레이어가 무엇을 할 수 있는지 판단할 수 있다. 예를 들어 **DEAD** 상태에서는 입력을 허용하지 않거나, **INVULNERABLE** 상태에서는 이동은 가능하지만 사격은 불가능한 식이다.

고급 FSM 구현은 아주 복잡해질 수 있으며, 자세한 내용은 이 책의 범위를 벗어난다. 순수한 의미에서는 여기서 만드는 것이 진짜 FSM이 아니지만, 이 프로젝트의 목적상 개념을 설명하고 불 플래그 문제에 맞닥뜨리지 않을 수 있는 것만으로도 충분할 것이다.

`Player` 노드에 스크립트를 추가하고 FSM 구현의 골격을 생성하는 것부터 시작하자.

```
extends RigidBody2D

enum {INIT, ALIVE, INVULNERABLE, DEAD}
var state = INIT
```

`enum`('열거<sub>enumeration</sub>'의 줄임말)은 상수 집합을 만들기 편리한 방법이다. 앞서 코드의 `enum` 문은 다음 코드를 작성하는 것과 동일하다(예시이므로 굳이 이렇게 바꿀 필요는 없다).

```
const INIT = 0
const ALIVE = 1
const INVULNERABLE = 2
const DEAD = 3
```

다음에는 상태 전환을 처리하는 `change_state()` 함수를 만든다.

```
func _ready():
    change_state(ALIVE)

func change_state(new_state):
    match new_state:
        INIT:
            $CollisionShape2D.set_deferred("disabled",
                true)
        ALIVE:
            $CollisionShape2D.set_deferred("disabled",
                false)
        INVULNERABLE:
            $CollisionShape2D.set_deferred("disabled",
                true)
        DEAD:
            $CollisionShape2D.set_deferred("disabled",
                true)
    state = new_state
```

플레이어의 상태를 변경할 필요가 있을 때마다 `change_state()` 함수를 호출하고 새 상태의 값을 전달한다. 그런 다음 `match` 문을 사용해 새 상태로 전환할 때 수반되는 코드를 실행할 수도, 전환을 원하지 않는 경우라면 이를 허용하지 않을 수도 있다. 이를 나타내기 위해, `CollisionShape2D` 노드는 새 상태에 따라 활성화/비활성화되고 있다. `_ready()`에서 초기 상태로 `ALIVE`를 설정했는데, 이는 테스트용이고 나중에 `INIT`로 변경할 것이다.

### 3.3.3 플레이어 컨트롤 추가

스크립트 상단에 다음 변수를 추가한다.

```
@export var engine_power = 500
@export var spin_power = 8000

var thrust = Vector2.ZERO
var rotation_dir = 0
```

`engine_power`와 `spin_power`는 우주선이 얼마나 빨리 가속하고 방향을 돌리는지 제어한다. `thrust`는 엔진이 가하는 힘을 나타낸다. 대기일 때는 (0, 0)이고 엔진이 켜졌을 때는 전방을 향한

벡터다. `rotation_dir`은 우주선이 어느 방향으로 돌고 있는지를 나타내며 여기에 **토크**torque, 즉 회전력을 가할 수 있다.

앞서 **프로젝트 설정**에서 살펴본 것처럼 물리 엔진은 약간의 **댐핑**damping을 제공하며, 이에 따라 바디의 속도와 회전이 감소된다. 우주에서는 마찰이 없으므로 사실감을 위해서는 댐핑이 전혀 없어야 한다. 하지만 고전적인 아케이드 느낌을 살리려면 키에서 손을 뗐을 때 우주선이 멈추는 편이 좋다. **인스펙터**에서 **Linear**(선형)/**Damp**를 1로 설정하고 **Angular**(각)/**Damp**를 5로 설정한다. 나중에 이 값을 조정하면 우주선을 모는 느낌을 바꿀 수 있다.

다음 단계는 입력을 감지하고 우주선을 이동하는 것이다.

```
func _process(delta):
    get_input()

func get_input():
    thrust = Vector2.ZERO
    if state in [DEAD, INIT]:
        return
    if Input.is_action_pressed("thrust"):
        thrust = transform.x * engine_power
    rotation_dir = Input.get_axis("rotate_left", "rotate_right")

func _physics_process(delta):
    constant_force = thrust
    constant_torque = rotation_dir * spin_power
```

`get_input()` 함수는 키 입력을 받아 우주선의 추력thrust을 켜거나 끈다. 추력의 방향은 항상 바디의 `transform.x`를 기반으로 하며, 이는 '전방'을 나타낸다는 점에 유의하자.

`Input.get_axis()`는 음수와 양수값을 나타내는 2개의 입력을 기반으로 값을 반환한다. 따라서 `rotation_dir`은 두 입력 액션의 상태에 따라 시계 방향, 반시계 방향, 0 중 하나가 된다.

마지막으로, 물리 바디를 사용할 때는 항상 `_physics_process()`에서 이동 및 관련 함수를 호출해야 한다. 여기서 입력으로 설정된 힘을 적용해 실제로 바디를 움직일 수 있다. [현재 씬 실행 F6]으로 씬을 재생하면 자유롭게 날아다닐 수 있을 것이다.

### 3.3.4 화면 휘감기

고전 2D 아케이드 게임의 또 다른 기능이 **화면 휘감기**screen wrap다. 플레이어가 화면의 한쪽을 벗어나면 반대편에 나타나는 것을 말한다. 실제로는 우주선의 위치를 즉시 변경해 반대편으로 순간 이동한다. 이러려면 화면의 크기를 알아야 하므로 스크립트 상단에 다음 변수를 추가한다.

```
var screensize = Vector2.ZERO
```

그리고 _ready()에 다음 줄을 추가한다.

```
screensize = get_viewport_rect().size
```

나중에는 게임의 메인 스크립트에서 모든 오브젝트에 대한 `screensize` 설정을 처리하게 할 수 있지만, 지금은 이 코드를 통해 플레이어의 씬으로도 화면 휘감기를 테스트할 수 있다.

처음 이 문제에 접근할 때는 바디의 `position` 속성을 사용해서 화면의 경계를 넘어갈 때 반대편으로 설정하면 된다고 생각할 수 있다. 다른 노드 유형을 사용한다면 이 방법이 잘 작동하겠지만, `RigidBody2D`를 사용할 때는 직접 `position`을 설정할 수 없다. 물리 엔진이 계산하는 이동과 상충하기 때문이다. 흔히 하는 실수가 다음과 같은 코드를 추가하는 것이다.

```
func _physics_process(delta):
    if position.x > screensize.x:
        position.x = 0
    if position.x < 0:
        position.x = screensize.x
    if position.y > screensize.y:
        position.y = 0
    if position.y < 0:
        position.y = screensize.y
```

〈코인 대시〉에서 `Area2D`로 이 작업을 시도한다면 완벽하게 작동할 것이다. 하지만 여기에서는 실패해서 플레이어가 화면 가장자리에 갇히고 모서리에서는 예측할 수 없는 글리치glitch[6]가 발생한다. 그렇다면 해답은 무엇일까?

---

6  옮긴이 정상적이진 않지만 게임이 작동은 하는 사소한 오류를 뜻한다.

잠시 `RigidBody2D` 문서를 인용하겠다.

참고: `RigidBody2D`의 `position`이나 `linear_velocity`를 매 프레임은 물론이고 자주 변경해서도 안 된다. 바디 상태에 직접 영향을 주어야 하는 경우에는 `_integrate_forces`를 사용하는데, 이 함수로는 물리 상태에 직접 접근할 수 있다.

그리고 `_integrate_forces()`에 대한 설명 중에 다음 내용이 있다.

(이 함수를 통해) 오브젝트의 시뮬레이션 상태를 읽고 안전하게 수정할 수 있다. 바디의 위치나 기타 물리 속성을 직접 변경해야 하는 경우 `_physics_process` 대신 이 함수를 사용하자.

따라서 정답은 리지드 바디의 위치에 직접 영향을 주고 싶을 때 이 별도의 함수를 사용하는 것이다. `_integrate_forces()`를 사용하면 바디의 `PhysicsDirectBodyState2D`에 접근할 수 있는데, 이는 그 바디의 현재 상태에 대한 유용한 정보가 잔뜩 들어 있는 고도 오브젝트다. 여기서는 바디가 있는 장소location를 변경하려 하므로 이 오브젝트의 `Transform2D`를 수정해야 한다.

**변형**transform은 공간에서 옮김translation, 회전, 크기 조정scaling 등 하나 이상의 변환transformation을 나타내는 행렬이다. 옮김(즉 위치) 정보는 `Transform2D`의 `origin` 속성에 접근해서 찾을 수 있다.

이 정보를 활용함으로써, 다음 코드를 추가해 휘감기wrap-around 효과를 구현할 수 있다.

```
func _integrate_forces(physics_state):
    var xform = physics_state.transform
    xform.origin.x = wrapf(xform.origin.x, 0, screensize.x)
    xform.origin.y = wrapf(xform.origin.y, 0, screensize.y)
    physics_state.transform = xform
```

`wrapf()` 함수는 값(첫 번째 인수)을 받아 사용자가 선택한 최소/최댓값 사이에서 '휘감기'한다. 그래서 `0` 미만으로 떨어진 값은 `screensize.x`가 되고, 그 반대도 마찬가지다.

매개변수 이름으로 기본값인 `state`가 아닌 `physics_state`를 사용하고 있다는 점에 주목하자. 이는 `state`가 이미 플레이어의 상태를 추적하는 데 사용되고 있으므로 혼동을 피하기 위한 것이다.

씬을 다시 실행하고 모든 것이 예상대로 작동하는지 확인한다. 4방향 전부 휘감기가 되는지 시험하자.

### 3.3.5 사격

이제 우주선에 무기를 달아줄 차례다. shoot 액션을 누르면 총알/레이저가 우주선 전면에 스폰된 후 화면에서 사라질 때까지 일직선으로 이동해야 한다. 한 번 쏘고 나면 약간의 시간(쿨다운cooldown 이라고도 함)이 지날 때까지 다시 사격할 수 없다.

#### ● 총알 씬

다음은 총알 씬에 대한 노드 설정이다.

- Area2D에 Bullet이라는 이름을 붙임
  - Sprite2D
  - CollisionShape2D
  - VisibleOnScreenNotifier2D

Sprite2D의 **Texture** 속성에는 assets 폴더의 res://assets/laser.png를 사용하고, scale도 절반 정도(0.5, 0.5)로 축소하자. CollisionShape2D의 **shape**에는 CapsuleShape2D를 사용한다. 스프라이트와 맞는 방향이 되게 **Rotation**을 90으로 설정해야 한다.

Bullet 노드에 다음 스크립트를 추가한다.

```
extends Area2D

@export var speed = 1000

var velocity = Vector2.ZERO

func start(_transform):
    transform = _transform
    velocity = transform.x * speed

func _process(delta):
    position += velocity * delta
```

새 총알을 스폰할 때마다 start() 함수를 호출할 것이다. 여기에 transform을 전달하면 총알의 올바른 위치와 회전(일반적으로는 우주선 레이저포의 위치와 회전)을 지정할 수 있다(나중에 더 자세히 설명할 것이다).

`VisibleOnScreenNotifier2D`는 노드가 보이고/안 보일 때마다 (시그널을 통해) 알려주는 노드다. 이를 사용해 화면 밖으로 나가는 총알을 자동으로 삭제할 수 있다. 노드의 `screen_exited` 시그널을 연결하고 다음 코드를 추가한다.

```
func _on_visible_on_screen_notifier_2d_screen_exited():
    queue_free()
```

마지막으로, 총알이 바위에 부딪혔는지 감지할 수 있게 총알의 `body_entered` 시그널을 연결한다. 총알은 바위고 뭐고 알 필요 없이 그냥 무언가에 부딪혔다는 사실만 알면 된다. 나중에 바위를 생성할 때 `rocks`라는 그룹에 추가하고 `explode()` 메서드를 넣을 것이다.

```
func _on_bullet_body_entered(body):
    if body.is_in_group("rocks"):
        body.explode()
        queue_free()
```

## ● 총알 발사

다음 단계는 플레이어가 `shoot` 액션을 누를 때마다 `Bullet` 씬의 인스턴스를 생성하는 것이다. 하지만 총알을 플레이어의 자식으로 만들면 플레이어와 함께 이동하고 회전하지, 독립적으로 움직이지는 않을 것이다. 게임이 실행 중일 때는 메인 씬이 플레이어의 부모가 되므로, `get_parent()`, `add_child()`를 사용해 총알을 메인 씬에 추가할 수 있다. 하지만 이렇게 하면 더 이상 `Player` 씬을 단독으로 실행하고 테스트할 수 없게 된다. 또한 `Main` 씬을 재배치해 플레이어를 다른 노드의 자식으로 만든다면 총알이 예상한 위치에 추가되지 않을 수 있다.

일반적으로, 코드 작성 시 고정된 트리 레이아웃을 가정하는 것은 좋지 않은 생각이다. 특히 `get_parent()`를 사용하는 상황은 가능하면 피하려고 노력하자. 처음에는 이런 식으로 생각하기가 어려울 수 있지만, 이러면 훨씬 더 모듈화된 디자인이 되고 흔한 실수를 몇 가지 방지할 수도 있다.

어떠한 경우에도 씬트리(SceneTree)[7]는 항상 존재하므로, 이 게임의 경우 총알을 게임의 최상위 노드, 즉 씬트리에 있는 루트 노드의 자식으로 만들어도 좋다.

---

7 　옮긴이 게임 구동에 핵심적인 역할을 하는 클래스로 루트 뷰포트, 그룹 정보 등이 포함된다. 자세한 내용은 https://docs.godotengine.org/ko/4.x/tutorials/scripting/scene_tree.html를 참조하자.

`Marker2D` 노드를 플레이어에 추가하고 이름을 `Muzzle`로 변경한다. 이는 총알이 스폰되는 장소인 총구muzzle를 표시한다. **Position**을 (50, 0)으로 설정해 우주선 바로 앞에 배치한다.

다음으로 `Timer` 노드를 추가하고 이름을 `GunCooldown`으로 변경한다. 이 노드는 총에 쿨다운을 적용해서, 일정 시간이 경과할 때까지 새 총알이 발사되지 않게 한다. **One Shot**과 **Autostart** 상자를 사용으로 선택한다.

다음 새 변수를 플레이어의 스크립트에 추가한다.

```
@export var bullet_scene : PackedScene
@export var fire_rate = 0.25

var can_shoot = true
```

`bullet.tscn` 파일을 인스펙터의 새로 생긴 **Bullet** 속성으로 드래그한다.

다음 줄을 `_ready()`에 추가한다.

```
$GunCooldown.wait_time = fire_rate
```

그리고 다음 코드는 `get_input()`에 추가한다.

```
if Input.is_action_pressed("shoot") and can_shoot:
    shoot()
```

이제 총알 생성을 처리할 `shoot()` 함수를 생성한다:

```
func shoot():
    if state == INVULNERABLE:
        return
    can_shoot = false
    $GunCooldown.start()
    var b = bullet_scene.instantiate()
    get_tree().root.add_child(b)
    b.start($Muzzle.global_transform)
```

사격할 때는 먼저 `can_shoot`을 `false`로 설정해 액션이 더 이상 `shoot()`를 호출하지 않도록 한다.

그런 다음 새 총알을 씬 트리의 루트 노드의 자식으로 추가한다. 마지막으로 총알의 `start()` 함수를 호출하고 총구 노드의 **전역 변형**global transform을 지정한다. 여기서 그냥 `transform`을 사용하면 플레이어를 기준으로 한 총구의 위치(이 위치는 `(50, 0)`이다. 기억하는가?)를 부여하게 된다는 점에 주목하자. 이러면 완전히 엉뚱한 위치에 총알이 스폰될 것이다. 이는 지역local 좌표와 전역global 좌표의 차이를 이해하는 것이 얼마나 중요한지 보여주는 또 하나의 예다.

총을 다시 쏠 수 있게 하기 위해 `GunCooldown`의 `timeout` 시그널을 연결한다.

```
func _on_gun_cooldown_timeout():
    can_shoot = true
```

### ● 플레이어 우주선 테스트

`Node`를 사용해 새 씬을 만들고 이름을 `Main`이라고 변경한 뒤 `Sprite2D`를 자식으로 추가하고 이름을 `Background`로 변경한다. **Texture** 속성에는 `res://assets/space_background.png`를 사용한다. 이 씬에 `Player`의 인스턴스를 추가한다.

메인 씬을 플레이하고 비행과 사격이 가능한지 테스트한다.

이제 플레이어 우주선이 작동하므로, 잠시 멈춰서 이해했는지 확인해보자. 리지드 바디 작업은 까다로울 수 있으니 잠시 시간을 내어 이 절의 설정과 코드 몇 가지를 실험해보자. 다음 절로 넘어가서 소행성을 게임에 추가하기 전에 다시 원래대로 돌려놓기만 하면 된다.

## 3.4 바위 추가

게임의 목표는 떠다니는 우주 바위space rock를 파괴하는 것이다. 이제 사격도 가능하니 이번엔 바위를 추가할 차례다. 우주선과 마찬가지로 바위도 `RigidBody2D`를 사용할 것이므로, 방해받지 않는 한 일정한 속도로 일직선으로 이동한다. 또한 서로 부딪히면 실감나게 서로 튕길 것이다. 흥미를 더하기 위해, 바위는 큰 것으로 시작하고 레이저에 맞으면 여러 개의 작은 바위로 부서진다.

### 3.4.1 씬 설정

`RigidBody2D` 노드로 새 씬을 시작하고 이름을 `Rock`으로 변경한 다음, `Sprite2D` 자식을 추가하고 `res://assets/rock.png` 텍스처를 사용한다. `CollisionShape2D`를 추가하되, 아직 모양은 설정하지

않는다. 크기가 다른 바위를 스폰할 것이므로 콜리전 모양은 코드에서 설정하고 올바른 크기로 조정할 필요가 있다.

바위가 한 곳에 멈추기를 바라지 않으므로, 기본 선형과 각도 댐핑을 무시해야 한다. **Linear**와 **Angular** 섹션 모두 **Damp**를 `0`으로, **Damp Mode**를 `Replace`로 설정한다. 바위는 서로 튕기기도 해야 한다. **Physics Material** 속성을 바꾸면 이렇게 할 수 있다. 새 `PhysicsMaterial`을 선택한 다음 클릭해 펼치고, 표시된 **Bounce** 속성을 `1`로 설정한다.

### 3.4.2 다양한 크기의 바위

`Rock`에 스크립트를 붙이고 멤버 변수를 정의한다.

```
extends RigidBody2D

var screensize = Vector2.ZERO
var size
var radius
var scale_factor = 0.2
```

새 바위 스폰은 `Main` 스크립트가 처리할 것이다. 레벨 시작 시는 물론이고, 큰 바위가 폭발한 후 나타나는 작은 바위의 스폰도 마찬가지다. 큰 바위는 크기가 `3`이고, 부서져서 크기가 `2`인 바위가 되는 식이다. `scale_factor`에 크기를 곱해 `Sprite2D` 스케일, 콜리전 반지름 등을 설정한다. 나중에 이 값을 조정하면 각 카테고리의 바위의 크기를 조정할 수 있다.

이 모든 것은 `start()` 메서드로 설정할 것이다.

```
func start(_position, _velocity, _size):
    position = _position
    size = _size
    mass = 1.5 * size
    $Sprite2D.scale = Vector2.ONE * scale_factor * size
    radius = int($Sprite2D.texture.get_size().x / 2 * $Sprite2D.scale.x)8
    var shape = CircleShape2D.new()
    shape.radius = radius
    $CollisionShape2D.shape = shape
```

---

8  옮긴이 본문의 코드는 깃허브에서 제공하는 소스 코드와 일부 다른 점이 있다. 왜 다르고 어떤 차이가 있는지 연구해보는 것도 좋겠다.

```
        linear_velocity = _velocity
        angular_velocity = randf_range(-PI, PI)
```

바로 여기서 바위의 size에 따라 올바른 콜리전 크기를 계산한다. position과 size는 이미 클래스 변수로 사용 중이므로, 상충되지 않도록 함수의 인수에는 밑줄을 사용한다.

바위도 플레이어처럼 화면 휘감기가 필요하므로 _integrate_forces()와 동일한 기법을 사용하자.

```
func _integrate_forces(physics_state):
    var xform = physics_state.transform
    xform.origin.x = wrapf(xform.origin.x, 0 - radius, screensize.x + radius)
    xform.origin.y = wrapf(xform.origin.y, 0 - radius, screensize.y + radius)
    physics_state.transform = xform
```

여기서 한 가지 차이점은 계산에 바위의 radius를 포함해서 순간 이동이 더 부드럽게 보인다는 점이다. 바위가 화면에서 완전히 빠져나간 다음에 반대편으로 들어가는 듯 보일 것이다. 원한다면 플레이어의 우주선에도 똑같이 할 수 있다. 어느 쪽이 더 좋은지 시험해보자.

### 3.4.3 바위 인스턴스화

새 바위를 스폰할 때는 메인 씬에서 시작 장소를 무작위로 고를 필요가 있다. 약간의 수학을 이용해서 화면 둘레를 따라가며 랜덤한 지점을 고를 수도 있지만, 그러는 대신 또 다른 고도 노드 타입을 활용할 수도 있다. 화면 가장자리에 경로를 그리면 스크립트가 그 경로를 따라 랜덤하게 장소를 고를 것이다.

메인 씬에 Path2D 노드를 추가하고 이름을 RockPath로 바꾼다. 노드를 선택하면 에디터 창 상단에서 새 버튼 몇 개를 볼 수 있을 것이다.

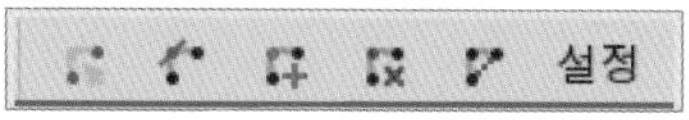

그림 3.9  경로 그리기 툴

가운데 아이콘([점 추가])을 선택하고 다음 스크린숏에 표시된 점을 클릭해 경로를 그린다. 점을 정렬하기 위해, [격자 스냅 사용]이 선택되어 있는지 확인한다. 이 옵션은 에디터 창 상단의 아이콘 모음에서 찾을 수 있다:

그림 3.10 격자 스냅 활성화하기

다음 스크린숏에 표시된 순서대로 지점을 그린다. 네 번째 지점을 클릭한 후 [곡선 닫기] 버튼(스크린숏에서 5번으로 표시된 아이콘)을 클릭하면 경로가 완성된다.

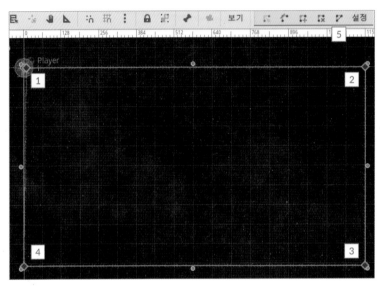
그림 3.11 경로 그리기 순서

RockPath를 선택한 상태에서 에디터 창을 다시 클릭하지 말자. 그랬다간 곡선에 추가 지점이 더해져 바위가 원하는 위치에 생성되지 않을 수도 있다. 추가한 여분의 지점을 취소하려면 Ctrl + Z 를 누르면 된다.

이제 경로가 정의됐으므로 PathFollow2D를 RockPath의 자식으로 추가하고 이름을 RockSpawn으로 바꾼다. 이 노드의 목적은 부모 경로를 따라 자동으로 이동하는 것이다. 이를 위해 그 경로를 따라가는 오프셋을 나타내는 **Progress** 속성을 사용한다. 오프셋이 높을수록 경로를 따라 더 멀리 간다. 방금 만든 경로는 닫혀 있기 때문에 오프셋값이 경로의 길이보다 크면 루프loop한다.

다음 스크립트를 Main.gd에 추가한다.

```
extends Node

@export var rock_scene : PackedScene

var screensize = Vector2.ZERO

func _ready():
    screensize = get_viewport().get_visible_rect().size
    for i in 3:
        spawn_rock(3)
```

먼저 `screensize`를 구해서 바위가 생성될 때 전달한다. 그런 다음 크기 3인 바위 3개를 스폰한다.

다음은 `spawn_rock()` 함수다.

```
func spawn_rock(size, pos=null, vel=null):
    if pos == null:
        $RockPath/RockSpawn.progress = randi()
        pos = $RockPath/RockSpawn.position
    if vel == null:
        vel = Vector2.RIGHT.rotated(randf_range(0, TAU)) * randf_range(50, 125)
    var r = rock_scene.instantiate()
    r.screensize = screensize
    r.start(pos, vel, size)
    call_deferred("add_child", r)
```

`rock.tscn`을 **Rock Scene** 속성으로 드래그해 넣는 것을 잊지 말자.[9] 이 함수는 2가지 역할을 한다. `size` 매개변수만 가지고 호출하면 `RockPath`를 따라 랜덤한 위치와 속도를 선정한다. 그러나 `pos`와 `vel` 값이 제공되면, 제공된 값을 위치와 속도로 선정한다. 이렇게 함으로써 해당 속성을 지정해 바위가 깨질 장소에 작은 바위를 스폰할 수 있다.

게임을 실행하면 바위 3개가 떠다니는 것을 볼 수 있지만, 아직은 총알이 바위에 영향을 미치지 않는다.

---

9  (옮긴이) 인스펙터 창에 Rock Scene 속성이 안 보인다면 프로젝트를 저장하고 종료 후 재시작해보자.

### 3.4.4 폭발하는 바위

총알은 바위가 rocks 그룹에 속하는지 확인하므로, Rock 씬에서 **노드** 탭을 선택하고 **그룹**을 고른다. rocks를 입력하고 [추가]를 클릭한다.

그림 3.12 'rocks' 그룹 추가

이제 게임을 실행하고 바위를 사격하면 오류 메시지를 보게 될 것이다. 총알이 바위의 explode() 메서드를 호출하려 하지만, 이 메서드는 아직 정의되지 않았기 때문이다. explode()는 3가지 일을 해야 한다.

- 바위 제거
- 폭발 애니메이션 재생
- Main에게 작은 새 바위를 생성하라고 알림

● **폭발 씬**

폭발은 별도의 씬으로 만들 텐데, 그래야 Rock뿐만 아니라 나중에 Player에도 추가할 수 있다. 이 씬에는 2개의 노드가 포함된다.

- Sprite2D의 이름을 Explosion이라고 바꿈
- AnimationPlayer를 자식으로 추가

Sprite2D 노드의 **Texture** 속성은 res://assets/explosion.png를 사용한다. 이 이미지를 잘 보면 작은 이미지 64개가 격자 패턴으로 배치돼 있음을 알 수 있다. 이렇게 이미지가 나열된 구조를 **스프라이트 시트**sprite sheet라고 한다. 이 작은 이미지 하나하나가 애니메이션의 개별 프레임이다. 게임을 만들다 보면 이런 식으로 패키징된 애니메이션을 자주 보게 될 텐데, 고도의 Sprite2D 노드는 스프라이트 시트 사용을 지원한다.

`Sprite2D`의 **인스펙터**에서 **Animation** 섹션을 찾는다. **Vframes**와 **Hframes** 모두 8로 설정한다. 이렇게 하면 스프라이트 시트가 64개의 개별 이미지로 분할된다. **2D** 창으로 전환하고 **Frame** 속성을 0에서 63 사이의 여러 값으로 변경해보면 이를 확인할 수 있다. 다음으로 넘어가기 전에 다시 0으로 설정하는 것을 잊지 말자.

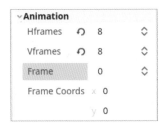

그림 3.13  스프라이트 애니메이션 설정

`AnimationPlayer` 노드는 모든 노드의 모든 속성에 애니메이션을 적용하는 데 사용할 수 있다. 이 노드를 사용해 **Frame** 속성을 시간에 따라 변경할 것이다. 일단 노드를 선택하면 하단에 **애니메이션** 패널이 열리는 것을 볼 수 있다.

그림 3.14  애니메이션 패널

[애니메이션] 버튼을 클릭하고 **새로 만들기**를 선택한다. 애니메이션의 이름을 `explosion`으로 바꾼다. **애니메이션 길이**를 0.64로, **스냅**을 0.01로 설정한다. `Sprite2D` 노드를 선택하면 이제 **인스펙터**의 각 속성 옆에 열쇠key(🔑)아이콘이 있는 것을 볼 수 있다. [열쇠] 아이콘을 클릭하면 현재 애니메이션에 **키프레임**keyframe이 생성된다.

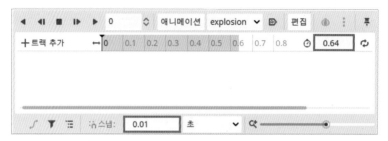

그림 3.15 애니메이션 시간 설정

Explosion 노드의 **Frame** 속성 옆의 [열쇠] 아이콘을 클릭하고, 새 애니메이션 트랙을 생성할 것인지 묻는 질문에서 [재설정 트랙 만들기]를 선택 해제하고, [만들기] 버튼을 클릭한다. 여러분은 방금 AnimationPlayer에서 0 시점에 스프라이트의 **Frame**을 0으로 지정하는 키프레임을 만들었다.

타임라인 기준선 막대를 시간 0.64로 민다(보이지 않는 경우 슬라이더를 사용해 줌을 조정하면 된다). **Frame**을 63으로 설정하고 [열쇠] 아이콘을 다시 클릭한다. 이제 이 애니메이션은 마지막 시간에 마지막 이미지를 사용하도록 인식한다. 그러나 이 두 지점 사이의 모든 시간에도 그에 맞는 중간 값을 사용하도록 AnimationPlayer에게 가르쳐줘야 한다. 애니메이션 트랙의 오른쪽에는 [업데이트 모드] 드롭다운이 있다. 현재 **비연속적**으로 설정되어 있으므로 이를 **연속적**으로 변경해야 한다.

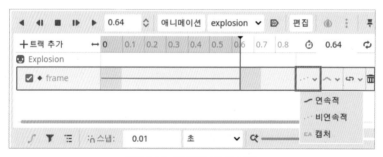

그림 3.16 업데이트 모드 설정

**애니메이션** 패널에서 [재생] 버튼을 클릭하면 애니메이션을 볼 수 있다.

이제 바위에 폭발을 추가할 수 있다. Rock 씬에서 Explosion 인스턴스를 추가하고 노드 옆의 [눈 아이콘]을 클릭해 숨긴다. 그리고 start()에 다음 줄을 추가한다.

```
$Explosion.scale = Vector2.ONE * 0.75 * size
```

이렇게 하면 바위의 크기에 맞게 폭발의 크기가 조정된다.

스크립트 상단에 exploded라는 시그널을 추가한 다음, explode() 함수를 추가한다. 이 함수는 총알이 바위에 부딪힐 때 호출될 것이다.

```
func explode():
    $CollisionShape2D.set_deferred("disabled", true)
    $Sprite2D.hide()
    $Explosion/AnimationPlayer.play("explosion")
    $Explosion.show()
    exploded.emit(size, radius, position, linear_velocity)
    linear_velocity = Vector2.ZERO
    angular_velocity = 0
    await $Explosion/AnimationPlayer.animation_finished
    queue_free()
```

이 함수는 바위를 숨기고 폭발을 재생하며, 애니메이션이 끝날 때까지 기다린 후 바위를 제거한다. exploded 시그널을 내보낼 때 바위의 모든 정보도 포함하므로, Main의 spawn_rock()이 같은 위치에 작은 바위를 스폰할 수 있게 된다.

게임을 테스트하고 바위를 사격했을 때 폭발이 보이는지 확인한다.

### ● 작은 바위 스폰

바위 씬은 시그널을 방출하지만 Main에서는 아직 시그널을 수신하지 못하고 있다. **노드** 탭에서 시그널을 연결할 수는 없는데, 바위가 코드에서 인스턴스화되고 있기 때문이다. 바위는 게임이 실행되기 전에는 존재하지 않는다. 이를 해결하기 위해 다음 줄을 spawn_rock() 끝에 추가해보자.

```
    r.exploded.connect(self._on_rock_exploded)
```

이렇게 하면 바위의 시그널이 Main의 _on_rock_exploded 함수에 연결된다. 물론 이 함수도 만들어야 한다.

```
func _on_rock_exploded(size, radius, pos, vel):
    if size <= 1:
        return
    for offset in [-1, 1]:
        var dir = $Player.position.direction_to(pos).orthogonal() * offset
        var newpos = pos + dir * radius
        var newvel = dir * vel.length() * 1.1
        spawn_rock(size - 1, newpos, newvel)
```

이 함수에서는 방금 파괴한 바위의 크기가 1(가장 작은 크기)이 아니라면 새 바위 2개를 생성한다. `offset` 루프 변수는 새 바위 2개가 서로 반대 방향으로 이동하게 한다(즉 한 바위의 속도는 음수가된다). `dir` 변수는 플레이어와 바위 사이의 벡터를 찾은 다음 `orthogonal()`을 사용해 그와 수직인 벡터를 얻는다. 이렇게 하면 새 바위가 곧바로 플레이어를 향해 날아오지 않는다.

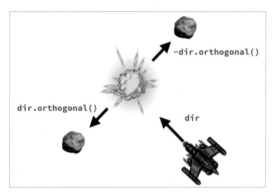

그림 3.17  폭발 다이어그램

게임을 다시 한번 플레이하고 모든 것이 예상대로 작동하는지 확인하자.

지금이 잠시 멈추고 이제까지 한 일을 검토하기에 딱 좋은 시점이다. 여러분은 게임의 기본 기능을 완성했다. 플레이어가 날아다니며 레이저포를 사격하고, 바위가 떠다니고, 튕기고, 폭발하고, 새 바위가 생성되게 한 것이다. 이 시점이면 리지드 바디 사용이 좀 익숙해졌을 것이다. 다음 절에서는 인터페이스를 만들어서 플레이어가 게임을 시작하고 게임 플레이 중에 중요한 정보를 볼 수 있게할 것이다.

## 3.5 UI 제작

게임 UI를 만드는 일은 매우 복잡할 수 있고, 그렇지 않더라도 시간이 많이 걸릴 수 있다. 대부분의 프로그래머에게 개별 요소를 정확하게 배치하고 다양한 크기의 화면과 기기에서 작동하게 하는 일은 게임 개발에서 가장 내키지 않는 부분이다. 고도는 이 과정을 지원하기 위해 다양한 `Control` 노드를 제공한다. 이 다양한 `Control` 노드의 사용법을 익히면 세련된 UI를 만드는 부담을 덜 수 있을 것이다.

이 게임에는 그리 복잡한 UI가 필요하지 않다. 그래도 다음과 같은 정보와 상호작용을 제공해야한다.

- 시작 버튼

- 상태 메시지('준비 완료' 또는 '게임 오버' 등)

- 점수

- 목숨 카운터

다음은 여러분이 만들 UI의 미리 보기다.

그림 3.18 UI 레이아웃

새 씬을 만들고 루트 노드로 `CanvasLayer` 노드를 추가한 다음, 이름을 `HUD`로 바꾼다. 이 레이어에서 `Control` 노드의 레이아웃 기능을 사용해 UI를 제작할 것이다.

### 3.5.1 레이아웃

고도의 `Control` 노드에는 특화된 컨테이너가 많이 포함되어 있다. 이런 노드를 서로 겹쳐가면 딱 필요한 대로 레이아웃을 만들 수 있다. 예를 들어 `MarginContainer`는 콘텐츠 주위에 자동으로 테두리padding를 추가하고, `HBoxContainer`와 `VBoxContainer`는 각각 행과 열로 콘텐츠를 구성한다.

다음 단계에 따라 레이아웃을 만들어나간다.

1. 먼저 `Timer`와 `MarginContainer`를 자식으로 추가한다. `MarginContainer`에는 점수와 목숨 카운터가 들어갈 것이다. [앵커 프리셋] 드롭다운에서 **위쪽 넓게**를 선택한다.

2. **인스펙터**의 Theme Overrides/Constant에서 Margin을 4개 모두 20으로 설정한다.

3. `Timer`의 **One Shot** 속성을 사용으로 설정하고 **Wait Time**을 2로 설정한다.

그림 3.19 위쪽 넓게 컨트롤 정렬

4. `MarginContainer`의 자식으로 `HBoxContainer`를 추가한다. 이 컨테이너는 점수 카운터를 왼쪽에, 목숨 카운터를 오른쪽에 배치할 것이다. `HBoxContainer` 밑에 `Label`(이름을 `ScoreLabel`로 바꾸자)과 또 다른 `HBoxContainer`(이름을 `LivesCounter`로 바꿈)를 추가한다.

5. `ScoreLabel`의 **Text**를 `0`으로 설정하고 **Layout**(레이아웃)/**Container Sizing**(컨테이너 크기)/**Horizontal**에서 **확장** 확인란을 선택한다. **Label Settings**에는 2장에서 한 것처럼 **새 Label Settings**를 선택한 다음 **font**에 `res://assets/kenvector_future_thin.ttf`를 추가하고 **size**를 `64`로 설정한다.

6. `LivesCounter`를 선택하고 **Theme Overrides/Constant/Separation**을 `20`으로 설정하고 **Layout/Container Sizing/Horizontal**에서 **끝점에서 수축**과 **확장** 확인란을 선택한 다음, `Texture Rect`를 자식으로 추가하고 이름을 `L1`으로 바꾼다. `res://assets/player_small.png`를 드래그해서 **Texture** 영역에 넣고 **Stretch Mode** 모드를 **Keep Aspect Centered**로 설정한다. `L1` 노드가 선택되어 있는지 확인하고 **복제**(Ctrl + D)를 두 번 눌러 `L2`와 `L3`를 생성한다(이름은 자동으로 지정된다). 게임 중에는 `HUD`가 이 텍스처 3개를 표시하거나 숨겨서 플레이어의 남은 목숨 수를 표시할 것이다.

7. 더 크고 복잡한 UI에서는 이 섹션을 하나의 씬으로 저장하고 다른 UI 섹션(들)에 임베드할 수도 있다. 하지만 이 게임에는 더 필요한 요소가 몇 가지 없으므로 모든 요소를 한 씬에 결합해도 괜찮다.

8. `HUD`의 자식으로 `VBoxContainer`를 추가한 다음, 다시 그 안에 `Label`을 추가해 이름을 `Message`라고 바꾸고, `TextureButton`을 추가해 이름을 `StartButton`이라고 바꾼다. `VBoxContainer`의 **Layout**을 **가로 중앙 넓게**로 설정하고[10] **Theme Overrides/Constant/Separation**을 `100`으로 설정한다.

9. `res://assets` 폴더에는 `StartButton`용 텍스처가 2개 있다. 하나는 일반(`play_button.png`)이고 다른 하나는 마우스 커서가 그 위에 올려졌을 때 표시되는 텍스처(`play_button_h.png`)다. 이 이미지들을 각각 **인스펙터**의 **Textures**(텍스처)/**Normal**과 **Textures/Hover**에 드래그해 넣는다. 버튼의 **Layout/Container Sizing/Horizontal**을 **중앙에서 수축**으로 설정해 버튼이 가로 중앙에 위치하게 한다.

10. `Message` 텍스트를 `Space Rocks!`로 설정하고 `ScoreLabel`과 동일한 설정을 사용해 글꼴을 설정한다. **Horizontal Alignment**을 **Center**로 설정한다.

---

10 [옮긴이] 상단 메뉴의 [앵커 프리셋]과 Layout 섹션의 Layout Mode/Anchors는 같은 기능이다. 둘 중 편한 쪽을 사용하면 된다.

모두 완료되면 씬 트리가 다음과 같이 표시될 것이다.

그림 3.20 **HUD 노드 레이아웃**

## 3.5.2 UI 스크립트

UI 레이아웃을 완성했으니 이제 HUD에 스크립트를 추가한다. 참조해야 할 노드가 컨테이너 밑에 있으므로, 시작할 때 노드에 대한 참조를 변수에 저장할 수 있다. 이 작업은 트리에 노드를 추가한 후에 수행해야 하므로 @onready 데코레이터decorator를 사용해 _ready() 함수 실행과 동시에 변숫값이 설정되게 할 수 있다.

```
extends CanvasLayer

signal start_game

@onready var lives_counter = $MarginContainer/HBoxContainer/LivesCounter.get_children()
@onready var score_label = $MarginContainer/HBoxContainer/ScoreLabel
@onready var message = $VBoxContainer/Message
@onready var start_button = $VBoxContainer/StartButton
```

플레이어가 StartButton을 클릭하면 start_game 시그널을 발신할 것이다. lives_counter 변수는 목숨 카운터를 필요에 따라 숨기거나 표시할 수 있도록 해당 이미지 3개에 대한 참조를 보유하는 배열이다.

다음으로는 표시된 정보 업데이트를 처리할 함수가 필요하다.

```
func show_message(text):
    message.text = text
    message.show()
    $Timer.start()

func update_score(value):
    score_label.text = str(value)

func update_lives(value):
    for item in 3:
        lives_counter[item].visible = value > item
```

`Main`은 관련 값이 변경될 때마다 이 함수들을 호출할 것이다. 이제 게임 종료를 처리하는 함수를 추가하자.

```
func game_over():
    show_message("Game Over")
    await $Timer.timeout
    start_button.show()
```

`StartButton`의 `pressed` 시그널과 `Timer`의 `timeout` 시그널을 연결한다.

```
func _on_start_button_pressed():
    start_button.hide()
    start_game.emit()

func _on_timer_timeout():
    message.hide()
    message.text = ""
```

### 3.5.3 메인 씬의 UI 코드

메인 씬에 HUD 씬의 인스턴스를 추가하고, 다음 변수를 `main.gd`에 추가한다.

```
var level = 0
var score = 0
var playing = false
```

그리고 새 게임 시작을 처리하는 함수도 넣는다.

```
func new_game():
    # 이전 게임의 바위가 남아 있으면 제거한다.
    get_tree().call_group("rocks", "queue_free")
    level = 0
    score = 0
    $HUD.update_score(score)
    $HUD.show_message("Get Ready!")
    $Player.reset()
    await $HUD/Timer.timeout
    playing = true
```

아무 기능 없는 $Player.reset() 줄에 주목하자. 곧 추가할 것이니 걱정할 필요는 없다.

바위를 파괴했을 때 플레이어의 점수를 업데이트하기 위해, 다음 코드를 _on_rock_exploded() 함수에 추가한다.

```
score += 10 * size
```

플레이어가 모든 바위를 파괴하면 다음 레벨로 진행한다.

```
func new_level():
    level += 1
    $HUD.show_message("Wave %s" % level)
    for i in level:
        spawn_rock(3)
```

레벨이 변경될 때마다 이 함수를 호출할 것이다. 이 함수는 레벨 숫자를 알고 그 수에 맞게 바위를 스폰한다. level을 0으로 초기화했으므로 첫 번째 레벨에서는 1로 설정된다는 점에 주목하자. _ready()에서 바위를 스폰하는 코드를 제거하는 것도 잊지 말자. 이제 더 이상 필요하지 않다.

레벨이 언제 종료되는지 확인하려면 남은 바위의 개수를 확인해야 한다.

```
func _process(delta):
    if not playing:
        return
    if get_tree().get_nodes_in_group("rocks").size() == 0:
        new_level()
```

다음에는 HUD의 start_game 시그널을 메인의 new_game() 함수에 연결해야 한다. Main에서 HUD 인스턴스를 선택하고 **노드** 탭에서 start_game 시그널을 찾는다. 연결을 클릭하고 팝업에서 **받는 메서드:** 옆의 [선택] 버튼을 클릭한다. Main에 있는 함수 목록이 표시되며, 그중 new_game() 함수를 선택하면 된다.

그림 3.21 기존 함수에 시그널 연결하기

다음 함수를 추가해서 게임 종료 시 일어나는 일들을 처리하자.

```
func game_over():
    playing = false
    $HUD.game_over()
```

### 3.5.4 플레이어 코드

다음과 같이 새 시그널과 변수, 함수를 player.gd에 추가한다.

```
signal lives_changed
signal dead

var reset_pos = false
var lives = 0: set = set_lives
```

```
func set_lives(value):
    lives = value
    lives_changed.emit(lives)
    if lives <= 0:
        change_state(DEAD)
    else:
        change_state(INVULNERABLE)
```

lives 변수에 **세터**setter라는 것을 추가했다. 이는 lives 값이 변경될 때마다 set_lives() 함수가 호출된다는 뜻이다. 이렇게 하면 자동으로 시그널을 발신할 수 있을 뿐만 아니라 언제 0에 도달하는지도 확인할 수 있다.

다음은 새로운 게임이 시작되었을 때 Main에서 호출하는 reset() 함수다.

```
func reset():
    reset_pos = true
    $Sprite2D.show()
    lives = 3
    change_state(ALIVE)
```

플레이어를 재설정reset한다는 것은 플레이어의 위치를 다시 화면 중앙으로 설정함을 뜻한다. 앞서 보았듯이, 이렇게 되려면 _integrate_forces()에서 처리해줄 필요가 있다. 그 함수에 다음 코드를 추가하자.

```
    if reset_pos:
        physics_state.transform.origin = screensize / 2
        reset_pos = false
```

Main 씬으로 돌아가서 Player 인스턴스를 선택하고 **노드** 탭에서 lives_changed 시그널을 찾는다. **연결**을 클릭하고 **이 스크립트에 연결:** 밑에서 HUD 노드를 선택한 다음 '**받는 메서드:**'에 update_lives를 입력한다.

그림 3.22 플레이어 시그널을 HUD에 연결하기

이 절에서는 이전 프로젝트보다 훨씬 더 복잡한 UI를 만들어서, `TextureProgressBar`(다음 절에 나온다) 같은 새로운 컨트롤 노드도 추가하고 시그널을 사용해 모든 것을 서로 연결했다. 다음 절에서는 게임의 끝 부분, 즉 플레이어가 죽으면 어떻게 해야 하는지를 다룰 것이다.

## 3.6 게임 종료

이 절에서는 플레이어가 바위에 부딪히는 것을 감지하고, 무적 기능을 추가하고, 플레이어의 목숨이 다 떨어지면 게임을 종료할 것이다.

`Explosion` 씬의 인스턴스를 `Player` 씬에 추가하고 **Visibility**(가시성)/**Visible** 속성의 사용을 선택 해제한다. 또한 `Timer` 노드를 추가하고 이름을 `InvulnerabilityTimer`로 바꾼 다음 **Wait Time**을 2로, **One Shot**을 사용으로 설정한다.

게임이 종료되어야 함을 `Main`에게 알리기 위해 `dead` 시그널을 발신할 것이다. 하지만 그전에 상태 기계를 업데이트해서 각 상태에 대해 조금 더 많은 작업을 수행해야 한다.

```
func change_state(new_state):
    match new_state:
        INIT:
            $CollisionShape2D.set_deferred("disabled",
                true)
            $Sprite2D.modulate.a = 0.5
        ALIVE:
            $CollisionShape2d.set_deferred("disabled",
                false)
            $Sprite2D.modulate.a = 1.0
        INVULNERABLE:
            $CollisionShape2d.set_deferred("disabled",
                true)
            $Sprite2D.modulate.a = 0.5
            $InvulnerabilityTimer.start()
        DEAD:
            $CollisionShape2d.set_deferred("disabled",
                true)
            $Sprite2D.hide()
            linear_velocity = Vector2.ZERO
            dead.emit()
    state = new_state
```

스프라이트의 `modulate.a` 속성은 알파 채널(투명도)을 설정한다. `0.5`로 설정하면 반투명, `1.0`은 불투명이 된다.

`INVULNERABLE` 상태로 들어가면 타이머가 시작된다. 다음 함수에 `timeout` 시그널을 연결하자.

```
func _on_invulnerability_timer_timeout():
    change_state(ALIVE)
```

### 3.6.1 리지드 바디 사이의 콜리전 감지

비행할 때 우주선이 바위에 튕기는 이유는 둘 다 리지드 바디이기 때문이다. 하지만 두 리지드 바디가 충돌할 때 뭔가 일어나게 하고 싶다면, **접촉 모니터링**contact monitoring을 활성화해야 한다. `Player` 씬에서 `Player` 노드를 선택하고 **인스펙터**에서 **Solver/Contact Monitor**를 사용으로 설정한다. 기본 설정으로는 접촉이 보고되지 않으므로, **Max Contacts Reported**를 1로 설정한다. 이제 플레이어가 다른 바디와 접촉하면 시그널을 발신할 것이다. **노드** 탭을 클릭하고 `body_entered` 시그널을 연결한 후 코드를 추가한다.

```
func _on_body_entered(body):
    if body.is_in_group("rocks"):
        body.explode()
        lives -= 1
        explode()

func explode():
    $Explosion.show()
    $Explosion/AnimationPlayer.play("explosion")
    await $Explosion/AnimationPlayer.animation_finished
    $Explosion.hide()
```

이제 `Main` 씬으로 이동해 `Player` 인스턴스의 `dead` 시그널을 `game_over()` 메서드에 연결한다. 게임을 플레이하고 바위에 부딪혀보자. 우주선이 폭발하고 2초 동안 무적 상태가 되며 목숨 1개를 잃어야 한다. 또한 세 번 바위에 맞으면 게임이 종료되는지도 확인하자.

이 절에서는 리지드 바디 콜리전에 대해 배웠고, 이를 사용해 우주선이 바위와 충돌하는 상황을 처리했다. 이제 전체 게임 사이클이 완료됐다. 시작 화면이 게임 플레이로 이어지고, 게임플레이는 게임 오버 표시와 함께 끝난다. 이 장의 나머지 절에서는 일시 정지 같은 부가 기능 몇 가지를 게임에 추가할 것이다.

## 3.7 게임 일시 정지

게임에서는 플레이어가 액션을 잠시 멈출 수 있도록 어떤 방식으로든 일시 정지pause 모드가 필요한 경우가 많다. 고도에서 일시 정지는 `SceneTree`의 함수이며, `paused` 속성을 사용해 설정할 수 있다. `SceneTree`가 일시 정지되면 다음 3가지 일이 발생한다.

- 물리 스레드 실행 중지
- `_process()`와 `_physics_process()`가 어떤 노드에서도 호출되지 않음
- `_input()`과 `_input_event()` 메서드 역시 입력이 있어도 호출되지 않음

일시 정지 모드가 트리거되면 실행 중인 게임의 모든 노드가 여러분이 설정configure한 방식에 따라 반응한다. 이 행동은 노드의 **인스펙터** 목록 하단에서 찾을 수 있는 **Process**(프로세스)/**Mode** 속성을 통해 설정한다.

일시 정지 모드는 다음 값으로 설정할 수 있다.

- Inherit(상속): 해당 노드가 부모와 동일한 모드를 사용

- Pausable: 씬 트리가 일시 정지되면 해당 노드도 일시 정지

- When Paused: 해당 노드는 트리가 일시 정지된 경우에만 실행

- Always: 해당 노드는 항상 실행되며, 트리의 일시 정지 상태는 무시

- Disabled: 해당 노드는 항상 실행되지 않으며, 트리의 일시 정지 상태는 무시

**입력 맵** 탭을 열고 pause라는 새 입력 액션을 만든다. 일시 정지 모드를 전환하는 데 사용할 키를 할당한다. P면 적절할 것이다.

다음 함수를 Main.gd에 추가한다.

```
func _input(event):
    if event.is_action_pressed("pause"):
        if not playing:
            return
        get_tree().paused = not get_tree().paused
        var message = $HUD/VBoxContainer/Message
        if get_tree().paused:
            message.text = "Paused"
            message.show()
        else:
            message.text = ""
            message.hide()
```

이 코드는 키를 누르는 것을 감지해 트리의 paused 상태를 현재 상태와 반대되는 상태로 전환한다. 또한 게임이 멈춘 것처럼 보이지 않도록 화면에 Paused를 표시한다.

그런데 지금 게임을 실행하면 문제가 하나 있다. 모든 노드가 일시 정지되고, Main도 거기 포함된다는 것이다. 즉, 더 이상 _input()을 처리하지 않으므로, 입력을 다시 감지해 일시 정지를 해제할 수 없다. 이 문제를 해결하려면 Main 노드의 **Process/Mode**를 Always로 설정하자.

일시 정지 기능은 알아두면 매우 유용하다. 어떤 게임에서든 이 기법을 사용할 수 있으므로, 이 기능을 다시 검토하며 작동 방식을 이해했는지 확인하자. 이전 프로젝트로 돌아가서 〈코인 대시〉에 추가해볼 수도 있다. 다음 절에서는 게임에 적을 추가해 액션성을 더해보겠다.

## 3.8 적

우주에는 바위뿐만 아니라 다양한 위험이 도사리고 있다. 이 절에서는 적<sub>enemy</sub> 우주선을 만들어서 주기적으로 나타나 플레이어를 향해 사격하게 할 것이다.

### 3.8.1 경로 따라가기

나타난 적은 경로를 따라 화면을 가로지르며 움직여야 한다. 이 경로가 직선이 아니라면 더 멋지게 보일 것이다. 너무 반복적으로 보이지 않게 하려면 여러 경로를 생성하고 적이 나타날 때 랜덤하게 경로를 선택하면 된다.

새 씬을 생성하고 `Node`를 추가한다. 이름을 `EnemyPaths`로 바꾸고 저장한다. 경로를 그리기 위해 `Path2D` 노드를 추가한다. 앞서 보았듯이 이 노드를 사용하면 일련의 연결된 점을 그릴 수 있다. 노드를 선택하면 새 메뉴 바가 표시된다.

그림 3.23  경로 그리기 옵션

이 버튼들을 사용하면 경로의 점을 그리고 수정할 수 있다. 녹색 + 기호가 있는 버튼을 클릭해 점을 추가한다. 게임 창 바로 바깥쪽 어딘가를 클릭해 경로를 시작한 다음, 점을 몇 개 더 클릭해 곡선을 만든다. 화살표가 경로의 방향을 나타내는 것에 유의하자. 매끄럽게 만들지 못한 것에 대해서는 아직 걱정할 필요 없다.

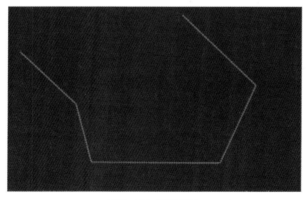

그림 3.24  경로 예시

적이 경로를 따라가다가 날카로운 모서리에서 꺾어지면 경로가 매끄럽지 않게 보인다. 곡선으로 부드럽게 하려면 경로 툴바에서 두 번째 버튼(툴팁에 **컨트롤 점 선택**이라고 표시됨)을 클릭한다. 이제 경로의 점 중 하나를 클릭하고 드래그하면 해당 지점에서 선을 부드럽게 만들 수 있는 컨트롤 점이 추가될 것이다. 앞서의 선을 부드럽게 하면 다음과 같은 결과가 나타난다.

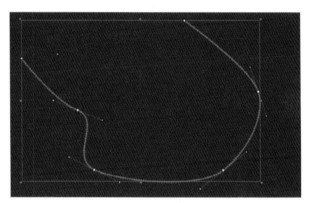

그림 3.25 **컨트롤 점 사용**

씬에 `Path2D` 노드를 2~3개 더 추가하고 마음대로 경로를 그린다. 직선보다는 루프와 곡선을 추가하는 편이 적을 더 역동적으로 보이게 (그리고 맞추기 더 어렵게) 할 수 있다. 처음 클릭하는 지점이 경로의 시작점이 되므로, 화면의 여러 변에서 경로를 시작해 다양성을 확보해야 한다는 점을 기억하자. 다음은 3가지의 경로 예시다.

그림 3.26 **경로 여러 개 추가하기**

씬을 저장한다. 이를 적의 씬에 추가해 적이 따라 이동하는 경로로 제공할 것이다.

**3.8.2** 적 씬

적을 위한 새 씬을 만드는데, Area2D를 루트 노드로 사용한다. Sprite2D 자식을 추가하고 **Texture** 속성으로 res://assets/enemy_saucer.png를 사용한다. 다양한 색상의 비행접시 중에서 선택할 수 있게 **Animation/HFrames**을 3으로 설정한다.

1. 이전에 했던 것처럼 CollisionShape2D를 추가하고 **Shape**을 CircleShape2D로 한 다음, 이미지를 덮도록 크기를 조정한다. EnemyPaths 씬의 인스턴스와 AnimationPlayer 노드를 추가한다. AnimationPlayer에서 비행접시에 부딪혔을 때 충돌flash 효과를 생성하는 애니메이션을 추가할 것이다.

2. 애니메이션을 추가하고 이름을 flash로 바꾼다. 길이를 0.25로, 스냅을 0.01로 설정한다. 애니메이션을 적용할 속성은 Sprite2D의 **Modulate** 속성이다(**Visibility** 밑에서 찾을 수 있다). **Modulate**에 키프레임을 추가해 트랙을 만든 다음, 타임라인 기준선을 0.04로 이동하고 모듈레이트 색상을 red(#ff0000)로 변경한다. 0.04 더 앞으로 이동하고 색상을 다시 white(#ffffff)로 변경한다.

3. 이 과정을 두 번 더 반복해 번뜩임이 총 세 번 일어나게 한다.

4. Explosion 씬의 인스턴스를 추가하고 눈 모양 아이콘을 눌러서 숨긴다. Timer 노드를 추가하고 이름을 GunCooldown으로 바꾼다. 적이 얼마나 자주 사격할지를 제어하는 용도다. **Wait Time**을 1.5로, **Autostart**를 **사용**으로 설정한다.

5. 적 씬에 스크립트를 추가하고 타이머의 timeout을 연결한다. 이 함수에는 아직 아무것도 추가하지 말자.

6. Area2D의 **노드** 탭에서 enemies라는 그룹에 추가한다. 바위와 마찬가지로, 이렇게 하면 화면에 동시에 여러 적이 있더라도 각 오브젝트를 식별할 수 있다.

**3.8.3** 적 이동

먼저, 경로를 선택하고 그에 따라 적을 이동하는 코드를 작성한다.

```
extends Area2D

@export var bullet_scene : PackedScene
@export var speed = 150
@export var rotation_speed = 120
@export var health = 3


var follow = PathFollow2D.new()
```

```
var target = null

func _ready():
    $Sprite2D.frame = randi() % 3
    var path = $EnemyPaths.get_children()[randi() % $EnemyPaths.get_child_count()]
    path.add_child(follow)
    follow.loop = false
```

`PathFollow2D` 노드는 부모 `Path2D`를 따라 자동으로 이동한다는 점을 잊지 말자. 기본적으로 경로 끝에 도달하면 루프하므로, 이를 비활성화하기 위해 `false`로 설정해야 한다.

다음 단계는 경로 끝에 도달한 적을 제거하는 것이다:

```
func _physics_process(delta):
    rotation += deg_to_rad(rotation_speed) * delta
    follow.progress += speed * delta
    position = follow.global_position
    if follow.progress_ratio >= 1:
        queue_free()
```

경로의 끝은 `progress`가 전체 경로 길이보다 클 때 감지할 수 있다. 하지만 `progress_ratio`를 사용하는 편이 더 직관적인데, 이 변수는 경로 길이에 따라 0에서 1까지 변하므로 경로의 길이를 일일이 알 필요가 없기 때문이다.

### 3.8.4 적 스폰

`Main` 씬에 `EnemyTimer`라는 이름으로 새 `Timer` 노드를 추가하고 **One Shot** 속성을 **사용**으로 설정한다. 그런 다음 main.gd에 적 씬을 참조하는 변수를 추가한다.

```
@export var enemy_scene : PackedScene
```

다음 줄을 `new_level()`에 추가한다.

```
    $EnemyTimer.start(randf_range(5, 10))
```

`EnemyTimer`의 `timeout` 시그널을 연결한다.

```
func _on_enemy_timer_timeout():
    var e = enemy_scene.instantiate()
    add_child(e)
    e.target = $Player
    $EnemyTimer.start(randf_range(20, 40))
```

이 코드는 `EnemyTimer`가 시간 초과time out될 때마다 적을 인스턴스화한다. 한 번 적이 나오면 잠시 동안은 다른 적이 나오지 않았으면 하므로, 타이머를 더 긴 지연 시간으로 다시 시작한다.

게임을 플레이하면 비행접시가 나타나 경로를 따라 날아가는 것을 볼 수 있다.

### 3.8.5 적 사격 및 충돌

적은 플레이어에게 총을 쏘고 플레이어나 플레이어의 총알에 맞았을 때 반응해야 한다.

적의 총알은 플레이어의 총알과 비슷하지만 다른 텍스처를 사용할 것이다. 처음부터 다시 만들어도 되고 다음 절차를 사용해 노드 설정을 재사용할 수도 있다.

`Bullet` 씬을 열고 [씬 | 씬을 다른 이름으로 저장]을 선택해 `enemy_bullet.tscn`으로 저장한다(그뒤에 루트 노드 이름을 바꾸는 것도 잊지 말자). [스크립트 떼기] 버튼을 클릭해 스크립트를 제거한다. **노드** 탭을 클릭하고 연결된 모든 시그널을 우클릭해 **연결 끊기**를 선택한다. 노드 이름 옆의 🔊 아이콘을 찾아보면 시그널이 연결된 노드를 확인할 수 있다.

스프라이트의 텍스처를 `laser_green.png` 이미지로 바꾸고 루트 노드에 새 스크립트를 추가한다.

적 총알용 스크립트는 일반 총알과 매우 비슷하다. 영역의 `body_entered` 시그널과 `VisibleOnScreen Notifier2D`의 `screen_exited` 시그널을 연결한다.

```
extends Area2D

@export var speed = 1000

func start(_pos, _dir):
    position = _pos
    rotation = _dir.angle()

func _process(delta):
    position += transform.x * speed * delta
```

```
func _on_body_entered(body):
    queue_free()

func _on_visible_on_screen_notifier_2d_screen_exited():
    queue_free()
```

총알의 위치와 방향을 지정해야 한다는 점에 주목하자. 플레이어는 항상 앞쪽으로 사격하지만, 적은 플레이어를 향해 사격할 것이기 때문이다.

현재로서는 총알이 플레이어에게 아무런 피해를 주지 않는다. 다음 절에서 플레이어에게 방어막을 추가할 예정이므로 그때 추가하면 된다.

씬을 저장하고 `Enemy`의 **Bullet** 속성으로 드래그해 넣는다.

`enemy.gd`에서 총알에 약간 랜덤하게 다양성을 주는 변수와 `shoot()` 함수를 추가한다.

```
@export var bullet_spread = 0.2

func shoot():
    var dir = global_position.direction_to(target.global_position)
    dir = dir.rotated(randf_range(-bullet_spread, bullet_spread))
    var b = bullet_scene.instantiate()
    get_tree().root.add_child(b)
    b.start(global_position, dir)
```

먼저 플레이어의 위치를 가리키는 벡터를 찾은 다음, 랜덤성을 약간 추가해서 '빗나갈' 수 있게 한다.

`GunCooldown` 시간이 초과될 때마다 `shoot()` 함수를 호출한다.

```
func _on_gun_cooldown_timeout():
    shoot()
```

좀 더 어렵게 하고 싶다면 적이 연발 사격(연사), 즉 여러 발을 빠르게 사격하게 할 수 있다.

```
func shoot_pulse(n, delay):
    for i in n:
        shoot()
        await get_tree().create_timer(delay).timeout
```

이 함수는 총알을 n번 발사하며 총알 사이의 발사 간격은 delay초다. 쿨다운이 트리거될 때 shoot() 대신 호출하면 된다.

```
func _on_gun_cooldown_timeout():
    shoot_pulse(3, 0.15)
```

이 설정은 총알 3발을 0.15초 간격으로 연사한다. 피하기 어렵다!

다음으로, 적이 플레이어의 총알에 맞으면 피해를 입어야 한다. 플레이어가 만든 애니메이션을 사용해 깜박이고, 체력이 0에 도달하면 폭발한다.

다음 함수를 enemy.gd에 추가하자.

```
func take_damage(amount):
    health -= amount
    $AnimationPlayer.play("flash")
    if health <= 0:
        explode()

func explode():
    speed = 0
    $GunCooldown.stop()
    $CollisionShape2D.set_deferred("disabled", true)
    $Sprite2D.hide()
    $Explosion.show()
    $Explosion/AnimationPlayer.play("explosion")
    await $Explosion/AnimationPlayer.animation_finished
    queue_free()
```

또한 적의 body_entered 시그널을 연결해서 적이 플레이어와 부딪히면 폭발하게 한다.

```
func _on_body_entered(body):
    if body.is_in_group("rocks"):
        return
    explode()
```

다시 말하지만, 플레이어의 피해는 플레이어 보호막shield을 구현한 다음에 처리할 생각이므로 현재로서는 이 충돌이 적만 파괴한다.

현재 플레이어의 총알은 바위만 감지하는데, 적은 `Area2D`라서 총알의 `body_entered` 시그널을 트리거하지 않기 때문이다. 적을 감지할 수 있게, `Bullet` 씬으로 이동해 `area_entered` 시그널을 연결하자.

```
func _on_area_entered(area):
    if area.is_in_group("enemies"):
        area.take_damage(1)
```

게임을 다시 플레이하면 공격적인 상대 외계인과 전투를 벌이게 될 것이다. 모든 콜리전 조합이 처리되고 있는지 확인하자(플레이어가 적 총알에 맞을 때를 제외하고). 적의 총알이 바위에 막힐 수 있다는 점에도 주목하자. 따라서 바위 뒤에 숨어 엄폐할 수도 있다.

이제 게임에 적들이 생겨서 훨씬 더 도전적이다. 그래도 너무 쉽다면 적의 출현 빈도, 피해량, 파괴하는 데 필요한 사격 횟수 등 적의 속성을 증가시켜보자. 굉장히 어렵게 만들어도 괜찮다. 다음 절에서는 플레이어에게 피해를 흡수하는 보호막을 추가해 약간의 보탬을 줄 것이다.

## 3.9 플레이어 보호막

이 절에서는 플레이어에게 보호막을 추가하고 HUD에는 현재 보호막 레벨을 표시하는 디스플레이 요소를 추가한다.

먼저 `player.gd` 스크립트 상단에 다음 코드를 추가한다.

```
signal shield_changed

@export var max_shield = 100.0
@export var shield_regen = 5.0

var shield = 0: set = set_shield

func set_shield(value):
    value = min(value, max_shield)
    shield = value
    shield_changed.emit(shield / max_shield)
    if shield <= 0:
        lives -= 1
        explode()
```

shield 변수는 lives와 비슷하게 작동하며, 변경될 때마다 시그널을 발신한다. 이 값은 보호막의 재생regeneration에 의해 늘어나므로 최대 보호막 값을 넘지 않게 해야 한다. 그런 다음 shield_changed 시그널을 내보낼 때 실제 값이 아닌 shield / max_shield의 비율을 전달한다. 이렇게 하면 HUD의 디스플레이는 보호막 값이 실제로 얼마인지는 알 필요 없이 백분율만 알게 된다.

또한 _on_body_entered()에서 explode() 줄을 제거해야 한다. 이제 바위에 부딪히기만 해도 우주선이 폭발하는 것이 아니라 보호막이 다 떨어졌을 때만 폭발하기를 바라기 때문이다.

바위에 부딪히면 보호막에 피해를 입으며, 큰 바위일수록 더 큰 피해를 준다.

```
func _on_body_entered(body):
    if body.is_in_group("rocks"):
        shield -= body.size * 25
        body.explode()
```

적의 총알도 피해를 입혀야 하므로 enemy_bullet.gd도 다음과 같이 해당 코드를 바꾼다.

```
@export var damage = 15

func _on_body_entered(body):
    if body.name == "Player":
        body.shield -= damage
    queue_free()
```

적과 부딪혀도 플레이어가 피해를 입어야 하므로 enemy.gd에서 다음과 같이 코드를 업데이트하자.

```
func _on_body_entered(body):
    if body.is_in_group("rocks"):
        return
    explode()
    body.shield -= 50
```

플레이어의 보호막이 소진되어 플레이어가 목숨을 잃으면 보호막을 최대치로 초기화해야 한다. player.gd에서 다음 줄을 set_lives()에 추가하자.

```
        shield = max_shield
```

플레이어 스크립트에 마지막으로 추가할 것은 프레임마다 보호막을 재생하는 코드다. `_process()`에 다음 줄을 추가한다.

```
shield += shield_regen * delta
```

코드가 완성됐으므로 이제 `HUD` 씬에 새 디스플레이 요소를 추가해야 한다. 방어막은 값을 숫자로 표시하는 대신 진행률 바<sub>progress bar</sub>로 만들 것이다. `TextureProgressBar`는 주어진 값을 채워진 막대로 표시하는 `Control` 노드다. 막대에 사용할 텍스처도 할당할 수 있다.

`HUD` 씬으로 이동해 기존 `HBoxContainer`의 자식으로 새 노드 2개를 추가한다. `TextureRect`와 `TextureProgressBar`다. `TextureProgressBar`는 이름을 `ShieldBar`로 바꾼다. `ScoreLabel` 아래, `LivesCounter` 위에 배치한다. 노드 구성이 다음과 같이 보여야 한다.

그림 3.27 **업데이트된 HUD 노드 레이아웃**

`res://assets/shield_gold.png`를 `TextureRect`의 **Texture** 영역에 드래그해 넣는다. 이 이미지는 진행률 바가 보호막 값을 보여주는 것을 나타내는 아이콘이 된다. **Stretch Mode**를 **Keep Centered**로 변경해서 텍스처가 왜곡되지 않게 한다.

`ShieldBar`에는 **Texture** 속성이 3가지 있다. **Under, Over, Progress**다. 그중 **Progress**가 바의 값에 사용되는 텍스처다. `res://assets/bar_green_200.png`를 이 속성으로 드래그해 넣는다. 다른

두 텍스처 속성을 사용하면 진행률 텍스처 위 또는 아래에 그려질 이미지를 설정해서 형태를 커스터마이즈할 수 있다. `res://assets/bar_glass_200.png`를 **Over** 속성에 드래그해 넣는다.

**Range** 섹션에서는 바의 숫자 속성을 설정할 수 있다. **Min Value**와 **Max Value**는 `0`과 `1`로 설정해야 한다. 이 바는 숫자값을 표시하는 대신 최대치에 대한 현재 방어막 비율을 표시하기 때문이다. 이는 `Step`도 그에 맞춰 더 작아져야 함을 뜻한다. `0.01`로 설정하자. **Value**는 막대가 얼마나 '가득 차' 있어야 하는지를 제어하는 속성이다. `0.75`로 변경해서 막대가 부분적으로 채워져 보이게 하자. 또한 **Layout/Container Sizing** 섹션을 펼쳐 **확장** 확인란을 선택 해제하고 **Vertical**을 **중앙에서 수축**으로 설정한다.

완료된 `HUD`는 다음과 같은 모습이어야 한다.

그림 3.28 보호막 바가 업데이트된 HUD

이제 스크립트를 업데이트해 방어막 바의 값을 설정하고, `0`에 가까워질수록 색상이 변경되게 할 수 있다. 다음 변수를 `hud.gd`에 추가한다.

```
@onready var shield_bar = $MarginContainer/HBoxContainer/ShieldBar

var bar_textures = {
    "green": preload("res://assets/bar_green_200.png"),
    "yellow": preload("res://assets/bar_yellow_200.png"),
    "red": preload("res://assets/bar_red_200.png")
}
```

`assets` 폴더에는 녹색 바 말고 빨간색과 노란색 바도 있다. 이를 이용해 값이 감소함에 따라 방어막 바의 색상을 변경할 수 있다. 이런 식으로 로드한 텍스처는 나중에 스크립트에서 바에 적절한 이미지를 할당할 때 접근하기 쉽다.

```
func update_shield(value):
    shield_bar.texture_progress = bar_textures["green"]
    if value < 0.4:
        shield_bar.texture_progress = bar_textures["red"]
    elif value < 0.7:
        shield_bar.texture_progress = bar_textures["yellow"]
    shield_bar.value = value
```

마지막으로 `Main` 씬의 `Player` 노드를 클릭하고 `shield_changed` 시그널을 `HUD`의 `update_shield()` 함수에 연결한다.[11]

게임을 실행하고 보호막이 작동하는지 확인한다. 보호막 재생률을 높이거나 낮춰서 만족스러운 속도를 찾아보자. 계속 진행할 준비가 되면 다음 절로 넘어가서 게임에 사운드를 추가한다.

## 3.10 사운드 및 비주얼 이펙트

게임의 구조와 게임플레이가 완성됐다. 이 절에서는 게임 경험game experience[12]을 개선하기 위해 게임에 몇 가지 부가 효과를 추가한다.

### 3.10.1 사운드와 음악

`res://assets/sounds` 폴더에는 게임용 오디오 이펙트가 몇 개 있다. 사운드sound를 재생하려면 먼저 `AudioStreamPlayer` 노드에서 로드해야 한다. 이 노드 2개를 `Player` 씬에 추가하고 이름을 `LaserSound`와 `EngineSound`로 바꾼다. 각 노드의 이름에 맞는 사운드 파일을 인스펙터의 **Stream** 속성으로 드래그해 넣는다. 사격할 때 사운드를 재생하기 위해 `player.gd`의 `shoot()`에 다음 줄을 추가한다.

```
$LaserSound.play()
```

게임을 플레이하고 사격을 시험해보자. 소리가 너무 크다고 느껴지면, **Volume dB** 속성으로 조정하면 된다. 시작값으로는 `-10`을 시험해보자.

---

11 [옮긴이] 연결할 update_shield() 함수가 보이지 않는다면, [선택] 버튼을 클릭해 나오는 창에서 **호환되는 메서드만 표시**를 선택 해제해보자. 미리 hud.gd를 저장해두는 것도 잊지 말아야 한다.

12 [옮긴이] 게임이 주는 재미, 지식, 몰입, 감동 등 사용자가 게임을 플레이하며 배우고 느끼는 모든 것을 통칭하는 말이다.

엔진 사운드는 조금 다르게 작동한다. 추력이 켜져 있을 때 재생되어야 하지만, 단순히 플레이어가 키를 누를 때 `get_input()` 함수에서 사운드에 대해 `play()`를 호출하면 사운드가 프레임마다 다시 시작된다. 이는 듣기 좋은 소리가 아니므로 사운드가 이미 재생되고 있지 않은 경우에만 재생을 시작하는 편이 좋다. 다음은 `get_input()` 함수의 관련 섹션이다.

```
if Input.is_action_pressed("thrust"):
    thrust = transform.x * engine_power
    if not $EngineSound.playing:
        $EngineSound.play()
else:
    $EngineSound.stop()
```

한 가지 문제가 발생할 수 있다는 점에 유의하자. `DEAD` 상태에서는 플레이어 입력을 무시하기 때문에, 플레이어가 추력 키thrust key를 누른 상태에서 사망하면 엔진 사운드가 계속 재생되는 상태로 고정된다. 이 문제는 `change_state()`의 `DEAD` 상태에 `$EngineSound.stop()`을 추가하면 해결할 수 있다.

`Main` 씬에 `AudioStreamPlayer` 노드를 3개 더 추가한다. 이름을 각각 `ExplosionSound`, `LevelupSound`, `Music`으로 바꾼다. 해당 노드의 **Stream** 속성에 `explosion.wav`, `levelup.ogg`, `Funky-Gameplay_Looping.ogg`를 각각 드롭해 넣는다.

`on_rock_exploded()`의 첫 줄에 `$ExplosionSound.play()`를, `new_level()`에 `$LevelupSound.play()`를 추가한다.

배경 음악을 시작하고 중지하기 위해 `new_game()`에 `$Music.play()`를, `game_over()`에 `$Music.stop()`을 추가한다.

적에게도 `ExplosionSound`와 `ShootSound` 노드가 필요하다. 적의 사격 사운드는 `enemy_laser.wav`를 사용하면 된다.

### 3.10.2 파티클

플레이어 우주선의 추력은 파티클particle 효과를 활용하기 딱 좋은 곳이다. 엔진에서 불꽃이 뿜어나오는 효과를 연출해보자.

CPUParticles2D 노드를 추가하고 이름을 `Exhaust`로 바꾼다. 이 작업을 하는 동안은 우주선의 줌을 확대하는 편이 좋다.

> **NOTE 파티클 노드 유형**
>
> 고도는 2가지 유형의 파티클 노드를 제공한다. 하나는 렌더링에 CPU를 사용하는 것이고 다른 하나는 GPU를 사용하는 것이다. 모든 플랫폼이 파티클의 하드웨어 가속을 지원하는 것은 아니고 모바일이나 구형 데스크톱은 특히 더하므로, 호환성을 넓히려면 CPU 버전을 사용하면 된다. 더 강력한 시스템에서 실행할 게임을 만들 것이라면 GPU 버전을 사용하는 편이 좋다.

우주선 중앙에서 흰색 점들이 줄줄이 흘러내리는 것을 볼 수 있을 것이다. 이제 여러분의 도전 과제는 이 점들을 배기exhaust 불꽃으로 바꾸는 것이다.

파티클 구성 설정을 할 때 선택할 수 있는 속성은 매우 많다. 이런 효과를 설정하는 과정을 진행하면서, 자유롭게 실험해보며 결과에 어떤 영향을 미치는지 확인하자.

`Exhaust` 노드의 다음 속성을 설정한다.

- **Amount**: `25`
- **Drawing**(그리기)/**Local Coords**: 사용
- **Transform/Position**: `(-28, 0)`
- **Transform/Rotation**: `180`
- **Visibility/Show Behind Parent**: 사용

여러분이 앞으로 변경할 나머지 속성은 파티클의 동작에 영향을 미친다. **Emission Shape**(방출 모양)부터 시작해보자. 이를 **Rectangle**로 바꾼다. 그러면 **Rect Extents**가 나타나는데, 이를 `(1, 5)`로 설정해보자. 이제 파티클이 단일 지점이 아닌 작은 영역에 걸쳐 방출된다.

다음으로 **Direction**(방향)/**Spread**를 `0`으로 설정하고 **Gravity**(중력)을 `(0, 0)`으로 설정한다. 파티클이 매우 느리게 움직이긴 하지만 떨어지거나 퍼지지 않는다는 점에 주목하자.

초기 **Initial Velocity**(초기 속도)/**Velocity Max**를 `400`으로 설정한 다음 아래로 스크롤해 **Scale**(크기)/**Scale Amount Max**를 `8`로 설정한다.

시간에 따라 크기가 달라지게 하고 싶다면 **Scale Amount Curve**를 설정하면 된다. **새 Curve**를 선택한 다음 클릭해서 연다. 표시되는 작은 그래프에서 마우스 오른쪽 버튼을 클릭해 왼쪽과 오른쪽에 각각 하나씩 점 2개를 추가한다. 오른쪽 점을 아래로 드래그해 곡선이 다음과 같은 모양이 되도록 만든다.

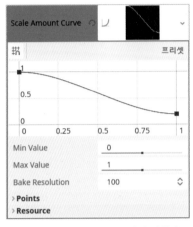

그림 3.29  **파티클 크기 곡선 추가하기**

이제 파티클이 우주선 뒤쪽에서 흘러나오면서 점차 줄어드는 것을 볼 수 있을 것이다.

마지막으로 조정할 섹션은 **Color**(색상)다. 파티클을 불꽃처럼 보이게 하려면 밝은 주황색으로 시작해 점점 희미해지면서 빨간색으로 바뀌어야 한다. **Color Ramp** 속성에서 **새 Gradient**를 클릭하면 다음과 같은 그라디언트 에디터가 나올 것이다.

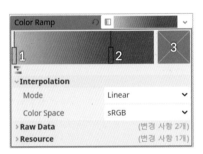

그림 3.30  **컬러 램프 설정**

1과 2라고 표시된 두 개의 직사각형 슬라이더는 그레이디언트 시작 및 종료 색상을 설정한다. 슬라이더 중 하나를 클릭하면 3이라고 표시된 상자에 해당 색상이 표시된다. 슬라이더 1을 선택한 다음, 상자 3을 클릭하면 색상 선택기가 열린다. 주황색을 선택한 다음, 슬라이더 2에 대해 동일한 작업을 수행해 진한 빨간색을 선택한다.

이제 파티클이 올바른 형태를 갖췄지만 너무 오래 지속된다. 노드의 **Time**(시간) 섹션에서 **Lifetime**을 `0.1`로 설정한다.

아마 이제 우주선의 배기가 불꽃 비슷하게 보일 것이다. 그렇지 않다면 만족스러운 형태가 될 때까지 속성을 자유롭게 조정해보자.

불꽃이 멋지게 보이면, 다음은 플레이어의 입력에 따라 불꽃을 켜고 끌 차례다. `player.gd`로 이동해서 `get_input()`의 시작 부분에 `$Exhaust.emitting = false`를 추가한다. 그런 다음 추력 입력을 확인하는 `if` 문 아래에 `$Exhaust.emitting = true`를 추가한다.

### 3.10.3 적의 자취

파티클을 사용하면 적 비행접시에 반짝이는 자취를 추가할 수도 있다. 적 씬에 `CPUParticles2D`를 추가하고 다음과 같이 구성 설정한다.

- **Amount**: `20`
- **Visibility/Show Behind Parent**: 사용
- **Emission Shape/Shape**: `Sphere`
- **Emission Shape/Sphere Radius**: `25`
- **Gravity**: `(0, 0)`

이제 파티클이 비행접시 반지름 전체에 걸쳐 나타날 것이다(이 부분에서는 `Sprite2D`를 숨기면 파티클이 잘 보인다). 파티클의 기본 모양은 정사각형이지만 텍스처를 사용해 시각적 효과를 더할 수도 있다. **Drawing/Texture**에 `res://assets/corona.png`를 추가한다.

이 이미지는 빛나는 멋진 효과를 제공하지만 비행접시에 비해 상당히 크므로 **Scale/Scale Amount Max**를 `0.1`로 설정한다. 또한 이 이미지가 검은색 배경에 흰색이라는 점도 느꼈을 것이다. 제대로 보이게 하려면 **Blend Mode**(블렌드 모드)를 변경해야 한다. 그러기 위해 **Material**(머티리얼) 속성을 찾아 새 **CanvasItemMaterial**을 선택한다. 여기서 **Blend Mode**를 **Mix**에서 **Add**로 변경하면 된다.

마지막으로 플레이어 파티클과 마찬가지로 **Scale** 섹션에서 **Scale Amount Curve**를 사용하면 파티클을 희미해지게 만들 수 있다.

게임을 플레이하고 효과를 감상해보자. 파티클에 또 어떤 기능을 추가할 수 있을까?

# 요약

이 장에서는 `RigidBody2D` 노드로 작업하는 방법을 배웠고 고도의 물리가 어떻게 작동하는지에 대해 자세히 알아봤다. 또한 유한 상태 기계를 기초적으로 구현했는데, 프로젝트 규모가 커질수록 유용하게 이용할 수 있는 이 기능은 이후에도 다시 사용하게 될 것이다. 컨테이너 노드가 UI 노드를 정리하고 정렬하는 데 어떻게 도움이 되는지도 살펴봤다. 마지막으로, 사운드 이펙트를 추가했고 `Animation`과 `CPUParticles2D` 노드를 사용하며 고급 비주얼 이펙트를 처음으로 맛봤다.

또한 저번 장에 이어서 표준 고도 계층 구조를 이용해 `CollisionObject`에 덧붙은 `CollisionShape`이나 노드 간 통신을 처리하는 데 사용되는 **시그널** 등의 게임 오브젝트를 만들었다. 이제 슬슬 이런 관행이 손에 붙기 시작할 것이다.

이 프로젝트를 혼자서 다시 만들 준비가 되었는가? 책을 보지 않고 이 장의 전체 또는 일부를 반복해보자. 어떤 정보를 체득했고 어떤 부분을 다시 검토해야 하는지 확인할 수 있는 좋은 방법이다. 정확한 복사본을 만들기보다는 자신만의 변형으로 다시 만들어볼 수도 있다.

준비가 되었으면 다음으로 넘어가자. 다음 장에서는 또 다른 인기 게임 장르를 만들게 된다. 바로 〈슈퍼 마리오브라더스〉의 전통을 잇는 **플랫포머**platformer다.

# 정글 점프:
# 2D 플랫포머의 달리기와 점프

이 장에서는 〈슈퍼 마리오브라더스〉 같은 고전 게임의 전통을 잇는 **플랫포머** 게임을 만들 것이다. 플랫폼 게임은 매우 인기 있는 장르이며, 그 작동 방식을 이해하면 다양한 게임 장르를 만드는 데 도움이 될 수 있다. 플랫포머를 만들어본 적이 없다면 플랫포머의 플레이어 움직임을 구현하기가 얼마나 복잡한지 깜짝 놀라게 될 텐데, 고도의 CharacterBody2D 노드가 그 과정에 어떻게 도움이 되는지 알게 될 것이다.

이 프로젝트에서는 다음 사항에 대해 학습한다.

- CharacterBody2D 노드 사용
- Camera2D 노드 사용
- 애니메이션과 사용자 입력을 조합해 복잡한 캐릭터 동작 만들기
- TileMap을 사용하는 레벨 디자인
- ParallaxLayer를 사용해 무한 스크롤 배경 만들기
- 씬 간 전환
- 프로젝트를 체계화하고 확장 계획하기

다음은 완성된 게임의 스크린숏이다.

그림 4.1  완성된 게임 스크린숏

## 4.1 기술적 요구 사항

이전 프로젝트와 마찬가지로 다음 링크에서 게임의 아트 애셋을 다운로드하는 것부터 시작한다.

https://github.com/PacktPublishing/Godot-4-Game-Development-Projects-Second-Edition/tree/main/
Downloads

이 장의 전체 코드는 깃허브의 다음 링크에서 확인할 수 있다.

https://github.com/PacktPublishing/Godot-4-Game-Development-Projects-Second-Edition/tree/main/
Chapter04 - Jungle Jump

## 4.2 프로젝트 설정

새 프로젝트를 생성한 다음, [프로젝트 설정]을 열고 기본 구성 설정configuration을 바꾸는 것부터 시작한다.

이 게임의 아트 애셋은 **픽셀 아트** 양식을 사용하므로 이미지를 스무딩 smoothing하지 않았을 때 가장 멋지게 보이는데, 스무딩은 텍스처 필터링에 대한 고도의 기본 설정이다.

필터 온     필터 오프

그림 4.2  텍스처 필터링

각 Sprite2D에서 설정할 수도 있지만 기본 설정을 지정하는 쪽이 더 편하다. 오른쪽 상단의 [고급 설정] 토글을 클릭하고 왼쪽에서 **렌더링/텍스처** 섹션을 찾는다. 설정 목록에서 **캔버스 텍스처/기본 텍스처 필터** 설정을 찾아 **Linear**에서 **Nearest**로 바꾼다.

그런 다음 **표시/창**에서 **스트레치/모드**를 canvas_items로, **양상**을 expand로 바꾼다. 이렇게 설정하면 사용자는 이미지의 품질을 유지하면서 게임 창의 크기를 조정할 수 있다. 프로젝트가 완료되면 이 설정의 효과를 확인할 수 있을 것이다.

다음에는 콜리전 레이어를 설정하면 된다. 이 게임에서는 여러 유형의 콜리전 오브젝트가 서로 다른 방식으로 상호작용해야 하는데, 고도의 **콜리전 레이어**collision layer 시스템을 사용하면 이를 체계화할 수 있다. 레이어에 이름이 지정되어 있으면 사용하기가 더 편하므로 **Layer Names/2D 물리** 섹션으로 이동해 처음 4개의 레이어 이름을 다음과 같이 바꾼다(레이어 번호 옆의 상자에 직접 입력).

그림 4.3 물리 레이어 이름 설정

마지막으로, **입력 맵** 영역에 플레이어 컨트롤에 대한 액션을 다음과 같이 추가한다.

| 액션 이름 | 키 |
|---|---|
| right | D , → |
| left | A , ← |
| up | W , ↑ |
| down | S , ↓ |
| jump | Space |

나중에 코드에서 참조할 것이므로 입력 작업의 정확한 이름을 사용해야 한다.

이로써 **프로젝트 설정**에서 해야 할 것은 다 마쳤다. 하지만 플레이어 씬 만들기에 들어가기 전에 다른 유형의 물리 노드에 대해 알아볼 필요가 있다.

## 4.3 키네마틱 바디 소개

플랫포머에는 중력, 콜리전, 점프 등의 물리 동작이 필요하므로 캐릭터의 움직임을 구현하는 데에는 `RigidBody2D`가 완벽한 선택이라고 생각할 수 있다. 하지만 실제로는 리지드 바디의 사실적인 물리가 플랫폼 캐릭터에 적합하지 않다는 것을 깨닫게 될 것이다. 플레이어에게는 사실성보다 반응적 컨트롤과 액션감이 중요하기 때문이다. 따라서 개발자로서는 캐릭터의 움직임과 콜리전 반응을 정밀하게 제어할 수 있기를 바란다. 이런 이유로, 일반적으로는 **키네마틱**kinematic 방식의 물리가 플랫폼 캐릭터에게 더 적합한 선택이다.

`CharacterBody2D` 노드는 코드를 통해 직접 제어해야 하는 물리 바디를 구현하기 위해 설계되었다. 이 노드는 움직일 때 다른 바디와의 콜리전을 감지하지만 중력이나 마찰 같은 전역 물리 속성의 영향은 받지 않는다. 그렇다고 중력을 비롯한 힘force의 영향을 받지 않는다는 뜻은 아니다. 해당 힘과 그 효과를 코드에서 계산해야 물리 엔진이 `CharacterBody2D` 노드를 자동으로 움직이지 않는다는 뜻이다.

`RigidBody2D`와 마찬가지로, `CharacterBody2D` 노드를 이동할 때는 `position` 속성을 직접 설정해서는 안 된다. 대신 바디가 제공하는 `move_and_collide()`나 `move_and_slide()` 메서드를 사용해야 한다. 이 메서드는 주어진 벡터를 따라 바디를 이동시키다가 다른 바디와 콜리전이 감지되면 즉시 멈춘다. 그 뒤에 어떤 **콜리전 반응**collision response이 일어날지에 대한 결정은 사용자의 몫이다.

### 4.3.1 콜리전 반응

콜리전한 뒤에는 바디가 튕기거나, 벽을 따라 미끄러지거나, 부딪힌 오브젝트의 속성을 변경하고 싶을 수 있다. 콜리전 반응을 처리하는 방식은 바디를 이동하는 데 사용하는 메서드에 따라 달라진다.

#### ● move_and_collide()

이 메서드를 사용하면, 함수가 콜리전할 때 `KinematicCollision2D` 오브젝트를 반환한다. 이 오브젝트에는 콜리전 및 충돌하는 바디에 대한 정보가 담겨 있다. 여러분은 이 정보를 이용해 응답을 결정할 수 있다. 콜리전 없이 이동이 성공적으로 완료되면 이 함수는 `null`을 반환한다.

예를 들어 바디가 충돌하는 오브젝트로부터 튕겨나게 하려면 다음 스크립트를 사용하면 된다.

```
extends CharacterBody2D

velocity = Vector2(250, 250)

func _physics_process(delta):
    var collision = move_and_collide(velocity * delta)
    if collision:
        velocity = velocity.bounce(collision.get_normal())
```

### ● move_and_slide()

슬라이딩은 콜리전 반응에서 매우 흔한 옵션이다. 플레이어가 탑다운 게임에서 벽을 따라 이동하거나 플랫포머에서 바닥을 따라 달리는 것을 상상해보자. move_and_collide()를 사용하여 직접 응답을 코딩할 수도 있지만, move_and_slide()는 슬라이딩 이동을 구현하는 편리한 방법을 제공한다. 이 메서드를 사용하면 바디가 충돌하는 오브젝트의 표면을 따라 자동으로 미끄러진다. 또한 슬라이딩 콜리전을 사용하면 is_on_floor() 같은 메서드를 사용해 표면의 방향을 감지할 수 있다.

이 프로젝트에서는 플레이어 캐릭터가 지면과 위/아래 경사면을 따라 달릴 수 있어야 하므로 move_and_slide()가 플레이어의 움직임에 큰 역할을 하게 된다.

이제 키네마틱 바디가 무엇인지 이해했으니, 이 게임의 캐릭터를 만들 때 이를 사용해보자.

## 4.4 플레이어 씬 만들기

키네마틱 이동과 콜리전을 구현하는 고도 노드를 CharacterBody2D라고 한다.

새 씬을 열고 CharacterBody2D 노드를 루트로 추가한 다음, 이름을 Player로 바꾸고 씬을 저장한다. [선택한 노드 그룹화] 버튼을 클릭하는 것을 잊지 말자. Player 씬을 저장할 때 이 씬을 담을 폴더도 새로 만들어야 한다.[1] 이렇게 하면 씬과 스크립트를 많이 추가해야 할 때 프로젝트 폴더를 정리하는 데 도움이 된다.

**인스펙터**에서 CharacterBody2D의 속성을 살펴보자. **Motion Mode**와 **Up Direction**의 기본값을 확인한다. **Grounded** 모드는 바디가 한쪽 콜리전 방향을 '바닥', 그 반대쪽 장벽을 '천장', 그 밖의 방향을 '벽'으로 간주하며, 이 중 어느 것이 어느 쪽인지는 **Up Direction**에 의해 결정된다는 뜻이다.

---

1    옮긴이 씬을 폴더별로 분류할 때는 폴더의 이름을 그 폴더의 중심이 되는 씬 이름과 일치시키는 편이 관리하기 좋다.

이전 프로젝트에서 했던 것처럼 플레이어 캐릭터가 작동하는 데 필요한 모든 노드를 플레이어 씬에 포함해야 한다. 이는 이 게임에서 플레이어 씬이 플랫폼, 적, 수집품 등 다양한 게임 오브젝트와의 콜리전을 처리하고, 달리기나 점프 같은 액션의 애니메이션을 표시하고, 플레이어를 따라 레벨을 돌아다니는 카메라를 붙이는 등의 작업을 수행한다는 뜻이다.

다양한 애니메이션을 스크립팅하면 관리가 안 될 수 있으므로, **유한 상태 기계**finite-state machine, FSM 를 사용해 플레이어의 상태를 관리하고 추적할 필요가 있다. 3장의 간소화된 FSM을 구축하는 방법을 다시 살펴보자. 이 프로젝트에서도 비슷한 패턴을 따를 것이다.

### 4.4.1 콜리전 레이어와 마스크

바디의 **Collision**(콜리전)/**Layer** 속성은 물리 월드에서 바디가 어떤 레이어에 기반하는지를 설정한다. 플레이어는 프로젝트 설정에서 이름을 지정한 'player' 레이어에 할당해야 한다. 마찬가지로, **Collision/Mask**는 바디가 '볼 수 있는', 즉 상호작용할 수 있는 레이어를 설정한다. 오브젝트가 플레이어의 **Mask**에 없는 레이어에 있는 경우, 플레이어는 그 오브젝트와 전혀 상호작용하지 않는다.

플레이어의 **Layer**를 **player**로, **Mask**를 **environment, enemies, items**로 설정한다. 오른쪽에 있는 점 세 개를 클릭하면 레이어에 지정한 이름이 표시된 확인란 목록이 열린다.

이렇게 하면 플레이어가 'player' 레이어에 있다는 것이 확정되므로 다른 오브젝트가 플레이어를 감지할지 말지를 구성 설정할 수 있다. **Mask** 값을 세 레이어 모두로 설정하면 플레이어가 해당 레이어에 있는 오브젝트와 상호작용할 수 있다.

그림 4.4 콜리전 레이어 설정

### 4.4.2 AnimationPlayer에 대해

이 책의 앞부분에서는 `AnimatedSprite2D`를 사용해 캐릭터의 프레임 기반 애니메이션을 표시했다. 이 노드는 훌륭한 툴이지만, 노드의 시각적 텍스처를 애니메이션하는 데만 유용하다. 노드의 다른 속성에도 애니메이션을 적용하고 싶다면 어떻게 해야 할까?

이때 필요한 것이 앞서 설명한 `AnimationPlayer`다. 이 노드는 한 번에 여러 노드에 영향을 줄 수 있는 애니메이션을 만들 수 있는 매우 강력한 툴로, 그 노드들의 모든 속성을 수정할 수 있다.

### 4.4.3 애니메이션

다음 단계를 따라가며 캐릭터의 애니메이션을 설정하자.

1. 플레이어에 `Sprite2D` 노드를 추가한다. **Texture** 영역의 **파일시스템** 독에서 `res://assets/player_sheet.png` 파일을 드래그해 넣는다. 플레이어 애니메이션이 스프라이트 시트 형태로 저장될 것이다.

그림 4.5  스프라이트 시트

2. `AnimationPlayer`를 사용해 애니메이션을 처리할 것이므로 `Sprite2D`의 **Animation** 속성에서 **HFrames**를 19로 설정한다. 그런 다음 **Frame**을 7로 설정해 플레이어가 서 있는 모습을 확인한다. 마지막으로, **Position**을 (0, -16)으로 설정해 발이 땅에 닿을 때까지 `Sprite2D`를 위로 이동한다. 이렇게 하면 나중에 플레이어의 상호작용을 코딩하기가 쉬워지는데, 플레이어의 `position` 속성이 발 위치를 나타낸다는 것을 알기 때문이다.

3. 씬에 `AnimationPlayer` 노드를 추가한다. 이 노드를 사용해 `Sprite2D`의 **Frame** 속성을 각 애니메이션에 적합한 값으로 설정할 것이다.

4. 시작하기 전에 애니메이션 패널의 여러 부분을 다시 살펴보자.

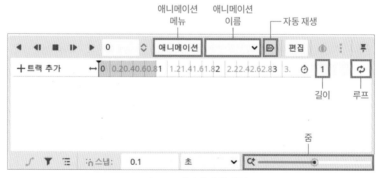

그림 4.6  애니메이션 패널

5. [애니메이션] 버튼을 클릭하고 **새로 만들기**를 선택한다. 새 애니메이션의 이름을 `idle`로 바꾼다.

6. 길이를 0.4초로 설정한다. [루프] 아이콘을 클릭해 애니메이션을 반복한다. `Sprite2D`의 **Frame** 속성을 대기$_{idle}$ 애니메이션의 첫 번째 프레임인 7로 변경하고 속성 옆의 [키프레임(열쇠)] 아이콘을 클릭해 새 키프레임이 있는 애니메이션 트랙을 추가한다. 트랙의 [업데이트 모드]를 **연속적**으로 설정한다.

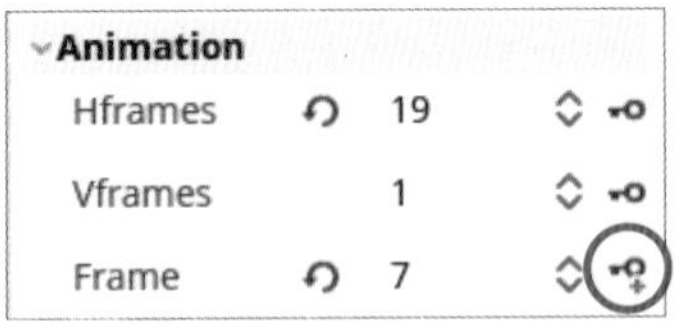

**그림 4.7 키프레임 추가하기**

7. 재생 타임라인 기준선을 0.3으로 옮긴다(오른쪽 하단의 줌 슬라이더를 조정하면 정확한 위치를 쉽게 찾을 수 있다). 10프레임도 키프레임으로 추가한다. 이 프레임이 **대기** 상태의 마지막 프레임이다.

8. 재생 버튼을 눌러 애니메이션이 재생되는지 확인한다. 올바르게 보이지 않으면 이전 단락으로 돌아가서 각 단계를 정확히 따랐는지, 특히 7프레임에서 시작해 10프레임에서 끝났는지 확인하자.

이제 다른 애니메이션에 대해서도 이 과정을 반복한다. 설정 목록은 다음 표를 참조하자.

| 이름 | 길이 | 프레임 | 루프 |
|------|------|--------|------|
| idle | 0.4 | 7 → 10 | 켜기 |
| run | 0.5 | 13 → 18 | 켜기 |
| hurt | 0.2 | 5 → 6 | 켜기 |
| jump_up | 0.1 | 11 | 끄기 |
| jump_down | 0.1 | 12 | 끄기 |

스프라이트 시트에는 웅크리기와 기어오르기 애니메이션도 있지만, 기본 액션이 완료된 후 나중에 추가해도 된다.

### 4.4.4 콜리전 모양

다른 바디와 마찬가지로 CharacterBody2D에도 콜리전 경계bound를 정의하기 위해 할당된 모양이 필요하다. CollisionShape2D 노드를 추가하고 그 안에 새 RectangleShape2D를 생성한다. 모양의 크기를 조정할 때 이미지 하단(플레이어의 발)에 닿게 하되 플레이어의 이미지보다 약간 좁은 편이 좋다. 일반적으로 모양을 이미지보다 약간 작게 만들면 플레이할 때 느낌이 더 나아지며, 얼핏 보기에는 콜리전이 발생하지 않을 것처럼 보이는 무언가에 실제로 부딪히는 경험을 피할 수 있다.

모양을 맞추기 위해서는 오프셋도 약간 적용해야 한다. CollisionShape2D 노드의 **Position**을 (0, -11)으로 설정하면 잘 작동한다. 완료되면 대략 다음과 같이 보일 것이다.

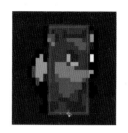

**그림 4.8 플레이어 콜리전 모양**

### 4.4.5 플레이어 씬 마무리

`Player` 씬에 `Camera2D` 노드를 추가한다. 이 노드는 플레이어가 레벨을 이동할 때 게임 창을 플레이어 중심으로 유지한다. 게다가 픽셀 아트가 게임 창의 크기에 비해 상대적으로 작을 경우 플레이어를 확대하는 데도 사용할 수도 있다. 기억하겠지만, **프로젝트 설정**에서 필터링 옵션을 설정했기 때문에 플레이어의 텍스처는 확대해도 픽셀화되고 네모난 상태로 유지된다.

카메라를 활성화하려면 **Enabled** 속성을 **사용**으로 설정한 다음, **Zoom**을 (2.5, 2.5)로 설정한다. 값이 1보다 작으면 줌 아웃되고, 값이 크면 줌 인된다.

2D 모드에서 플레이어를 둘러싸고 있는 분홍빛이 도는 보라색 사각형이 보일 것이다(안 보인다면 뷰포트를 줌 아웃해보자). 이 사각형이 카메라의 **스크린 사각형**screen rectangle이며 카메라에 보이는 영역을 나타낸다. **Zoom** 속성을 조정해 크기를 늘리거나 줄이면 플레이어 주변의 월드를 더 많이 또는 더 적게 볼 수 있다.

### 4.4.6 플레이어 상태

플레이어 캐릭터는 점프, 달리기, 웅크리기 등 다양한 동작을 할 수 있다. 이런 동작을 코딩하기는 매우 복잡하고 관리하기 어려울 수 있다. 한 가지 해결책은 불 변수(예컨대 `is_jumping` 또는 `is_running`)를 사용하는 것이지만, 이 경우 상태가 혼동될 수 있고(`is_crouching`과 `is_jumping`이 모두

true면 어떤 상태인 걸까?), 금방 **스파게티 코드**spaghetti code[2]로 이어진다.

이 문제에 대한 더 나은 해결책은 상태 기계를 사용해 플레이어의 현재 상태를 처리하고 다른 상태로의 전환을 제어하는 것이다. 이 개념은 3장에서 소개했으며, 이 프로젝트에서 더 확장할 것이다.

다음은 플레이어의 상태와 그 상태들 사이의 전환을 보여주는 다이어그램이다.

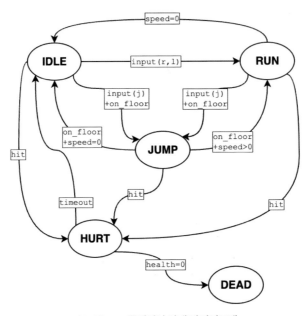

그림 4.9  플레이어 상태 다이어그램

보다시피 상태 다이어그램은 상태 수가 상대적으로 적은 경우에도 꽤 복잡해질 수 있다.

> **NOTE** 그 밖의 상태
>
> 스프라이트 시트에는 웅크리기와 기어오르기 애니메이션이 포함되어 있지만, CROUCH와 CLIMB 상태는 앞서 그림에 포함되지 않았다. 이는 프로젝트 초반에 상태 수를 관리하기 쉽게 유지하기 위해서다. 나중에 추가할 기회가 있을 것이다.

---

2  [옮긴이] 스파게티처럼 복잡하게 얽혀서 알아보기 어려운 코드. 파악하기 힘든 만큼 오류나 버그 가능성도 늘어나고 유지 보수에도 어려움이 많으므로 최대한 피해야 한다.

**플레이어 스크립트**

`Player` 노드에 새 스크립트를 붙인다. 대화 상자에 **템플릿** 속성이 표시되는 것에 주목하자. 템플릿에는 이 노드 유형에 대한 고도의 **기본 움직임**Basic Movement이 들어 있다. 템플릿 상자를 선택 해제 상태로 진행하자. 이 프로젝트에는 해당 예제 코드가 필요하지 않다.

다음 코드를 추가해 플레이어의 상태 기계 설정을 시작한다. 〈스페이스 록〉 게임에서와 마찬가지로 `enum` 유형을 사용해 시스템에 허용되는 상태를 정의할 수 있다. 플레이어의 상태를 변경하고 싶을 때마다 `change_state()`를 호출하면 된다.

```
extends CharacterBody2D

@export var gravity = 750
@export var run_speed = 150
@export var jump_speed = -300

enum {IDLE, RUN, JUMP, HURT, DEAD}
var state = IDLE

func _ready():
    change_state(IDLE)

func change_state(new_state):
    state = new_state
    match state:
        IDLE:
            $AnimationPlayer.play("idle")
        RUN:
            $AnimationPlayer.play("run")
        HURT:
            $AnimationPlayer.play("hurt")
        JUMP:
            $AnimationPlayer.play("jump_up")
        DEAD:
            hide()
```

아직은 스크립트가 어느 애니메이션을 재생할지만 바꾸지만, 나중에는 상태 기능을 더 많이 추가할 것이다.

## 4.4.8 플레이어 이동

플레이어는 3가지 컨트롤이 필요하다. 바로 왼쪽, 오른쪽, 점프다. 현재 상태와 키를 누른 상태를 비교하고, 상태 다이어그램의 규칙에 따라 전환이 허용되면 상태 변경이 트리거된다. get_input() 함수를 추가해서 입력을 처리하고 결과를 결정한다. 각 if 조건은 상태 다이어그램에서 상태 변화 중 하나를 나타낸다.

```
func get_input():
    var right = Input.is_action_pressed("right")
    var left = Input.is_action_pressed("left")
    var jump = Input.is_action_just_pressed("jump")

    # 모든 상태에서 일어나는 이동
    velocity.x = 0
    if right:
        velocity.x += run_speed
        $Sprite2D.flip_h = false
    if left:
        velocity.x -= run_speed
        $Sprite2D.flip_h = true
    # 땅에 있을 때만 점프 가능
    if jump and is_on_floor():
        change_state(JUMP)
        velocity.y = jump_speed
    # IDLE에서 움직이면 RUN으로 변환
    if state == IDLE and velocity.x != 0:
        change_state(RUN)
    # RUN에서 가만히 서 있으면 IDLE로 변환
    if state == RUN and velocity.x == 0:
        change_state(IDLE)
    # 공중에 있으면 JUMP로 변환
    if state in [IDLE, RUN] and !is_on_floor():
        change_state(JUMP)
```

점프 검사가 is_action_pressed()가 아닌 is_action_just_pressed()를 사용하고 있다는 점에 주의하자. 전자는 키를 누르고 있는 동안 계속 true를 반환하지만, 후자는 키를 누른 직후 프레임에서만 true다. 이는 플레이어는 점프하고 싶을 때는 매번 새로 점프 키를 눌러야 한다는 뜻이다.

이 함수를 _physics_process()에서 호출하고 플레이어의 velocity에 중력을 더한 다음 move_and_slide() 메서드를 호출해 이동한다.

```
func _physics_process(delta):
    velocity.y += gravity * delta
    get_input()

    move_and_slide()
```

기억하겠지만, **Up Direction** 속성이 (0, -1)로 설정되어 있으므로 플레이어 발 아래의 모든 콜리전은 '바닥'으로 간주되며 `move_and_slide()`에 의해 `is_on_floor()`가 true로 설정된다. 이 사실을 이용해, 다음 코드를 `move_and_slide()` 줄 바로 뒤에 추가하면 점프가 끝나는 시점을 감지할 수 있다.

```
if state == JUMP and is_on_floor():
    change_state(IDLE)
```

떨어질 때 애니메이션이 `jump_up`에서 `jump_down`으로 전환되면 더 멋지게 보일 것이다.

```
if state == JUMP and velocity.y > 0:
    $AnimationPlayer.play("jump_down")
```

나중에 레벨이 완료되면 플레이어에게 스폰 위치가 전달될 것이다. 이를 처리하기 위해 다음 함수를 스크립트에 추가하자.

```
func reset(_position):
    position = _position
    show()
    change_state(IDLE)
```

이제 이동 추가가 완료됐으며 각 상황에 맞는 애니메이션이 재생될 것이다. 바로 지금이, 하던 것을 잠시 멈추고 테스트해서 모든 것이 제대로 작동하는지 확인하기 좋을 때다. 하지만 씬을 그냥 실행할 수는 없다. 플레이어가 서 있을 표면이 전혀 없어서 바로 떨어질 것이기 때문이다.

● **이동 테스트**

새 씬을 만들고 `Node` 오브젝트를 추가해 `Main`이라고 이름 붙인다(나중에 이것이 메인 씬이 된다). `Player`의 인스턴스를 추가한 다음 `StaticBody2D` 노드를 추가하고 콜리전 모양을 직사각형으로 설정하기 위해 `CollisionShape2D`를 자식으로 추가한 후 `Shape` 속성에서 새 `Rectangle2D`를 선택한다. 이 콜리전 모양을 가로로 길게 늘려서 앞뒤로 걸을 수 있을 정도로 넓게 만든 다음, 캐릭터 아래에 배치한다.

그림 4.10 **플랫폼이 있는 테스트 씬**

`Sprite2D` 노드가 없으므로 게임을 실행했을 때는 이 정적 바디가 보이지 않는다. 메뉴에서 [디버그 | 콜리전 모양 보이기]를 선택한다. 게임이 실행되는 동안 콜리전 모양을 그려주는 유용한 디버그 설정이다. 콜리전에 대한 테스트나 문제를 해결해야 할 때마다 켜면 된다.

[현재 씬 실행]을 누르면 플레이어가 정적 바디에 부딪혔을 때 낙하를 멈추고 대기 애니메이션이 실행되는 것을 볼 수 있다.

더 진행하기 전에 모든 액션과 애니메이션이 올바르게 작동하는지 확인하자. 모든 방향으로 달리고 점프하며, 상태가 바뀔 때마다 올바른 애니메이션이 재생되는지 검사한다. 문제가 발견되면 이전 절을 다시 살펴보면서 놓친 단계가 없는지 확인하자.

### 4.4.9 플레이어 체력

결국은 플레이어가 위험과 맞서야 하므로, 피해 시스템을 추가해야 한다. 플레이어는 하트 3개로 시작해 피해를 입을 때마다 하트를 하나씩 잃을 것이다.

플레이어 스크립트 상단(`extends` 줄 바로 뒤)에 다음 코드를 추가한다.

```
signal life_changed
signal died

var life = 3: set = set_life

func set_life(value):
    life = value
    life_changed.emit(life)
    if life <= 0:
        change_state(DEAD)
```

life 값이 변경될 때마다 life_changed 시그널을 발신해서 디스플레이가 업데이트되도록 알린다. life가 0에 도달하면 died 시그널을 발신할 것이다.

reset() 함수에도 life = 3을 추가한다.

플레이어가 다치는 데는 2가지 방식이 있다. 환경의 스파이크 오브젝트에 부딪히거나 적에게 맞는 경우다. 두 이벤트 모두 다음 함수를 호출하면 된다.

```
func hurt():
    if state != HURT:
        change_state(HURT)
```

이 코드는 플레이어에게 상냥하다. 이미 다친 플레이어는 다시 다치지 않는다(적어도 hurt 애니메이션이 끝날 때까지의 잠시 동안은). 이렇게 하지 않으면 플레이어가 연속으로 다치는 악순환에 빠져서 금방 죽을 수 있다.

앞서 만든 change_state() 함수에서 상태가 HURT로 바뀔 때 해야 할 일이 몇 가지 있다.

```
HURT:
    $AnimationPlayer.play("hurt")
    velocity.y = -200
    velocity.x = -100 * sign(velocity.x)
    life -= 1
    await get_tree().create_timer(0.5).timeout
    change_state(IDLE)
DEAD:
    died.emit()
    hide()
```

다치면 life를 1개 잃을 뿐만 아니라 튕겨올라가 피해를 입히는 오브젝트에서 멀어진다. 잠시 후 상태가 다시 IDLE 상태로 바뀐다.

또한 HURT 상태에서는 입력을 비활성화해야 한다. 다음 코드를 get_input()의 시작 부분에 추가하자.

```
if state == HURT:
    return
```

이제 플레이어가 피해를 입을 준비가 됐다. 실제로는 나머지 게임 설정이 완료됐을 때 가능할 것이다. 다음에는 플레이어가 게임에서 수집할 오브젝트를 생성해보자.

## 🏷4.5 수집용 아이템

레벨을 만들기 전에 플레이어가 수집할 아이템을 만들 필요가 있다. 이 아이템도 레벨의 일부가 될 것이기 때문이다. `assets/sprites` 폴더에는 2가지 유형의 수집용 아이템 스프라이트 시트가 들어 있다. 바로 체리(버찌)cherry와 보석gem이다.

각 아이템 유형마다 별도의 씬을 만드는 대신 단일 씬을 사용하고 스크립트에서 `texture` 속성을 교체할 수 있다. 두 오브젝트 다 동작이 동일하다. 제자리에서 애니메이션이 발생하고 플레이어가 수집하면 사라진다. 수집용 아이템에 `tween` 효과를 추가할 수도 있다(2장 참조).

### 🏷4.5.1 씬 설정

새 씬을 시작하고 `Area2D`를 추가한 다음 이름을 `Item`으로 바꾼다. `items` 폴더를 새로 만들어 이 씬을 저장한다.

영역area 노드는 이런 오브젝트용으로 알맞은 선택이다. 플레이어가 오브젝트에 접촉할 때를 감지하고 싶지만 오브젝트의 콜리전 반응은 필요하지 않기 때문이다. **인스펙터**에서 **Collision/Layer**를 `items`(레이어 4)로 설정하고 **Collision/Mask**를 `player`(레이어 2)로 설정한다. 이렇게 하면 `Player` 노드만 이 아이템을 수집할 수 있고, 적들은 바로 통과하게 된다.

`Sprite2D`, `CollisionShape2D`, `AnimationPlayer`를 자식 노드로 추가한다. `res://assets/sprites/cherry.png`를 `Sprite2D` 노드의 **Texture**에 드래그해 넣는다. `HFrames`를 5로 설정한다. 그런 다음 `CollisionShape2D`에 원 모양을 추가하고 크기를 적절히 조정한다.

그림 4.11  아이템의 콜리전

`AnimationPlayer`에 새 애니메이션을 추가한다(하나만 필요하므로 아무 이름이나 지정해도 된다). **길이**
를 1.6초로, **스냅**을 0.2초로, **루프**를 **켜짐**으로 설정한다. [불러오면 자동 재생] 버튼을 클릭해 애니메
이션이 자동으로 시작되게 한다.

`Sprite2D` 노드의 **Frame** 속성을 0으로 설정하고 [열쇠] 아이콘을 클릭해 트랙을 만든다. 이 스프
라이트 시트에는 애니메이션의 절반만 포함되어 있으므로 애니메이션이 다음 순서로 프레임을 재
생해야 한다.

$$0 \rightarrow 1 \rightarrow 2 \rightarrow 3 \rightarrow 4 \rightarrow 3 \rightarrow 2 \rightarrow 1$$

타임라인 기준선을 시간 0.8로 드래그하고 **Frame** 4를 키프레임으로 넣는다. 그런 다음, 시간 1.4에
서 **Frame** 1을 키프레임으로 넣는다. **업데이트 모드**를 **연속적**으로 설정하고 [재생] 버튼을 누른다. 체
리가 멋지게 애니메이션할 것이다. `res://assets/sprites/gem.png` 이미지를 **Texture**로 드래그해
도 프레임 수가 같기 때문에 똑같이 작동할 것이다. 이렇게 하면 게임에서 체리와 보석 둘 다 쉽게
스폰할 수 있다.

## 4.5.2 수집용 아이템 스크립트

`Item` 스크립트는 2가지 일을 해야 한다.

- 시작 조건 설정(`texture`와 `position`)
- 플레이어가 중첩될 때 감지

첫 부분으로, 새 아이템 스크립트에 다음 코드를 추가한다.

```
extends Area2D

signal picked_up

var textures = {
    "cherry": "res://assets/sprites/cherry.png",
```

```
        "gem": "res://assets/sprites/gem.png"
}

func init(type, _position):
    $Sprite2D.texture = load(textures[type])
    position = _position
```

플레이어가 아이템을 수집하면 `picked_up` 시그널을 발신한다. `textures` 사전dictionary에서는 아이템 유형과 해당 이미지 파일의 목록을 찾을 수 있다. **파일시스템**에서 파일을 스크립트 에디터에 드래그해 넣으면 해당 경로를 스크립트에 빠르게 붙여 넣을 수 있다.

다음으로, `init()` 함수는 `texture`와 `position`을 설정한다. 레벨 스크립트는 이를 이용해 레벨 맵에 배치하는 모든 아이템을 스폰할 것이다.

마지막으로 `Item`의 `body_entered` 시그널을 연결하고 이 코드를 추가한다.

```
func _on_item_body_entered(body):
    picked_up.emit()
    queue_free()
```

이 시그널을 통해 게임의 메인 스크립트가 아이템 획득에 반응할 수 있다. 점수에 추가하거나, 플레이어의 체력을 증가시키거나, 그 밖에 아이템에 효과를 적용할 수 있다.

이런 수집용 아이템이 〈코인 대시〉의 동전과 매우 비슷하게 설정되어 있음을 눈치챘을 수도 있다. 영역 노드는 언제 닿았는지 알아야 하는 모든 유형의 아이템에 매우 유용하다. 다음 절에서는 이런 수집용 아이템을 배치할 수 있는 레벨 씬 레이아웃을 시작할 것이다.

## 4.6 레벨 디자인

여러분 중 대다수가 이 부분에서 시간이 가장 많이 소모될 것이다. 일단 레벨[3]을 디자인하기 시작하면 모든 부품을 배치하고 도전적인 점프, 비밀 통로, 위험한 인카운터encounter를 만드는 일이 매우 재미있음을 알게 될 것이다.

---

3   옮긴이 게임 업계에서 레벨이라는 단어는 캐릭터의 성장 수준과 게임의 무대가 되는 스테이지라는 2가지 서로 다른 의미로 쓰인다. 각각 고전 RPG와 아케이드 게임 장르에서 유래했으며, 여기서는 후자의 의미로 쓰였다.

먼저 범용 `Level` 씬을 생성해서 모든 레벨에 공통되는 노드와 코드를 모두 넣을 것이다. 그런 다음에는 이 마스터 레벨을 상속하는 `Level` 씬을 얼마든지 만들 수 있다.

## 4.6.1 타일맵 사용

새 씬을 생성하고 `Node2D` 노드를 추가한 다음 이름을 `LevelBase`라고 붙인다. `levels`라는 새 폴더를 만들어 씬을 저장한다. 이 폴더가 앞으로 생성할 모든 레벨을 저장하는 곳이다. 그 레벨들은 모두 이 `level_base.tscn` 씬에서 기능을 상속한다. 노드 계층 구조는 모두 동일하며 레이아웃만 다를 뿐이다.

타일맵은 타일 격자를 사용해 게임 환경을 디자인하는 일반적인 툴이다. 타일맵을 사용하면 수많은 개별 노드를 한 번에 하나씩 배치하는 대신 격자에 타일을 페인팅해 레벨 레이아웃을 그릴 수 있다. 또한 모든 개별 타일 텍스처와 콜리전 모양을 단일한 게임 오브젝트로 일괄 처리하기 때문에 더 효율적이다.

`TileMap` 노드를 추가하면 에디터 창 하단에 `TileMap` 패널이 새로 나타난다. '변경된 타일맵 노드에 타일셋TileSet 리소스가 없습니다.'라는 메시지가 표시되는 것에 주목하자.

### ● 타일셋에 대해

`TileMap`을 사용해 지도를 그리려면 `TileSet`이 할당되어 있어야 한다. 이 `TileSet`에는 모든 개별 타일 텍스처는 물론이고 필요한 콜리전 모양도 포함되어 있다.

준비된 타일이 많을수록 `TileSet`을 만드는 데 시간이 오래 걸릴 수 있다. 특히 처음 만들 때는 더 하다. 이런 이유로 미리 생성된 타일셋 몇 가지가 `assets` 폴더에 포함되어 있다. 새로 만드는 대신 이 타일셋을 자유롭게 사용하되, 다음 절을 잘 읽어보자. 여기에는 `TileSet`의 작동 방식을 이해하는 데 도움이 되는 유용한 정보가 담겨 있다. 사전 제공된 타일셋을 빨리 사용하고 싶다면 130쪽의 '사전 제공된 타일셋 사용' 절로 건너뛰어도 좋다.

### ● 타일셋 만들기

고도에서 `TileSet`은 `Resource`의 한 유형이다. 리소스의 다른 예로는 `Texture`, `Animation`, `RectangleShape2D` 등이 있다. 이런 리소스는 노드가 아니라 특정 유형의 데이터를 담는 컨테이너이며 일반적으로 `.tres` 파일로 저장된다.

다음은 `TileSet` 컨테이너를 생성하는 단계별 과정이다.

1. `TileMap`의 **Tile Set** 속성 드롭다운에서 **새 TileSet**을 선택하고 클릭한다. 이제 에디터 창 하단에 **타일셋** 패널이 표시되며, 하단 여러 패널 중에서 선택할 수 있다. 위쪽 화살표 2개 아이콘(⬆⬆)을 클릭해 패널이 에디터 화면을 가득 채우게 할 수도 있다. 패널을 축소하려면 다시 클릭하자.

2. **타일셋** 패널의 왼쪽에 있는 **타일** 탭은 타일로 분할될 텍스처를 배치하는 곳이다. `res://assets/environment/tileset.png`를 이 상자로 드래그해 넣는다. 타일을 자동으로 생성할지 묻는 팝업이 나타날 것이다. [예]를 선택한다. 이미지에 있는 모든 16×16픽셀 타일 주위에 상자가 그려진 것을 볼 수 있을 것이다.

그림 4.12 타일셋 추가하기

3. 하단의 **TileMap** 패널을 선택한 다음 타일의 왼쪽 상단에 있는 잔디 블록 이미지를 선택해보자. 그런 다음 2D 에디터 창을 마우스 왼쪽 버튼으로 클릭해 타일을 그린다. 타일을 마우스 오른쪽 버튼으로 클릭하면 지울 수 있다. 이제 여러분이 원하는 대로 배경을 그리기만 하면 끝이다. 하지만 플레이어가 그 위에 설 수 있게 타일에 충돌 범위도 추가해야 한다.

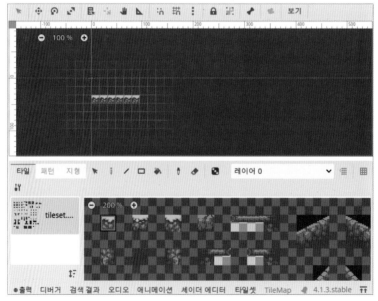

그림 4.13 TileMap으로 그리기

4. **인스펙터**에서 **TileSet**을 다시 클릭해 열고 **PhysicsLayers** 속성을 찾은 다음 [+ 요소 추가]를 클릭한다.

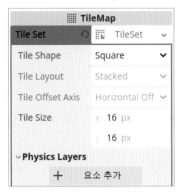

그림 4.14 TileSet에 물리 레이어 추가하기

이런 타일은 `environment` 레이어에 속할 것이므로 레이어와 마스크 설정을 변경할 필요가 없다.

5. **타일 셋** 패널에서 [칠하기]를 클릭하고 **칠하기 속성**에서 **물리 레이어 0**을 선택한다.

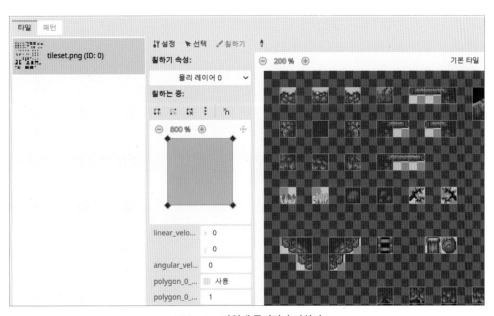

그림 4.15 타일에 콜리전 추가하기

6. 타일들을 클릭해 기본 정사각형 콜리전 모양을 추가한다. 원다면 타일의 콜리전 모양을 편집할 수도 있다. 이 경우 타일을 다시 클릭해 변경 사항을 적용하면 된다. 마음에 들지 않는 모양을 버리고 싶으면 점 3개 형태의 아이콘을 클릭하고 **기본 타일 모양으로 재설정**을 선택하자.

또한 props.png 이미지를 텍스처 목록에 드래그해 레벨을 꾸밀 수 있는 장식 아이템을 추가할 수도 있다.

## ● 사전 제공된 타일셋 사용

이 프로젝트용으로 다운로드한 assets에는 사전 구성된 타일셋이 포함되어 있다. 3가지가 있어서 서로 다른 3개의 TileMap 노드에 추가할 수 있다.

- World: tiles_world.tres: 지면 및 플랫폼 타일
- Items: tiles_items.tres: 수집용 아이템 스폰을 위한 마커
- Danger: tiles_spikes.tres: 콜리전 시 피해를 입히는 아이템

앞서 만든 TileMap의 이름을 World로 바꾼 뒤 Items과 Danger 타일맵을 생성하고 관련 타일셋을 **Tile Set** 속성에 추가한다.

Player 씬의 인스턴스를 추가하고, Marker2D 노드를 추가한 다음 이름을 SpawnPoint로 바꾼다. 이 노드를 사용하면 레벨에서 플레이어가 시작할 위치를 표시할 수 있다.

LevelBase 노드에 스크립트를 붙이고 다음 코드를 넣는다.

```
extends Node2D

func _ready():
    $Items.hide()
    $Player.reset($SpawnPoint.position)
```

나중에는 Items 맵을 스캔해 지정된 위치에 수집용 아이템을 스폰할 것이다. 이 맵 레이어는 보이지 않아야 하므로 씬에서 숨김으로 설정할 수도 있다. 하지만 이 방식은 잊어버리기 쉬우므로, _ready()를 사용하면 게임플레이 중에 표시되지 않음을 보장할 수 있다.

## 4.6.2 첫 번째 레벨 디자인

이제 레벨을 그릴 준비가 됐다. [씬 | 새 상속 씬]을 클릭하고 level_base.tscn을 고른다. 루트 노드의 이름을 Level01로 바꾸고 (levels 폴더에) 저장한다. 자식 노드가 노란색으로 표시되는데, 이는 원본인 level_base.tscn에서 **상속**됐음을 나타낸다. 원본 씬을 변경하면 해당 변경 사항이 이 씬에도 나타난다.

World 맵부터 시작하며 창의력을 발휘하자. 점프가 많은 것이 좋을까? 아니면 구불구불한 터널을 탐험하는 것이 좋을까? 긴 달리기나 조심스럽게 기어오르기는 어떨까?

레벨 디자인을 너무 많이 진행하기 전에 점프 거리부터 실험해보자. 플레이어의 `jump_speed`, `run_speed`, `gravity` 속성을 변경해 플레이어가 점프할 수 있는 높이와 거리를 변경할 수 있다. 간격 크기를 다양하게 설정하고 씬을 실행해 시험해보자. `SpawnPoint` 노드를 드래그해 플레이어가 시작하기를 원하는 위치에 놓는 것을 잊지 말자.

플레이어의 이동 속성을 어떻게 설정하느냐가 레벨 레이아웃에 큰 영향을 미칠 것이다. 전체 디자인에 너무 많은 시간을 소비하기 전에 이동 설정이 만족스러운지부터 확인하자.

World 맵을 설정했으면 Items 맵을 사용해 체리와 보석을 스폰할 위치를 표시한다. 스폰 위치를 표시하는 타일은 눈에 잘 띄게 마젠타 색 배경으로 그려진다. 이 타일은 런타임에 교체되며 타일 자체는 보이지 않는다는 점을 기억하자.

레벨을 배치한 후에는 맵의 크기(더하기 양쪽 끝의 작은 버퍼)에 맞게 플레이어 카메라의 가로 스크롤을 제한할 수 있다. 다음 코드를 `level_base.gd`에 추가한다.

```
func _ready():
    $Items.hide()
    $Player.reset($SpawnPoint.position)
    set_camera_limits()

func set_camera_limits():
    var map_size = $World.get_used_rect()
    var cell_size = $World.tile_set.tile_size
    $Player/Camera2D.limit_left = (map_size.position.x - 5) * cell_size.x
    $Player/Camera2D.limit_right = (map_size.end.x + 5) * cell_size.x
```

또한 스크립트에서는 Items 맵을 스캔해 아이템 마커를 찾아야 한다. 아이템을 수집하면 플레이어의 점수에 더해질 것이므로, 이를 추적하는 변수도 추가할 수 있다.

```
signal score_changed

var item_scene = load("res://items/item.tscn")

var score = 0: set = set_score
```

```
func spawn_items():
    var item_cells = $Items.get_used_cells(0)
    for cell in item_cells:
        var data = $Items.get_cell_tile_data(0, cell)
        var type = data.get_custom_data("type")
        var item = item_scene.instantiate()
        add_child(item)
        item.init(type, $Items.map_to_local(cell))
        item.picked_up.connect(self._on_item_picked_up)

func _on_item_picked_up():
    score += 1

func set_score(value):
    score = value
    score_changed.emit(score)
```

spawn_items() 함수는 get_used_cells()를 사용해 TileMap에서 비어 있지 않은 셀의 목록을 가져온다. 이런 셀은 픽셀 좌표가 아닌 **맵 좌표**로 되어 있으므로, 나중에 아이템을 스폰할 때 map_to_local()을 사용해 값을 변환하면 된다.

마커 타일에는 (월드 타일에 추가한 물리 레이어와 유사한) **커스텀 데이터 레이어**가 첨부되어 있어 gem 또는 cherry 중 어떤 유형인지 지정할 수 있다. 그 레이어는 새 인스턴스가 어떤 유형의 아이템이 되어야 하는지 알려주는 데 이용된다.

score 변수는 플레이어가 얼마나 많은 아이템을 수집했는지 추적하기 위한 것이다. 이를 통해 레벨 완료를 트리거하거나 보너스를 제공하는 등의 일을 할 수 있다.

spawn_items()를 _ready()에 추가하고 레벨을 실행해보자. 보석과 체리가 추가한 위치에 나타나는 것을 볼 수 있을 것이다. 수집하면 사라지는지도 확인하자.

### 4.6.3 위험한 오브젝트 추가

Danger 맵 레이어는 플레이어에 닿으면 해를 끼치는 스파이크 오브젝트를 담을 수 있게 디자인됐다. 이 TileMap의 모든 타일은 플레이어에게 피해를 입힌다. 부딪혀서 테스트하기 쉬운 곳에 몇 개를 배치해보자.

**노드** 탭에서 Danger 타일맵을 danger라는 그룹에 추가해 충돌할 때 쉽게 식별할 수 있게 한다. 이렇게 하면 다른 유해한 오브젝트도 같은 그룹에 추가함으로써 만들 수 있다.

## ● 슬라이드 콜리전에 대해

CharacterBody2D 노드가 `move_and_slide()`로 이동하면 한 프레임의 움직임에서 둘 이상의 오브젝트와 충돌할 수 있다. 예를 들어 모퉁이로 돌진할 때는 바디가 벽과 바닥에 동시에 부딪힐 수 있다. 그럴 때는 `get_slide_collision_count()` 함수를 사용해 얼마나 많은 콜리전이 발생했는지 확인한 다음 `get_slide_collision()`을 사용해 각 콜리전에 대한 정보를 얻을 수 있다.

`Player`의 경우, `Danger` 타일맵과 콜리전이 발생하는 시점을 감지하고 싶다. 이 작업은 `player.gd`에서 `move_and_slide()`를 사용한 직후에 수행하면 된다.

```
if state == HURT:
    return
for i in get_slide_collision_count():
    var collision = get_slide_collision(i)
    if collision.get_collider().is_in_group("danger"):
        hurt()
```

`danger` 그룹과의 콜리전을 확인하기 전에 먼저 플레이어가 이미 `HURT` 상태에 있는지부터 확인하는 편이 좋다. 이미 `HURT` 상태라면 위험한 오브젝트와의 콜리전 확인을 건너뛸 수 있다.

`for` 루프는 `get_slide_collision_count()`에 지정된 콜리전 횟수만큼 반복<sub>iterate</sub>하며 매번 위험 그룹의 오브젝트가 있는지 확인한다.

씬을 재생하고 스파이크 중 하나에 부딪혀보자. 플레이어가 잠시 동안 `HURT` 상태(애니메이션 재생)로 바뀌었다가 `IDLE` 상태로 돌아가는 것을 볼 수 있을 것이다. 3번 부딪히면 플레이어는 `DEAD` 상태가 되는데, 현재로서는 플레이어를 숨기기만 한다.

### 4.6.4 배경 스크롤

`res://assets/environment/` 폴더에는 `back.png`와 `middle.png`라는 2개의 배경 이미지가 있다. 각각 원거리 및 근거리용 배경이다. 이 이미지를 타일맵 뒤에 배치하고 카메라에 비해 서로 다른 속도로 스크롤하면 배경에 깊이감이 느껴지는 매력적인 착시 효과를 만들 수 있다.

1. `LevelBase` 씬에 `ParallaxBackground` 노드를 추가한다(그래야 상속된 모든 레벨에도 들어간다). 이 노드는 카메라와 함께 작동하며 스크롤 효과를 만든다. 이 노드를 씬 트리의 맨 위로 드래그해 나머지 노드 뒤에 그려지게 한다. 다음으로 `ParallaxLayer` 노드를 자식으로 추가한다.

`ParallaxBackground`는 `ParallaxLayer` 자식을 여러 개 가질 수 있으므로 독립적으로 스크롤하는 레이어를 여러 개 만들 수 있다.

2. `Sprite2D` 노드를 `ParallaxLayer`의 자식으로 추가하고 `back.png` 이미지를 **Texture** 속성으로 드래그해 넣는다. **Offset/Centered** 속성의 **사용**을 해제해서 화면 원점을 기준으로 위치하게 한다. 또한 약간 작으므로 `Sprite2D` 노드의 **Scale**을 (1.5, 1.5)로 설정한다.

3. `ParallaxLayer`에서 **Motion**(움직임)/**Scale**을 (0.2, 1)로 설정한다([링크] 아이콘을 클릭해 x와 y 값을 개별적으로 설정할 수 있게 해야 한다). 이 설정은 카메라 움직임에 따라 배경이 스크롤되는 속도를 제어한다. 1보다 작은 숫자로 설정하면 플레이어가 좌우로 움직일 때 이미지가 약간만 움직인다.

4. 레벨이 이미지 크기보다 넓은 경우 이미지가 반복되게 해야 하므로 **Motion/Mirroring**을 (576, 0)으로 설정한다. 이 값은 이미지의 너비(384 곱하기 1.5)와 정확히 일치하므로 이미지가 해당 픽셀 수만큼 이동하면 다시 반복된다.

5. 이 배경 이미지는 높이가 아닌 폭이 넓은 레벨을 위해 디자인됐다는 점에 주의하자. 너무 높이 점프하면 이미지의 상단이 드러난다. 이 문제를 카메라의 상단 제한을 설정해서 해결할 수 있다. 배경의 위치를 이동하지 않은 경우 왼쪽 상단 모서리는 여전히 (0, 0)에 있으므로 카메라의 **Limit**(제한)/**Top**을 0으로 설정하면 된다. `ParallaxLayer`나 자식인 `Sprite2D` 노드를 이동한 경우 노드 위치의 y 값을 확인하면 사용할 올바른 값을 찾을 수 있다.

6. 레벨을 플레이하고 좌우로 달려보자. 달리는 거리에 비해 배경이 조금씩 움직이는 것을 볼 수 있을 것이다.

7. 또 다른 `ParallaxLayer`를 (마찬가지로 `ParallaxBackground`의 자식으로) 추가하고 `Sprite2D` 자식을 추가한다. 이번에는 `middle.png` 이미지를 사용한다. 이 이미지는 하늘 이미지보다 훨씬 좁기 때문에 몇 가지 설정을 조정해야 제대로 반복된다. 그 이유는 `ParallaxBackground`에 적어도 뷰포트 영역만큼 큰 이미지가 필요하기 때문이다.

8. `Sprite2D` 노드의 **CanvasItem** 섹션에서 **Texture/Repeat** 속성을 찾아 **Mirror**로 설정한다. 그런 다음 **Region**(영역) 섹션을 펼치고 **Enabled**의 **사용**을 선택한다. **Rect**에서 w와 h를 (880, 368)로 설정한다. 880은 이미지 너비(176)에 5를 곱한 값이므로 이제 이미지가 다섯 번 반복되며 각 반복은 직전 이미지의 반전이 된다.

9. `Sprite2D` 노드를 이동시켜 이미지가 바다/하늘 이미지의 아래쪽 절반과 중첩되게 한다.

그림 4.16  패럴랙스 배경 설정

10. 두 번째 패럴랙스 레이어 노드의 **Motion/Scale**을 (0.6, 1)로 설정하고 **Motion/Mirroring**을
(880, 0)으로 설정한다. 더 높은 배율을 사용한다는 것은 이 레이어가 뒤에 있는 구름 레이어
보다 조금 더 빠르게 스크롤됨을 뜻한다. 씬을 재생해 효과를 테스트한다.

이제 LevelBase 씬의 노드 트리가 다음과 같이 보일 것이다.

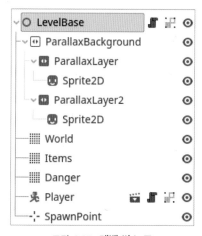
그림 4.17  레벨 씬 노드

이제 레벨 디자인을 제작하는 데 필요한 모든 부품이 레벨 씬에 있다. 플레이어가 매우 정밀한
점프를 하거나(파쿠르 레벨parkour level), 구불구불한 통로를 통과하며 모든 아이템을 찾아야 하거나
(미로 레벨maze level), 아니면 이 둘을 결합한 레벨을 만들고 싶은가? 창의적인 아이디어를 시험해볼
수 있는 기회이지만, 다음에 만들 오브젝트인 적을 배치할 여지는 꼭 남겨두도록 하자.

## 4.7 적 추가

적에게 추가할 수 있는 행동은 다양하다. 이 게임에서는 적이 플랫폼을 따라 일직선으로 걷다가 장애물에 부딪히면 방향을 바꾸기로 한다.

### 4.7.1 씬 설정

이전과 마찬가지로 적을 나타낼 새 씬을 생성해야 한다.

1. `CharacterBody2D` 노드로 시작해 이름을 `Enemy`라고 바꾸고 자식으로 `Sprite2D`, `Collision Shape2D`, `AnimationPlayer`를 생성한다.

2. `enemies`라는 폴더를 만들어 씬을 저장한다. 게임에 적 유형을 더 많이 추가하기로 결정했다면 모두 여기에 저장하면 된다.

3. `CharacterBody2D` 노드의 **Collision/Layer**를 `enemies`로 설정하고 **Mask**를 **environment**, **player**, **enemies**로 설정한다. 플레이어와 마찬가지로 적이 충돌할 오브젝트 유형을 결정하는 것이다.

4. 적을 모아서 그룹화하는 것도 유용하므로 **노드** 탭을 클릭하고 `enemies`라는 그룹을 만들어 바디를 추가한다.

5. `res://assets/sprites/opossum.png`를 **Texture**에 추가하고 **Animation/Hframes**을 6으로 설정한다.

6. 직사각형 콜리전 모양을 추가해서 이미지의 대부분(전부는 아님)을 덮고, 콜리전 모양의 아래쪽을 주머니쥐<sub>opossum</sub>의 발 아래쪽과 정렬시킨다.

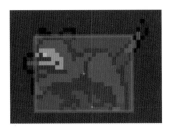

**그림 4.18 적 콜리전 모양**

7. `AnimationPlayer`에 새 애니메이션을 추가하고 이름을 `walk`라고 붙인다. **길이**를 `0.6`초로 설정하고 **루프**와 **불러오면 자동 재생**을 **켜기**로 설정한다.

8. `walk` 애니메이션에는 트랙이 두 개 있어야 한다. 하나는 `Sprite2D` 노드의 **Texture** 속성을 설정하는 트랙이고, 다른 하나는 **Frame** 속성을 바꾸는 트랙이다. **Texture** 옆의 [열쇠] 아이콘을 클릭해 첫 번째 트랙을 추가한 다음 `0`초에 프레임 `0`, `0.5`초에 프레임 `5`에 대한 키프레임을 추가한다. **업데이트 모드**를 **연속적**으로 변경하는 것을 잊지 말자.

완료된 애니메이션은 다음과 같은 모습이어야 한다.

**그림 4.19 적 애니메이션**

### 4.7.2 적 스크립트

이제 `CharacterBody2D` 노드의 이동이 익숙해졌을 것이다. 다음 스크립트를 보고, 뒤에 제공된 설명을 읽기 전에 이 스크립트가 하는 일을 이해해보자.

```
extends CharacterBody2D

@export var speed = 50
@export var gravity = 900

var facing = 1

func _physics_process(delta):
    velocity.y += gravity * delta
    velocity.x = facing * speed
    $Sprite2D.flip_h = velocity.x > 0

    move_and_slide()
    for i in get_slide_collision_count():
        var collision = get_slide_collision(i)
        if collision.get_collider().name == "Player":
            collision.get_collider().hurt()
        if collision.get_normal().x != 0:
            facing = sign(collision.get_normal().x)
            velocity.y = -100

    if position.y > 10000:
            queue_free()
```

이 스크립트에서 `facing` 변수는 x 방향의 움직임을 추적하며, 값은 `1` 또는 `-1`이다. 플레이어와 마찬가지로 이동 후 슬라이드 콜리전을 확인해야 한다. 충돌하는 오브젝트가 플레이어인 경우 해당 오브젝트의 `hurt()` 함수를 호출해야 한다.

다음으로, 콜리전하는 오브젝트의 **법선**~normal~ 벡터의 x 성분이 `0`이 아닌지 확인해야 한다. 이는 왼쪽 또는 오른쪽을 향하고 있다는 뜻이며, 다시 말해 벽이나 다른 장애물이라는 뜻이다. 그런 다음 법선의 방향을 사용해 새 방향을 설정한다. 바디에 위쪽으로 속도를 조금 부여하면 돌아설 때 작은 튕김 효과가 생겨서 더욱 매력적으로 보일 수 있다.

마지막으로, 어떤 이유로 적이 플랫폼에서 떨어지는 경우 게임에서 적의 낙하를 영원히 추적하기를 바라지는 않으므로 y 좌표가 너무 커지는 적은 모두 삭제해야 한다.

레벨 씬에 `Enemy`의 인스턴스를 추가한다. 적 양쪽에 장애물이 있는지 확인하고 씬을 재생한다. 적이 장애물 사이를 오가는지 확인한다. 플레이어를 경로에 배치하고 플레이어의 `hurt()` 함수가 호출되는지 확인한다.

여러분은 플레이어가 적 위로 뛰어오르면 아무 일도 일어나지 않음을 알아챘을지도 모르겠다. 그 부분은 다음에 처리할 것이다.

### `4.7.3` 적에게 피해 주기

플레이어가 반격할 수 없다면 불공평하므로 마리오의 전통에 따라 적 위로 점프하면 적을 물리칠 수 있게 할 것이다.

적의 `AnimationPlayer` 노드에 `death`라는 새 애니메이션을 추가하는 것으로 시작한다. **길이**는 `0.3`으로, **스냅**은 `0.05`로 설정한다. 이 애니메이션에는 루프를 켜지 말자.

`death` 애니메이션은 **Texture**와 **Frame** 둘 다 설정한다. `res://assets/sprites/enemy_death.png` 이미지를 스프라이트의 **Texture** 영역으로 드래그해 넣은 다음, [열쇠] 아이콘을 클릭해 해당 키프레임을 추가한다. 이전과 마찬가지로 애니메이션의 시작과 끝에 **Frame**의 `0`과 `5` 값을 키프레임으로 넣는다. **업데이트 모드**를 **연속적**으로 설정하는 것도 잊지 말자.

`enemy.gd`에 다음 코드를 추가해서 죽음~death~ 애니메이션을 트리거할 수 있게 한다.

```
func take_damage():
    $AnimationPlayer.play("death")
    $CollisionShape2D.set_deferred("disabled", true)
    set_physics_process(false)
```

플레이어가 올바른 조건에서 적을 맞히면 `take_damage()`를 호출해 `death` 애니메이션을 재생하고, 콜리전을 비활성화하고 이동을 중지한다.

죽음 애니메이션 재생이 끝나면 적을 제거해도 괜찮으므로 `AnimationPlayer`의 `animation_finished` 시그널을 연결한다.

그림 4.20 AnimationPlayer의 시그널

이 시그널은 아무 애니메이션이나 완료될 때마다 호출되므로, 올바른 시그널인지 확인해야 한다.

```
func _on_animation_player_animation_finished(anim_name):
    if anim_name == "death":
        queue_free()
```

이 프로세스를 완료하기 위해, `player.gd` 스크립트로 이동해 콜리전을 검사하는 `_physics_process()` 섹션에 다음 코드를 추가한다. 이 코드는 플레이어가 위에서 적을 공격했는지 확인한다.

```
    for i in get_slide_collision_count():
        var collision = get_slide_collision(i)
        if collision.get_collider().is_in_group("danger"):
            hurt()
        if collision.get_collider().is_in_group("enemies"):
            if position.y < collision.get_collider().position.y:
                collision.get_collider().take_damage()
```

```
            velocity.y = -200
        else:
            hurt()
```

이 코드는 플레이어 발의 y 위치와 적의 y 위치를 비교해 플레이어가 적보다 위에 있는지 확인한
다. 플레이어가 적보다 높으면 적을 다치게 하고, 그렇지 않으면 플레이어가 다친다.

레벨을 다시 실행하고 적에게 점프해 모든 것이 예상대로 작동하는지 확인하자.

### 4.7.4 플레이어 스크립트

플레이어 스크립트에 몇 가지를 추가했다. 이제 전체 스크립트의 모습은 다음과 같아야 한다.

```
extends CharacterBody2D

signal life_changed
signal died

@export var gravity = 750
@export var run_speed = 150
@export var jump_speed = -300

enum {IDLE, RUN, JUMP, HURT, DEAD}
var state = IDLE
var life = 3: set = set_life

func _ready():
    change_state(IDLE)

func change_state(new_state):
    state = new_state
    match state:
        IDLE:
            $AnimationPlayer.play("idle")
        RUN:
            $AnimationPlayer.play("run")
        HURT:
            $AnimationPlayer.play("hurt")
            velocity.y = -200
            velocity.x = -100 * sign(velocity.x)
            life -= 1
            await get_tree().create_timer(0.5).timeout
            change_state(IDLE)
        JUMP:
```

```
            $AnimationPlayer.play("jump_up")
        DEAD:
            died.emit()
            hide()

func get_input():
    if state == HURT:
        return

    var right = Input.is_action_pressed("right")
    var left = Input.is_action_pressed("left")
    var jump = Input.is_action_just_pressed("jump")

    # 모든 상태에서 일어나는 이동
    velocity.x = 0
    if right:
        velocity.x += run_speed
        $Sprite2D.flip_h = false
    if left:
        velocity.x -= run_speed
        $Sprite2D.flip_h = true
    # 땅에 있을 때만 점프 가능
    if jump and is_on_floor():
        change_state(JUMP)
        velocity.y = jump_speed
    # IDLE에서 움직이면 RUN으로 변환
    if state == IDLE and velocity.x != 0:
        change_state(RUN)
    # RUN에서 가만히 서 있으면 IDLE로 변환
    if state == RUN and velocity.x == 0:
        change_state(IDLE)
    # 공중에 있으면 JUMP로 변환
    if state in [IDLE, RUN] and !is_on_floor():
        change_state(JUMP)

func _physics_process(delta):
    velocity.y += gravity * delta
    get_input()
    move_and_slide()
    if state == HURT:
        return
    for i in get_slide_collision_count():
        var collision = get_slide_collision(i)
        if collision.get_collider().is_in_group("danger"):
            hurt()
        if collision.get_collider().is_in_group("enemies"):
            if position.y < collision.get_collider().position.y:
                collision.get_collider().take_damage()
```

```
                velocity.y = -200
            else:
                hurt()
    if state == JUMP and is_on_floor():
        change_state(IDLE)
    if state == JUMP and velocity.y > 0:
        $AnimationPlayer.play("jump_down")

func reset(_position):
    position = _position
    show()
    change_state(IDLE)
    life = 3

func set_life(value):
    life = value
    life_changed.emit(life)
    if life <= 0:
        change_state(DEAD)

func hurt():
    if state != HURT:
        change_state(HURT)
```

플레이어 코드에 문제가 있는 경우 어떤 부분이 문제일 수 있는지 생각해보자. 이동 때문인가? 적과 마주쳤을 때의 타격 감지인가? 문제를 좁힐 수 있다면 스크립트에서 어느 부분에 집중해야 할지 결정하는 데 도움이 될 것이다.

다음 절로 넘어가기 전에 플레이어의 동작이 만족스러운지 확인하자.

## 4.8 게임 UI

이전에 작업한 프로젝트에서와 마찬가지로 게임플레이 중에 정보를 표시하려면 HUD가 필요하다. 아이템을 수집하면 플레이어의 점수가 증가하므로 그 숫자가 표시되어야 하며, 플레이어의 남은 목숨도 일련의 하트로 표시되어야 한다.

### 4.8.1 씬 설정

새 씬을 만들어서 루트 노드로 `MarginContainer`를 추가한 다음, 이름을 HUD라고 바꾸고 UI라는 폴더를 새로 만들어 거기에 저장한다. **인스펙터**에서 **Layout**을 **위쪽 넓게**로 설정하고 **Theme Overrides/**

**Constants** 섹션에서 **Margin Left**와 **Right**를 50으로, **Top**과 **bottom**을 20으로 설정한다.

내용물을 정렬하기 위해 `HBoxContainer` 노드를 추가하고 `Label`과 `HBoxContainer`를 자식으로 추가한 뒤 각각 이름을 `Score`와 `LifeCounter`로 바꾼다.

`Score` 레이블에서 **Text** 속성을 `100`으로 설정하고 **인스펙터**의 **Layout/Container Sizing**에서 **확장** 확인란을 선택한다. **Label Settings**에서 새 **LabelSettings**를 추가하고 글꼴을 구성 설정한다.

`res://assets/Kenney Thick.ttf`를 **Font** 속성으로 드래그해 넣고 **Size**를 48로 설정한다. **Outline** 밑의 **Size**를 16으로 설정하고 **Color**는 **black**으로 설정한다. 100이 검은 윤곽선이 둘러진 흰색으로 표시되는 것을 볼 수 있다.

`LifeCounter`에서는 `TextureRect`를 자식으로 추가하고 이름을 `L1`으로 바꾼다. `res://assets/heart.png`를 **Texture** 영역으로 드래그해 넣고 **Stretch Mode**를 **Keep Aspect Centered**로 설정한다. `L1`을 선택하고 네 번 복제(Ctrl + D)해 하트 5개를 일렬로 만든다.

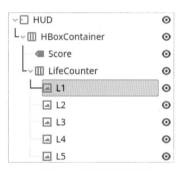

그림 4.21 HUD 노드 설정

완료된 HUD는 다음과 같이 보일 것이다.

그림 4.22 HUD 미리 보기

다음 단계는 스크립트를 추가해서 게임 중에 HUD가 업데이트될 수 있게 하는 것이다.

### 4.8.2 HUD 스크립트

이 스크립트에는 표시되는 두 값을 업데이트하기 위해 호출할 수 있는 2개의 함수가 필요하다.

```
extends MarginContainer

@onready var life_counter = $HBoxContainer/LifeCounter.get_children()

func update_life(value):
    for heart in life_counter.size():
        life_counter[heart].visible = value > heart

func update_score(value):
    $HBoxContainer/Score.text = str(value)
```

update_life()에서 하트의 숫자가 목숨 수량보다 작으면 visible을 false로 설정하는 방법으로 표시할 하트 개수를 계산하는 것에 주목하자.

### 4.8.3 HUD 붙이기

level_base.tscn(Level01 씬이 아닌 기본 레벨 씬)을 열고 CanvasLayer를 추가한다. HUD의 인스턴스를 이 CanvasLayer의 자식으로 추가한다.

레벨의 Player 인스턴스를 선택하고 life_changed 시그널을 HUD의 update_life() 메서드에 연결한다.

그림 4.23 시그널 연결하기

LevelBase 노드의 `score_changed` 시그널에서도 똑같이 해서, HUD의 `update_score()` 메서드에 연결한다.

씬 트리를 사용해 시그널을 연결하고 싶지 않거나 시그널 연결 창이 혼동되거나 사용하기 어렵다면, 스크립트에서도 동일한 일을 할 수 있음에 주목하자. `level_base.gd`의 `_ready()` 함수에 다음 줄을 추가하면 된다.

```
$Player.life_changed.connect($CanvasLayer/HUD.update_life)
score_changed.connect($CanvasLayer/HUD.update_score)
```

게임을 플레이하고 HUD가 표시되는지, 올바르게 업데이트되는지 확인한다. 아이템을 수집하고 적에게 공격을 받아보자. 점수가 올라가고 있는가? 적에게 맞으면 하트를 하나 잃는가? 이를 확인했다면 다음 절로 넘어가서 타이틀 화면을 만들 수 있다.

## 4.9 타이틀 화면

타이틀 화면은 플레이어가 가장 먼저 보게 되는 화면이다. 플레이어가 사망하고 게임이 종료돼도 이 화면으로 돌아갈 것이다.

### 4.9.1 씬 설정

Control 노드로 시작하고 **Layout**을 **공간 전체**로 설정한다. TextureRect 노드를 추가하고 `back.png` 이미지를 사용한다. **Layout**을 **공간 전체**로, **Stretch Mode**를 **Keep Aspect Covered**로 설정한다.

TextureRect 노드를 하나 더 추가하는데, 이번에는 `middle.png`를 사용하고 **Stretch Mode**를 **Tile**로 설정한다. 사각형의 너비가 화면보다 넓어질 때까지 드래그하고 아래쪽 절반을 덮을 수 있게 정렬한다.

Label 노드 2개를 추가하고 각각 이름을 `Title`과 `Message`로 바꾼 다음 **Text** 속성을 `Jungle Jump`와 `Press Space to Play`로 설정한다. 이전에 했던 것처럼 각각에 글꼴을 추가하고 `Title`은 size 72로, `Message`는 size 48로 설정한다. `Title`의 **Layout**을 **중앙**으로, `Message`의 **Layout**을 **아래쪽 중앙**으로 설정한다.

완료되면 씬은 다음과 같이 보일 것이다.

그림 4.24 타이틀 화면

타이틀 화면을 더 흥미롭게 만들기 위해 `AnimationPlayer` 노드를 추가하자. 새 애니메이션을 만들고 이름을 `intro`라고 지은 다음 **자동 재생**으로 설정한다. 이 애니메이션에서는 화면의 요소를 움직이게 해서 이동하거나, 나타나거나, 사라지거나, 그 밖의 원하는 효과를 적용할 수 있다.

예를 들어 타이틀의 현재 위치를 `0.5`초의 키프레임keyframe으로 넣는다. 그런 다음 `0`초에서 `Title`을 화면 상단으로 드래그하고, 다른 키프레임을 추가한다. 이제 씬을 재생하면 제목이 화면으로 떨어질 것이다.

다른 노드의 속성에 애니메이션을 적용하는 트랙도 자유롭게 추가해보자. 예를 들어 다음 그림은 제목을 아래로 떨어뜨리고 두 텍스처를 페이드인한 다음, 메시지를 표시하는 애니메이션이다.

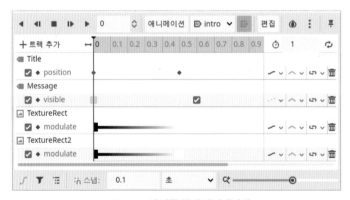

그림 4.25 타이틀 화면 애니메이션

이 타이틀 화면은 단순하게 유지됐지만, 바란다면 자유롭게 더 추가할 수 있다. 플랫폼 몇 가지를 예로 보여줄 수도 있고, 화면을 가로질러 달리는 캐릭터의 애니메이션이나 다른 게임 아트를 추가할 수도 있다. 하지만 플레이어가 'start'를 누르면 어떻게 될까? 이를 위해서는 메인 씬에서 첫 번째 레벨을 로드해야 한다.

## 4.10 메인 씬 설정

벌써 레벨 씬을 여러 개 만들었겠지만, 결국에는 하나 더 만들어야 할 것이다. 게임에서 어떤 씬을 로드할지 어떻게 알 수 있을까? 바로 Main 씬이 이를 맡아서 처리할 것이다.

main.tscn에서 플레이어의 움직임을 테스트하느라 추가했던 노드를 모두 삭제한다. 앞으로 이 씬이 현재 레벨 로딩을 담당하게 된다. 하지만 그전에 현재 레벨을 추적할 수 있는 방법이 필요하다. 이를 레벨 씬 안에 있는 변수로는 추적할 수 없는데, 레벨 씬이 종료되면 새로 로드된 레벨로 대체되기 때문이다. 씬에서 씬으로 이동해야 하는 데이터를 추적하기 위해서는 **자동 로드**autoload를 사용하는 방법이 있다.

> **NOTE** 자동 로드
>
> 고도에서는 스크립트나 씬을 자동 로드로 구성 설정할 수 있다. 이는 엔진이 항상 자동으로 로드한다는 뜻이다. SceneTree에서 현재 씬을 변경하더라도 자동 로드된 노드는 그대로 유지된다. 또한 그렇게 자동 로드된 씬은 게임의 다른 노드에서 이름으로 참조할 수도 있다.

스크립트 에디터에서 game_state.gd라는 이름의 새 스크립트를 생성하고 다음 코드를 추가한다.

```
extends Node

var num_levels = 2
var current_level = 0

var game_scene = "res://main.tscn"
var title_screen = "res://ui/title_screen.tscn"

func restart():
    current_level = 0
    get_tree().change_scene_to_file(title_screen)

func next_level():
    current_level += 1
    if current_level <= num_levels:
        get_tree().change_scene_to_file(game_scene)
```

num_levels는 levels 폴더에 생성한 레벨 수로 설정해야 한다. 레벨은 level_01.tscn, level_02.tscn 등으로 이름을 일관성 있게 지정해야 쉽게 찾을 수 있다는 점을 명심하자.

이 스크립트를 자동 로드로 추가하려면 [프로젝트 설정]을 열고 자동 로드 탭을 찾는다. [폴더] 아이콘을 클릭해 `game_state.gd`를 선택하고 [추가] 버튼을 클릭한다.

그 후에 다음 스크립트를 `Main` 씬에 추가한다.

```
extends Node

func _ready():
    var level_num = str(GameState.current_level).pad_zeros(2)
    var path = "res://levels/level_%s.tscn" % level_num
    var level = load(path).instantiate()
    add_child(level)
```

이제 메인 씬이 로드될 때마다 현재 레벨에 해당하는 레벨 씬이 포함될 것이다.

타이틀 화면은 게임 씬으로 전환되어야 하므로 다음 스크립트를 `TitleScreen`[4] 노드에 붙인다.

```
extends Control

func _input(event):
    if event.is_action_pressed("ui_select"):
        GameState.next_level()
```

마지막으로, 플레이어가 죽었을 때 `restart()` 함수를 호출하도록 다음 코드를 `level.gd`에 추가하면 된다. `Level` 씬에서 플레이어 인스턴스의 `died` 시그널을 연결한다.

```
func _on_player_died():
    GameState.restart()
```

이제 게임을 완전히 플레이할 수 있을 것이다. `title_screen.tscn`이 게임의 메인 씬(즉 가장 먼저 실행되는 씬)으로 설정되어 있는지 확인한다. 이전에 다른 씬을 '메인' 씬으로 설정한 경우, [프로젝트 설정]의 **애플리케이션/실행**에서 바꿀 수 있다.

---

4  [옮긴이] 깃허브의 참고용 소스코드에는 `Title`이라고 되어 있으나, 이후에 만들 자식 노드 이름과 혼동될 여지가 있어 한국어판에서는 이렇게 바꿨다.

**그림 4.26  메인 씬 선택하기**

## 4.11 레벨 간 전환

이제 레벨에서 다음 레벨로 전환할 수 있는 방법이 필요하다. `res://assets/environment/props.png` 스프라이트 시트에 레벨의 출구로 사용할 수 있는 문 이미지가 있다. 문을 찾아서 들어가면 플레이어는 다음 레벨로 이동한다.

### 4.11.1 Door 씬

새 씬을 만들고 `Area2D`를 루트 노드로 추가한 뒤 이름을 `Door`라고 바꾸고 `items` 폴더에 저장한다. `Sprite2D` 노드를 추가하고 `props.png` 이미지를 **Texture**로 사용한다. **Region**에서 **Enabled**를 클릭한 다음, [구역 편집] 버튼을 클릭해 스프라이트 시트에서 문 이미지를 선택한다. 그런 다음 **Offset/Offset**에서 **y**를 -8로 설정한다. 이렇게 하면 타일 위치에 문을 배치할 때 올바르게 배치된다.

`CollisionShape2D` 노드를 추가하고 직사각형 모양을 선택해 문을 덮는다. 문을 `items` 레이어에 배치하고 마스크를 `player` 레이어만 스캔하게 설정한다.

이 씬은 스크립트가 필요 없다. 그냥 레벨 스크립트에서 `body_entered` 시그널을 사용할 것이기 때문이다.

레벨에 문을 배치하려면 `Items` 타일맵에서 체리와 보석을 배치하는 데 사용하고 있는 `tiles_items` 타일셋의 문 오브젝트를 사용하면 된다. 레벨에 문을 배치하고 `level_base.gd`를 연다.

`level_base.gd` 상단에서 Door 씬을 정의한다.

```
var door_scene = load("res://items/door.tscn")
```

그런 다음 `spawn_items()`를 업데이트해 문도 인스턴스화한다.

```
func spawn_items():
    var item_cells = $Items.get_used_cells(0)
    for cell in item_cells:
        var data = $Items.get_cell_tile_data(0, cell)
        var type = data.get_custom_data("type")
        if type == "door":
            var door = door_scene.instantiate()
            add_child(door)
            door.position = $Items.map_to_local(cell)
            door.body_entered.connect(_on_door_entered)
        else:
            var item = item_scene.instantiate()
            add_child(item)
            item.init(type, $Items.map_to_local(cell))
            item.picked_up.connect(self._on_item_picked_up)
```

플레이어가 문에 닿았을 때 호출할 함수를 추가한다.

```
func _on_door_entered(body):
    GameState.next_level()
```

게임을 플레이하고 문으로 걸어 들어가보자. `game_state.gd`에서 `num_levels`를 1보다 큰 숫자로 설정한 경우, 문을 건드리면 게임에서 `level_02.tscn`을 로드하려고 할 것이다.

### 4.11.2 화면 설정

이 장의 시작 부분을 회상해보자. **프로젝트 설정**에서 **스트레치/모드**를 canvas_items로, **양상**을 expand로 각각 설정했었다. 게임을 실행하고 게임 창 크기를 조정해보자. 창의 너비를 더 넓게 만들면 플레이어의 왼쪽/오른쪽에서 더 많은 게임 월드를 볼 수 있다. 이것이 바로 expand 값의 역할이다.

이를 방지하려면 **keep**으로 설정하면 된다. 그러면 카메라에 표시되는 것과 동일한 양의 게임 월드가 항상 표시된다. 하지만 창 모양을 게임과 다른 비율로 만들면 검은색 막대가 여분의 공간을 채울 것이다.

또는 **ignore**로 설정할 수도 있다. 그러면 검은색 막대는 표시되지 않지만 게임 콘텐츠가 공간을 채우기 위해 늘어나서 이미지가 왜곡될 것이다.

시간을 들여 다양한 설정을 실험해보고 어떤 설정이 좋은지 결정하자.

## 4.12 마무리 작업

이제 게임의 주요 구조를 완성했고 플레이어가 즐길 레벨 몇 개도 디자인했으니, 게임플레이를 개선하기 위해 추가 사항 몇 가지를 고려할 만하다. 이 절에서 제안할 기능 몇 가지는 그대로 추가해도 되고 바라는 대로 조정해도 된다.

### 4.12.1 사운드 이펙트

이전 프로젝트와 마찬가지로 오디오 효과와 음악을 추가해 게임 경험을 개선할 수 있다. `res://assets/audio/`에는 플레이어 점프, 적 타격, 아이템 획득 등 다양한 게임 이벤트에 사용할 수 있는 오디오 파일이 있다. 음악 파일도 둘 있는데, 타이틀 화면용 `Intro Theme`과 레벨 씬용 `Grasslands Theme`다.

이를 게임에 추가하는 것은 여러분의 몫이지만, 다음과 같은 몇 가지 팁은 있다.

- 각 사운드의 음량을 개별적으로 조절하는 편이 좋을 수도 있다. **Volume dB** 속성을 설정하면 된다. 음숫값을 설정하면 사운드의 볼륨이 감소할 것이다.
- `level_base.tscn` 씬에 음악을 붙이면 해당 음악이 모든 레벨에 사용될 것이다. 특정한 분위기를 내고 싶다면 개별 레벨에 별도의 음악을 붙일 수도 있다.
- 단순히 생각해보면 `Item` 씬에 `AudioStreamPlayer`를 넣어서 획득 사운드를 재생하면 될 것 같다. 하지만 플레이어가 건드리면 수집용 아이템이 삭제되므로 제대로 작동하지 않는다. 그러는 대신 오디오 플레이어를 `Level` 씬에 넣어보자. 레벨에서 획득 결과(점수 증가)를 처리하기 때문이다.

### 4.12.2 이중 점프

이중 점프double jump는 인기 있는 플랫폼 기능이다. 플레이어가 공중에 있는 상태에서 점프 키를 한 번 더 누르면 위로 더 올라가는데, 일반적으로는 첫 점프보다 작다. 이 기능을 구현하려면 플레이어 스크립트에 몇 가지를 추가해야 한다.

먼저 점프 횟수를 추적하고 두 번째 점프의 크기를 결정하기 위한 변수가 필요하다.

```
@export var max_jumps = 2
@export var double_jump_factor = 1.5

var jump_count = 0
```

JUMP 상태에 들어가면 점프 횟수를 초기화한다.

```
JUMP:
    $AnimationPlayer.play("jump_up")
    jump_count = 1
```

get_input()에서는 조건이 충족되면 점프를 허용한다. if 문을 사용해 플레이어가 바닥에 있는지 확인하기 전에 다음 코드를 넣는다.

```
if jump and state == JUMP and jump_count < max_jumps and jump_count > 0:
    $JumpSound.play() # 점프 사운드를 넣지 않았으면 오류가 난다.
    $AnimationPlayer.play("jump_up")
    velocity.y = jump_speed / double_jump_factor
    jump_count += 1
```

_physics_process()에서는 지면에 착지할 때 점프 횟수를 재설정한다.

```
if state == JUMP and is_on_floor():
    change_state(IDLE)
    jump_count = 0
```

게임을 플레이하고 이중 점프를 시도해보자. 이 코드는 두 번째 점프를 첫 점프 상승 속도의 2/3 크기로 만든다는 점에 주목하자. 이 비율은 여러분 취향대로 조정할 수 있다.

### 4.12.3 먼지 파티클

캐릭터의 발에 먼지 파티클을 스폰하면 저비용으로 플레이어의 움직임에 개성을 더하는 효과를 낼 수 있다. 이 절에서는 플레이어의 발이 지면에 착지할 때마다 방출되는 작은 먼지 더미를 추가한다. 이를 통해 플레이어의 점프에 무게감과 충격을 더할 수 있다.

플레이어 씬에 `CPUParticles2D` 노드를 추가하고 이름을 `Dust`로 바꾼다. 다음 표와 같이 속성을 설정한다.

| 속성 | 값 |
|---|---|
| Amount | 20 |
| Time/Lifetime | 0.45 |
| Time/One Shot | 사용 |
| Time/Speed Scale | 2 |
| Time/Explosiveness | 0.7 |
| Emission Shape/Shape | Rectangle |
| Emission Shape/Rect Extents | 1, 6 |
| Gravity/Gravity | 0, 0 |
| Initial Velocity/Velocity Max | 10 |
| Scale/Scale Amount Max | 3 |
| Transform/Position | -2, 0 |
| Transform/Rotation | -90 |

기본 파티클 색상은 흰색이지만 먼지 효과는 황갈색 음영이 더 잘 어울린다. 또한 점점 희미해져서 사라지는 것처럼 보여야 한다. 이는 **Gradient**로 해결할 수 있다. **Color/Color Ramp** 영역에서 **새 Gradient**를 선택한다.

**Gradient**에는 색상이 2가지 있다. 왼쪽의 시작 색상과 오른쪽의 끝 색상이며, 그레이디언트 양쪽 끝에 있는 작은 직사각형을 사용해 선택할 수 있다. 오른쪽의 큰 사각형을 클릭하면 선택한 직사각형의 색상을 설정할 수 있다.

그림 4.27 **색상 램프**

시작 색상을 황갈색<sub>tan</sub> 음영으로 설정하고 끝도 같은 색상으로 설정하되 알파값을 **0**으로 설정한다. 연기가 계속 피어오르는 효과가 표시될 것이다. **인스펙터**에서 **One Shot**을 **사용**으로 설정한다. 이제 파티클은 **Emitting** 상자를 체크할 때마다 한 번씩만 방출된다.

여기에 제공된 속성을 자유롭게 변경해보자. 파티클 효과 실험은 매우 재미있을 수 있으며, 뚝딱거리다 보면 아주 멋진 효과를 발견할 수도 있다.

모습이 마음에 들면 플레이어의 `_physics_process()`에 다음 코드를 추가한다.

```
if state == JUMP and is_on_floor():
    change_state(IDLE)
    $Dust.emitting = true
```

게임을 실행하고 캐릭터가 땅에 착지할 때마다 먼지가 피어오르는지 관찰하자.

### 4.12.4 사다리

플레이어 스프라이트 시트에는 기어오르기 애니메이션의 프레임이 포함되어 있고, 타일셋에는 사다리 이미지가 포함되어 있다. 현재 사다리 타일은 아무 역할도 하지 않는다. `TileSet`에서 아무런 콜리전 모양도 할당되지 않았기 때문이다. 그래도 괜찮다. 플레이어가 사다리와 충돌하는 것이 아니라 사다리에서 위아래로 움직일 수 있기를 바라기 때문이다.

#### ● 플레이어 코드

플레이어의 `AnimationPlayer` 노드를 선택하고 `climb`이라는 새 애니메이션을 추가하는 것으로 시작하자. **길이**는 **0.4**로 설정하고 **루프**도 설정해야 한다. `Sprite2D`의 프레임 값은 0 → 1 → 0 → 2다.

`player.gd`로 가서 스크립트 상단의 `state` 열거형에 새 상태인 `CLIMB`를 추가한다. 또한 2개의 새 변수 선언도 추가한다.

```
@export var climb_speed = 50

var is_on_ladder = false
```

`is_on_ladder`를 사용해 플레이어가 사다리에 있는지 아닌지를 추적할 것이다. 이를 통해 위쪽과 아래쪽 액션에 효과를 적용할지를 결정할 수 있다.

`change_state()`에 새 상태에 대한 조건을 추가한다.

```
CLIMB:
    $AnimationPlayer.play("climb")
```

`get_input()`에서는 입력 액션을 확인하고, 그 액션이 상태를 변경하는지 확인해야 한다.

```
var up = Input.is_action_pressed("climb")
var down = Input.is_action_pressed("crouch")

if up and state != CLIMB and is_on_ladder:
    change_state(CLIMB)
if state == CLIMB:
    if up:
        velocity.y = -climb_speed
        $AnimationPlayer.play("climb")
    elif down:
        velocity.y = climb_speed
        $AnimationPlayer.play("climb")
    else:
        velocity.y = 0
        $AnimationPlayer.stop()
if state == CLIMB and not is_on_ladder:
    change_state(IDLE)
```

여기서는 새 조건 3가지를 확인해야 한다. 첫째, 플레이어가 `CLIMB` 상태가 아니지만 사다리에 붙어 있는 경우에는 위쪽을 누르면 플레이어가 기어오르기 시작해야 한다. 둘째, 플레이어가 현재 기어오르는 중인 경우에는 위/아래 입력을 통해 사다리를 위아래로 움직이되, 아무 액션도 누르지 않으면 애니메이션 재생이 중지되어야 한다. 마지막으로, 플레이어가 기어오르는 도중에 사다리를 벗어나면 `CLIMB` 상태를 벗어난다.

또한 중력은 플레이어가 사다리에 있지 않은 동안만 적용되게 해야 한다. `_physics_process()`의 중력 코드 줄 위에 다음 조건문을 추가한다.

```
if state != CLIMB:
    velocity.y += gravity * delta
```

이제 플레이어가 기어오를 준비가 됐으므로 레벨에 사다리를 추가할 차례다.

## ● 레벨 설정

LevelBase 씬에 Area2D 노드를 추가하고 이름을 Ladders라고 바꾸되, 아직 콜리전 모양은 추가하지 않는다. body_entered와 body_exited 시그널을 연결하고 **collision/Layer**를 items로, **collision/Mask**를 player로 설정한다. 이렇게 하면 플레이어만 사다리와 상호작용할 수 있다. 이 시그널을 통해 플레이어가 사다리에 있는지 없는지를 알릴 수 있다.

```
func _on_ladders_body_entered(body):
    body.is_on_ladder = true

func _on_ladders_body_exited(body):
    body.is_on_ladder = false
```

이제 레벨에서 모든 사다리 타일을 찾아 Ladders 영역에 콜리전 모양을 추가해야 한다. 다음 함수를 level_base.gd에 추가하고 _ready()에서 호출한다.

```
func create_ladders():
    var cells = $World.get_used_cells(0)
    for cell in cells:
        var data = $World.get_cell_tile_data(0, cell)
        if data.get_custom_data("special") == "ladder":
            var c = CollisionShape2D.new()
            $Ladders.add_child(c)
            c.position = $World.map_to_local(cell)
            var s = RectangleShape2D.new()
            s.size = Vector2(8, 16)
            c.shape = s
```

추가하는 콜리전 모양은 너비가 8픽셀에 불과하다는 점에 주목하자. 이 모양을 사다리 타일의 전체 너비로 만들면 플레이어가 옆면에 매달려 있어도 여전히 기어오르는 것처럼 보일 텐데, 이건 좀 이상하게 보인다.

이제 시험이다. 레벨 씬 중 하나로 이동해 World 타일맵에서 사다리 타일을 원하는 곳에 배치한 다음, 씬을 재생하고 사다리에 올라가 보자.

사다리 꼭대기에 있는 상태에서 사다리를 밟으면 내려가는 것이 아니라 바닥으로 떨어지게 된다(떨어질 때 위를 누르면 사다리를 잡을 수 있지만). 자동으로 오르기 상태로 전환하고 싶다면 _physics_process()에 낙하 시 체크를 추가하면 된다.

## 4.12.5 움직이는 플랫폼

움직이는 플랫폼은 레벨 디자인 툴킷에 추가하기 좋은 재미 요소다. 이 절에서는 레벨의 아무 곳에나 배치하고 이동과 속도를 설정할 수 있는 움직이는 플랫폼을 만들어보겠다.

새 씬을 시작하고 `Node2D`를 루트 노드로 추가해서 이름을 `MovingPlatform`으로 바꾼다. 씬을 저장하고 `TileMap`을 자식으로 추가한다. 플랫폼 아트는 모두 스프라이트 시트에 있으며 이미 타일로 분할되고 콜리전이 추가된 상태이므로 플랫폼을 그리기는 쉽다. **Tile Set**에 `tiles_world.tres`를 추가한다. **Collision Animatable** 상자도 **사용**으로 체크해야 한다. 그래야 이동 중에도 콜리전이 제대로 작동한다.

`TileMap`에 타일 몇 개를 그리는데, 원점인 (0, 0)에서 시작해야 타일이 깔끔하게 정렬된다. 이러한 타일은 떠 있는 플랫폼에 알맞다.

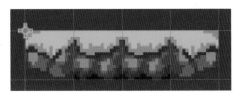

**그림 4.28 떠 있는 플랫폼**

루트 노드에 스크립트를 추가하고, 다음 변수를 넣는 것으로 시작하자.

```
@export var offset = Vector2(320, 0)
@export var duration = 10.0
```

이 변수는 이동하는 양과 속도를 설정하는 용도다. `offset`은 시작점을 기준으로 하며, `Vector2` 변수이므로 수평과 수직은 물론이고 대각선으로도 이동하는 플랫폼이 가능하다. `duration`은 초 단위로 측정되며 **전체 주기 완료**에 걸리는 시간을 나타낸다.

플랫폼은 항상 움직이므로 `_ready()`에서 애니메이션을 시작하면 된다. `tween` 메서드를 사용해 위치를 2단계로 애니메이션할 수 있다. 시작 위치에서 오프셋 위치로의 이동과 그 반대로의 이동이다.

```
func _ready():
    var tween = create_tween().set_process_mode(Tween.TWEEN_PROCESS_PHYSICS)
    tween.set_loops().set_parallel(false)
```

```
tween.tween_property($TileMap, "position", offset, duration / 2.0).from_current()
tween.tween_property($TileMap, "position", Vector2.ZERO, duration / 2.0)
```

다음은 트윈 사용에 대해 몇 가지 주목할 만한 사항이다.

- 이동이 물리와 동기화되고 플레이어가 플랫폼과 적절히 충돌할(즉 플랫폼에 서 있을) 수 있게 프로세스 모드를 설정해야 한다.
- `set_loops()`는 `tween`이 완료되면 반복하도록 지시한다.
- `set_parallel(false)`은 `tween`이 두 속성 트윈을 동시에 수행하는 대신 순차적으로 수행하게 지시한다.
- 다른 트윈 곡선으로 실험해볼 수도 있다. 예를 들어 `tween.set_trans(Tween.TRANS_SINE)`를 추가하면 움직임이 끝날 때 플랫폼이 느려져서 좀 더 자연스러운 모양을 만들 수 있다. 다양한 전이 유형으로 실험해보자.

이제 레벨 씬에 `MovingPlatform`의 인스턴스를 추가할 수 있다. 움직이는 플랫폼이 제대로 정렬되도록 격자 스냅을 켜는 것을 잊지 말자.

그림 4.29  격자 스냅 사용

격자 기본값은 (8, 8)이지만 [격자 스냅 사용] 아이콘 옆의 점 3개를 클릭하고 [스냅 구성]을 선택하면 바꿀 수 있다.

이제 게임을 실행하면 상호작용할 수 있는 요소가 훨씬 더 많아졌을 것이다. 사다리와 움직이는 플랫폼 덕분에 레벨 디자인에 훨씬 더 많은 가능성이 생겼다. 하지만 여기서 멈출 필요는 없다. 이 장에서 다룬 모든 내용을 고려하면 다른 기능도 많이 추가할 수 있다. 플레이어 애니메이션에 '웅크리기' 애니메이션이 포함되어 있으니, 적들이 물건을 던지고 플레이어는 수그려서 피할 수 있다면 어떨까? 플랫포머 게임 중에는 경사면 미끄러지기, 벽 점프, 중력 변화 등과 같은 추가 이동 메커니즘이 포함된 경우가 많다. 그중 하나를 선택해 추가할 수 있는지 살펴보자.

# 요약

이 장에서는 `CharacterBody2D` 노드를 사용해 아케이드식 물리를 만들어서 플레이어의 움직임에 적용하는 방법을 배웠다. 이는 플랫폼 캐릭터뿐만 아니라 다양한 게임 오브젝트에 사용할 수 있는 강력한 노드다.

레벨 디자인용 `TileMap` 노드에 대해서도 배웠는데, 이 프로젝트에서 사용한 것보다 훨씬 더 많은 기능을 갖춘 강력한 툴이다. 이 노드로 할 수 있는 다양한 작업에 대해 쓰다 보면 한 챕터 전체를 채울 분량이 나올 것이다. 자세한 내용은 다음 주소에 있는 고도 문서 웹사이트의 타일맵 사용하기 페이지를 참조하자.

https://docs.godotengine.org/ko/4.x/tutorials/2d/using_tilemaps.html

`Camera2D`와 `ParallaxBackground`도 화면 크기보다 큰 월드에서 돌아다니기를 바라는 게임에서 핵심적인 툴이다. 특히 카메라 노드는 2D 프로젝트 대부분에서 사용하게 될 것이다.

또한 이전 프로젝트에서 배운 내용을 광범위하게 활용하며 모든 것을 한데 묶었다. 이쯤 되면 씬 시스템과 고도 프로젝트가 어떻게 구성되는지 잘 파악했을 것이다.

이번에도 역시, 다음으로 넘어가기 전에 잠시 시간을 내어 게임을 플레이하고 다양한 씬과 스크립트를 살펴보면서 게임을 어떻게 만들었는지 검토해보자. 이 장에서 특히 까다로웠던 부분이 어디였는지 검토하자. 그리고 가장 중요한 것으로, 다음으로 넘어가기 전에 프로젝트에 몇 가지 변경을 시도해보자.

다음 장에서는 3D로 도약할 것이다.

# 3D 미니골프:
# 미니골프 코스를 만들며 3D로 뛰어들기

이 책의 이전 프로젝트는 2D 공간에서 디자인했다. 이는 프로젝트의 범위를 늘리지 않은 채 고도의 기능과 개념을 소개하기 위한 의도였다. 이 장에서는 게임 개발의 3D 측면을 탐험할 것이다. 3D 개발을 훨씬 어렵다고 느끼는 사람이 있는 반면, 더 직관적으로 받아들이는 사람도 있다. 어느 쪽이든 이해해야 할 복잡성이 한층 더 추가된 것만은 분명하다.

전에 3D 소프트웨어로 작업해본 적이 없다면 새로운 개념을 많이 접하게 될 것이다. 이 장에서는 그런 개념을 가능한 한 많이 설명하려 했다. 다만 특정 주제에 대한 심층적인 이해가 필요할 때는 언제든지 고도 문서를 참조하는 것을 잊지 말자.[1]

이번에 만들 게임은 〈3D 미니골프〉다. 이 게임에서는 작은 미니골프 코스와 공, 그리고 홀을 향해 공을 조준하고 쏘는 인터페이스를 만들 것이다.

이 장에서 배울 내용은 다음과 같다.

- 고도의 3D 에디터 탐색하기
- Node3D와 그 속성
- 3D 메시 가져오기와 3D 콜리전 모양 사용
- 3D 카메라 사용법

---

1    [옮긴이] 현재 고도 문서는 일부분만 한국어로 번역되어 있다. 고도 문서의 링크는 7장을 참고하자.

- 조명 및 환경 설정
- PBR 및 머티리얼material 소개

본격적으로 시작하기 전에 고도의 3D에 대해 간략히 소개한다.

## 5.1 기술적 요구 사항

다음 링크에서 게임 애셋을 다운로드하고 새로 만든 프로젝트 폴더에 압축을 푼다.

https://github.com/PacktPublishing/Godot-4-Game-Development-Projects-Second-Edition/tree/main/Downloads

이 장의 전체 코드는 깃허브의 다음 링크에서 확인할 수 있다.

https://github.com/PacktPublishing/Godot-4-Game-Development-Projects-Second-Edition/tree/main/Chapter05 - 3D Minigolf

## 5.2 3D에 대한 소개

고도의 강점 중 하나는 2D 게임과 3D 게임을 모두 처리할 수 있다는 점이다. 이 책의 앞부분에서 배운 노드, 씬, 시그널 등 대부분의 내용은 3D에서도 동일하게 적용된다. 하지만 2D에서 3D로 바뀌면 완전히 새로운 계층의 복잡성과 가능성이 추가된다. 먼저 3D 에디터 창에서 사용할 수 있는 몇 가지 추가 기능을 살펴보고 3D 공간을 누비는 방법을 숙지하는 편이 좋다.

### 5.2.1 3D 공간에서 방향 지정

새 프로젝트를 열고 에디터 창 상단의 [3D] 버튼을 클릭하면 3D 프로젝트 뷰로 볼 수 있다.

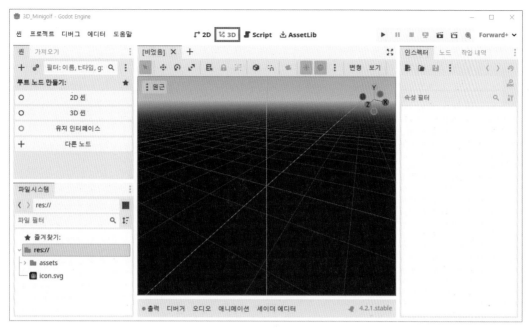

그림 5.1 **3D 작업 공간**

가장 먼저 눈에 띄는 것은 중앙에 있는 3가지 색상의 선이다. 이것이 바로 x(빨강), y(초록), z(파랑) 축이다. 축들이 만나는 지점이 **원점**origin이며 좌표는 (0, 0, 0)이다.

> NOTE **3D 좌표**
> 2D 공간에서 위치를 나타내기 위해 `Vector2(x, y)`를 사용한 것처럼, 3차원에서 위치를 묘사하기 위해서는 `Vector3(x, y, z)`를 사용하면 된다.

3D로 작업할 때 자주 발생하는 문제 중 하나는 애플리케이션마다 **방향 정위**orientation에 사용하는 규칙이 서로 다르다는 점이다. 고도는 **Y가 위**Y-UP인 방향 정위를 사용하므로 축을 볼 때 x가 왼쪽/오른쪽을 가리키고 y는 위/아래, z는 앞/뒤를 가리킨다. 다른 인기 있는 3D 소프트웨어를 사용하다 보면 어떤 소프트웨어는 **Z가 위** 방향 정위를 사용하는 것을 발견할 수도 있다. 서로 다른 프로그램 사이를 오갈 때 혼동을 일으킬 수 있으므로 이 점을 알아두는 편이 좋다.

알아야 할 또 다른 중요한 사항은 측정 단위다. 2D에서는 고도가 모든 것을 픽셀 단위로 측정하므로 화면에 그림을 그릴 때의 측정 기본 단위로도 픽셀이 적합하다. 하지만 3D 공간에서 작업할 때는 픽셀이 그다지 유용하지 않다. 두 오브젝트의 크기가 같다 해도 카메라에서 얼마나 멀리 떨어져 있는지에 따라 화면에서 차지하는 넓이는 달라진다(카메라에 대해서는 곧 자세히 나온다). 이런 이유로 3D 공간에서는 고도의 모든 오브젝트를 범용 단위로 측정한다. 이 단위는 보통 '미터'라고 부르는 경우가 일반적이지만, 게임 월드의 규모에 따라 인치, 밀리미터, 심지어는 광년 등 원하는 대로 자유롭게 부를 수 있다.

## 5.2.2 고도의 3D 에디터

게임 제작에 본격적으로 들어가기 전에 3D 공간을 누비는 방법부터 검토하는 편이 유용하다. 뷰 카메라는 마우스와 키보드를 사용해 제어한다.

- **마우스 휠 위/아래**: 현재 대상 줌인/줌아웃
- **가운데 버튼 + 드래그**: 현재 대상을 중심으로 카메라 궤도 돌리기
- **Shift + 가운데 버튼 + 드래그**: 카메라를 위/아래/왼쪽/오른쪽으로 패닝
- **오른쪽 버튼 + 드래그**: 제자리에서 카메라 회전

이런 움직임 중 일부는 카메라 대상target, 즉 초점focus을 기반으로 한다는 점에 주목하자. 공간에 있는 오브젝트에 초점을 맞추려면 해당 오브젝트를 선택하고 [F]를 누르면 된다.

> [NOTE] **자유 시점 내비게이션**
>
> 〈마인크래프트〉 같은 인기 3D 게임에 익숙하다면 [Shift] + [F]를 눌러 자유 시점FreeLook 모드로 전환하는 것도 좋다. 이 모드에서는 마우스로 방향을 조정하며 [W]/[A]/[S]/[D] 키를 사용해 씬을 돌아다닐 수 있다. [Shift] + [F]를 다시 누르면 자유 시점 모드가 종료된다.

뷰포트의 왼쪽 상단 모서리에 있는 [원근Perspective][2] 레이블을 클릭해 카메라의 시야에 영향을 줄 수도 있다. 여기에서는 카메라를 **상단 뷰**나 **정면 뷰** 같은 특정 방향으로 스냅할 수 있다.

| | |
|---|---|
| 상단 뷰 | Kp 7 |
| 하단 뷰 | Alt+Kp 7 |
| 좌측 뷰 | Alt+Kp 3 |
| 우측 뷰 | Kp 3 |
| 정면 뷰 | Kp 1 |
| 후면 뷰 | Alt+Kp 1 |
| 원근/직교 뷰 전환 | Kp 5 |
| ○ 원근 | |
| ◉ 직교 | |
| ☑ 자동 직교 활성화 | |

그림 5.2 원근 메뉴 일부

---

2 [옮긴이] 고도 에디터에서는 '원근'이라고 번역되었으나, perspective는 관점이나 시점, 조망에 가까운 뜻이다.

이 기능은 대형 디스플레이에서 여러 뷰포트를 사용할 때 특히 유용하다. [보기] 메뉴를 클릭하면 화면을 다중 보기로 분할해서 동시에 여러 측면에서 오브젝트를 볼 수 있다.

### 5.2.3 3D 오브젝트 추가

이제 처음으로 3D 노드를 추가해볼 시간이다. 모든 2D 노드가 **Position**과 **Rotation** 같은 속성을 제공하는 Node2D를 상속하듯이 3D 노드는 공간 속성을 제공하는 Node3D를 상속한다. 씬에 이 노드를 하나 추가하면 다음과 같은 그림이 보일 것이다.

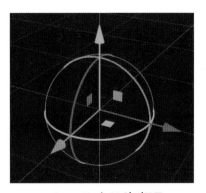

그림 5.3 **Node3D의 기즈모**

여기 보이는 다채로운 물체는 노드가 아니라 3D **기즈모**gizmo다. 기즈모란 공간에서 오브젝트를 이동하고 회전하게 하는 툴이다. 고리 3개는 회전을 제어하고 화살표 3개는 세 축을 따라 오브젝트를 이동한다. 고리와 화살표는 축의 색상과 일치하게 색상이 입혀져 있다. 화살표는 해당 축을 따라 오브젝트를 이동하고 링은 특정 축 둘레로 오브젝트를 회전시킨다. 작은 사각형도 3개 있는데, 이는 한 축을 잠그고 평면에서 오브젝트를 따라 이동할 수 있게 한다.

몇 분 정도 시간을 들여 실험해보면서 기즈모에 익숙해지자. 뭔가 잘못됐다면 이 노드를 삭제하고 다른 노드를 추가하면 된다.

가끔은 기즈모가 성가실 때도 있다. 이런 경우 모드 아이콘을 클릭하면 **이동**, **회전**, **스케일** 중 한 가지 유형의 변형으로만 제한할 수 있다.

그림 5.4 **모드 선택 아이콘**

Ⓦ/Ⓔ/Ⓡ이 해당 버튼들의 바로 가기 키로, 이를 이용하면 모드 간에 빠르게 전환할 수 있다.

### 5.2.4 글로벌 공간과 로컬 공간

기본적으로 기즈모 제어는 글로벌[3] 공간에서 작동한다. 오브젝트를 회전해보자. 어떻게 회전하든 기즈모의 이동 화살표는 여전히 글로벌 축을 따라 가리킨다. 이제 Node3D 노드를 원래 위치와 방향으로 되돌려놓자(또는 삭제하고 새 노드를 추가하자). 오브젝트를 한 축을 중심으로 회전한 다음 [로컬 공간 사용] 버튼을 클릭한다(단축키는 Ⓣ다).

그림 5.5 **로컬 공간 모드 토글하기**

기즈모 화살표에 어떤 일이 일어나는지 지켜보자. 이제 화살표는 월드 축이 아닌 오브젝트의 **로컬** 축을 따라 방향을 가리킨다. 화살표를 클릭하고 드래그하면 자체 회전을 기준으로 오브젝트가 이동한다. 이 버튼을 다시 클릭하면 다시 글로벌 공간으로 전환할 수 있다. 이 두 모드를 오가면 오브젝트를 원하는 위치에 정확히 배치하기가 훨씬 쉬워진다.

### 5.2.5 변형

Node3D의 **인스펙터**를 살펴보자. **Transform** 섹션 밑에서 노드의 **Position**, **Rotation**, **Scale** 속성을 볼 수 있을 것이다. 오브젝트를 움직이면 이들 값이 바뀜을 알 수 있다. 2D에서와 마찬가지로 이런 값은 노드의 부모에 **상대적**relative이다.

---

3 　옮긴이 고도 한국어판 에디터와 문서에서 변수 종류는 전역/지역이라고 번역되었지만, 공간에 대해서는 글로벌/로컬로 번역되었다. 이 책에서도 이를 기준으로 번역어를 선택했다.

이 3가지 숫자가 합쳐져 노드의 **변형**transform 속성을 구성한다. 코드에서 노드의 공간 속성을 변경할 때는 해당 노드의 `transform` 속성에 접근하게 되는데, 이는 사실 고도 `Transform3D` 오브젝트다. `Transform3D`에는 `origin`과 `basis`라는 2가지 하위 속성이 있다. `origin` 속성은 바디의 위치를 나타내며, `basis` 속성은 바디의 로컬 좌표축을 정의하는 3개의 벡터를 포함한다. **로컬 공간** 모드에 있을 때 기즈모의 세 축 화살표를 생각하면 된다.

이 속성을 사용하는 방법은 이 절 뒷부분에서 살펴볼 것이다.

### 5.2.6 메시

`Node2D`와 마찬가지로 `Node3D` 노드에는 자체적인 크기나 모습이 없다. 2D에서는 `Sprite2D`를 추가해서 노드에 연결된 텍스처를 표시했다. 3D에서는 일반적으로 **메시**(메쉬)mesh를 추가한다. 메시란 3차원 모양을 수학적으로 묘사하는 것이며, **꼭짓점**vertex의 집합으로 구성된다. 꼭짓점은 **모서리**edge라는 선으로 연결되며, 모서리 여러 개(최소 3개)가 모여 **면**face을 만든다.

예를 들어 정육면체는 꼭짓점 8개, 모서리 12개, 면 6개로 구성된다.

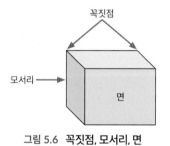

**그림 5.6** 꼭짓점, 모서리, 면

3D 디자인 소프트웨어를 사용해본 적이 있다면 이미 익숙할 것이다. 만약 사용해본 적이 없고 3D 모델링에 대해 배우고 싶다면 매우 인기 있는 오픈 소스 3D 오브젝트 디자인 툴인 **블렌더**Blender를 사용해보자. 인터넷에서 찾아보면 블렌더를 시작하는 데 도움이 되는 튜토리얼과 강의가 많다.

● **원시 모양**

아직 3D 모델을 만들거나 다운로드하지 않았거나 간단한 모양을 바로 사용해야 할 경우를 위해, 고도에는 특정 3D 메시를 직접 만들 수 있는 기능이 있다. `MeshInstance3D` 노드를 `Node3D` 노드의 자식으로 추가하고 **인스펙터**에서 Mesh 속성을 살펴보자.

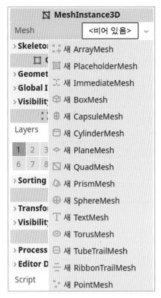

그림 5.7 새 메시 추가하기

이렇게 사전 정의된 모양을 **원시 모양**primitive이라고 하며, 흔히 사용되는 모양을 쓰기 편리하게 모아 놓은 것이다. [새 BoxMesh]를 선택하면 정육면체가 화면에 나타날 것이다.

## ● 메시 가져오기

어떤 모델링 소프트웨어를 사용하든지, 만든 모델은 고도에서 읽을 수 있는 형식으로 내보내야 한다. 고도는 다양한 파일 포맷을 가져올 수 있게 지원한다.

- `glTF`: 텍스트(`.gltf`) 및 바이너리(`.glb`) 버전 모두 지원
- `DAE`(`COLLADA`): 오래된 포맷이지만 여전히 지원
- `OBJ`(`Wavefront`): 지원되지만, 포맷 한계로 인해 제한적
- `ESCN`: 고도 전용 파일 포맷이고 블렌더가 내보낼 수 있다.
- `FBX`: 상업용 포맷이며 제한적으로 지원

권장 형식은 `.gltf`다. 기능이 가장 많고 고도에서 지원도 매우 잘 된다. 블렌더에서 `.gltf` 파일을 고도용으로 내보내는 방법은 7장에서 자세히 설명한다.

미리 제작된 `.gltf` 씬을 가져오는 방법은 이 장 뒷부분에서 보게 될 것이다.

## **5.2.7** 카메라

방금 만든 정육면체 메시로 씬을 실행해보자. 그런데 왜 안 보일까? 3D에서는 씬에 `Camera3D` 카메라가 없으면 게임 뷰포트에 아무것도 표시되지 않는다. 카메라를 추가하면 다음과 같은 새 노드가 보일 것이다.

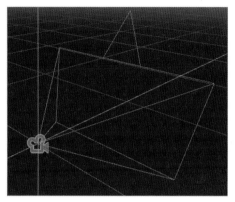

그림 5.8 카메라 위젯

카메라의 기즈모를 사용해 카메라를 약간 위쪽에 배치하고 큐브를 향하게 한다.

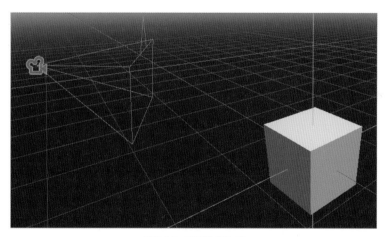

그림 5.9 카메라 겨누기

이 분홍빛이 도는 보라색 피라미드 모양 오브젝트를 카메라의 **절두체**frustum[4]라고 한다. 카메라의 뷰를 나타내며 좁게 또는 넓게 만들어서 카메라의 **시야**field of view, FoV를 다르게 할 수 있다. 절두체

---

4   [옮긴이] 학교 수학에서는 '뿔대'라고 한다. 중학교 시절을 회상해보자.

상단의 삼각형 모양은 카메라의 '위쪽' 방향을 표시한다.

카메라를 움직이다가 뷰포트 왼쪽 상단의 [미리 보기] 버튼을 누르면 카메라에 표시되는 내용을 확인할 수 있다. 이제 카메라의 위치를 바꿔가며 **FOV**를 조정해보자.

● **방향 정위**

카메라의 절두체가 −**Z**축을 향하고 있다는 점에 주목하자. 이쪽이 고도의 3D 공간에서 앞쪽 방향이다. 예를 들어 다음 코드는 3D 오브젝트를 로컬 전방 축을 따라 이동하려는 경우다. 여기서 `transform.basis`는 해당 오브젝트의 로컬 축 설정이다.

```
position += -transform.basis.z * speed * delta
```

이런 새로운 개념과 에디터 기능은 3D 공간을 누비며 작업하는 데 도움이 된다. 특정 3D 관련 용어의 의미를 다시 한번 상기해야 하는 경우에는 이 절을 다시 참조하자. 다음 절에서는 첫 3D 프로젝트의 설정을 시작하겠다.

## 5.3 프로젝트 설정

이제 고도의 3D 에디터에서 공간을 누비는 방법을 배웠으니 미니골프 게임을 시작할 준비가 됐다. 다른 프로젝트와 마찬가지로 다음 링크에서 게임 애셋을 다운로드하고 프로젝트 폴더에 압축을 푼다. 압축을 푼 `assets` 폴더에는 게임을 완성하는 데 필요한 이미지, 3D 모델, 그 밖의 항목이 들어 있다.

새 프로젝트를 생성하고 다음 링크에서 프로젝트 애셋을 다운로드한다.

https://github.com/PacktPublishing/Godot-4-Game-Development-Projects-Second-Edition/tree/main/Downloads

애셋에서 새로운 폴더 몇 가지를 볼 수 있을 것이다. `courses` 폴더에는 미리 만들어진 미니 골프 홀이 있어 시험적으로 사용해볼 수도 있고, 여러분이 직접 만든 홀과 비교해볼 수도 있다. 아직 열어보지는 말고 먼저 이 장에서 설명하는 단계를 따라 직접 만들어보자.

이 게임은 마우스 왼쪽 클릭을 입력으로 사용한다. [프로젝트 설정]을 열고 [입력 맵] 탭을 선택한다. `click`이라는 새 액션을 추가한 다음 [+] 기호를 클릭해 **마우스 왼쪽 버튼** 입력을 추가한다.

그림 5.10 마우스 버튼 입력 할당하기

[프로젝트 설정]에서는 게임 창 크기를 조정할 때 게임이 작동하는 방식을 설정할 수도 있다. 게임 플레이 중에 사용자가 창 크기를 조정할 수도 있는데, 그러면 UI 레이아웃이 흐트러지거나 게임 화면이 왜곡되어 표시될 수 있다. 이를 방지하려면 **표시/창** 섹션으로 이동해 **스트레치/모드** 설정을 찾아 **viewport**로 바꾼다.

그림 5.11 창 스트레치 모드 설정하기

이것으로 프로젝트 설정이 완료됐다. 이제 게임의 첫 번째 부분인 미니골프 코스를 만들기로 넘어 갈 수 있다.

## 5.4 코스 만들기

첫 번째 씬으로, `Node3D` 노드를 추가하고 이름을 `Hole`이라고 바꾼 다음 씬을 저장한다. 〈정글 점 프〉에서 그랬듯이 모든 홀에 필요한 노드와 코드를 전부 포함하는 범용 씬을 만들고, 이 씬에서 상속한 개별 홀을 게임에 필요한 만큼 만들 것이다.

다음으로 `GridMap` 노드를 씬에 추가한다.

### 5.4.1 GridMap 이해하기

GridMap은 이 책의 앞부분에서 사용한 `TileMap` 노드의 3D 버전이라고 할 수 있다. 이 노드를 사용하면 메시 모음(`MeshLibrary` 모음에 포함됨. `TileSet`과 비슷)을 사용해 격자로 배치할 수 있다. 3D로 작동하기 때문에 어떤 방향으로든 메시를 쌓을 수 있지만, 이 프로젝트에서는 하나의 평면만 고수할 것이다.

#### ● 메시 라이브러리 모음 만들기

`res://assets/` 폴더에는 `golf_tiles.tres`라는 이름의 미리 생성된 `MeshLibrary` 기능이 있는데, 여기에는 필요한 모든 코스 부품과 콜리전 모양이 포함되어 있다.

자신만의 `MeshLibrary` 기능을 만들고 싶다면, 3D 씬을 만들어 사용하려는 개별 메시들을 담고 각각 콜리전을 추가한 뒤 그 씬을 `MeshLibrary` 모음으로 내보내면 된다. `golf_tiles.tscn`을 열면 `golf_tiles.tres`를 만드는 데 사용된 원본 씬을 볼 수 있다.

이 씬에서는 개별 골프 코스 타일 메시를 모두 볼 수 있다. 이 메시들은 원래 블렌더에서 모델링한 다음 가져온 것이다. 고도에는 각 메시에 콜리전 모양을 추가할 수 있는 편리한 단축키가 있다. 메시를 선택하면 뷰포트 상단 툴바에 [메시] 메뉴가 보일 것이다.

그림 5.12 메시 메뉴

**Trimesh Static Body 만들기**를 선택하면 고도가 메시의 데이터를 이용해 `StaticBody3D` 노드와 그 밑에 딸린 `CollisionShape3D` 노드를 추가한다.

모든 콜리전이 추가되면 [씬 | 다른 이름으로 내보내기 | 메시 라이브러리]를 선택해 씬을 `GridMap`이 사용할 수 있는 리소스로 변환할 수 있다.

### 5.4.2 첫 번째 홀 그리기

`MeshLibrary` 파일을 `GridMap` 노드의 **Mesh Library** 속성으로 드래그해 넣는다. 에디터 뷰포트 오른쪽에 사용 가능한 타일 목록이 보일 것이다.

격자를 타일 크기와 맞추기 위해 **Cell**(셀)/**Size**를 (1, 1, 1)로 설정한다.

공과의 콜리전이 잘 보이게 하려면 **Physics Material**을 찾아 새 **PhysicsMaterial**을 선택하고 **Rough** 설정을 **사용**으로, **Bounce**를 `0.5`로 설정한다.

그림 5.13 Physics Material 작업하기

목록에서 타일 조각을 선택하고 마우스 왼쪽 버튼을 클릭해 씬에 배치해 그려 보자. **S**를 누르면 y축 중심으로 회전할 수 있다. 타일을 제거하려면 마우스 오른쪽 버튼으로 클릭한다.

지금은 단순한 레이아웃을 고수하자. 나중에 모든 것이 제대로 작동하면 더 멋지게 꾸밀 수 있다.

그림 5.14 코스 레이아웃 예시

게임이 실행되면 어떻게 보이는지 확인할 수 있다. 씬에 `Camera3D` 기능을 추가하고 코스를 내려다볼 수 있는 위치로 옮긴다. **[미리 보기]**를 눌러 카메라에 표시되는 내용을 확인할 수 있음을 기억하자.

씬을 재생한다. 에디터 창에서 보이는 것과 달리 모든 것이 매우 어둡다는 것을 알 수 있다. 기본적으로 3D 씬에는 **환경**environment이나 **조명**lighting 구성 설정이 되어 있지 않다.

**환경과 조명**

조명은 그 자체만으로도 충분히 복잡한 주제다. 조명을 어디에 배치하고 어떻게 구성하느냐는 씬이 어떻게 보이는지에 극적인 영향을 미칠 수 있다.

고도는 3D에서 3가지 조명 노드를 제공한다.

- `OmniLight3D`(전방위 조명): 전구처럼 모든 방향으로 발산하는 빛
- `DirectionalLight3D`(방향성 조명): 태양광처럼 먼 광원으로부터의 빛
- `SpotLight3D`(각광): 손전등이나 랜턴 비슷한 원뿔 모양의 빛을 한 지점에서 투사

개별 조명을 배치하는 것 외에도 **환경광**ambient light(환경에 의해 생산되는 빛)을 설정할 수도 있다. `WorldEnvironment` 노드를 사용하면 된다.

고도에서는 바닥부터 새로 만드는 대신 툴바의 버튼을 사용해 에디터 창에 표시되는 기본 조명 설정으로 시작할 수 있다.

**그림 5.15 태양과 환경 설정**

첫 두 버튼으로 태양(방향성 조명) 미리 보기 및 환경 미리 보기를 토글할 수 있다. 환경광 설정을 하면 태양 조명만 생기는 것이 아니라 하늘 텍스처도 생성된다는 점에 주목하자.

[점 3개] 버튼을 클릭하면 기본 설정을 확인할 수 있다. [추가] 버튼을 클릭해 씬에 2가지 노드를 추가한다. 이제 씬에 `WorldEnvironment` 노드와 `DirectionalLight3D` 노드가 생겼을 것이다.

메시를 확대하면 그림자가 잘 보이지 않는다는 것을 알 수 있다. 기본 그림자 설정을 조정해야 하므로 `DirectionalLight3D`를 선택하고 **Max Distance**를 `100`에서 `40`으로 바꾼다.

### 5.4.4 홀 추가하기

이제 코스를 배치했으니 언제 공이 홀에 떨어지는지를 감지할 수 있는 방법이 필요하다.

`Area3D` 노드를 추가하고 이름을 `Hole`이라고 바꾼다. 이 노드는 2D 버전과 똑같이 작동하며, 정의된 모양에 바디가 들어올 때 시그널을 보낼 수 있다. 이 `Area3D`에 `CollisionShape3D`를 자식으로 추가한다. 모양 속성에서 새 **CylinderShape3D**를 선택하고 **Height**를 `0.25`로, **Radius**를 `0.08`로 설정한다.

`Hole`을 코스에서 홀 타일을 배치한 위치에 배치한다. 원통 모양이 홀 상단 위로 돌출되어 있지 않은지 확인하자. 그렇게 배치하면 공이 아직 구멍에 떨어지지 않은 상태인데도 '홀인'으로 간주될 것이다. [원근] 버튼을 사용하고 **상단 뷰**로 변경해 홀 중앙에 제대로 배치됐는지 확인하는 편이 유용할 수 있다.[5]

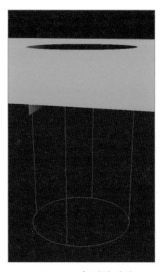

**그림 5.16 홀 위치 지정**

---

5  옮긴이 대충 가까이 놓기에는 기즈모가 편하지만, 정확한 위치 선정을 위해서는 Transform/Position 속성에 적절한 값을 입력하는 편이 나을 수 있다. 타일 조각을 격자식으로 배치한 것을 생각해보자.

공의 시작 위치도 마킹해야 하므로 `Marker3D` 노드를 씬에 추가하고 이름을 `Tee`라고 바꾼다. 공이 시작될 위치에 배치한다. 공이 땅속에 스폰되지 않게 표면 위에 배치해야 한다.

이렇게 해서 첫 코스 만들기가 끝났다. 몇 분 정도 시간을 내어 둘러보고 레이아웃이 마음에 드는지 확인하자. 복잡하거나 어려운 레이아웃이 아니어야 한다는 것을 기억하자. 플레이어에게 게임을 소개하고 나중에 모든 것이 올바르게 작동하는지 테스트하는 데 사용할 것이다. 그러기 위해서 이번에는 골프공을 만들어야 한다.

## 5.5 공 만들기

공에는 중력, 마찰, 벽과의 콜리전 등 물리가 필요하므로 `RigidBody3D`가 가장 좋은 노드 선택이 될 것이다. 리지드 바디는 앞서 2D에서 사용했던 것과 비슷하게 3D에서도 작동하며, `_integrate_forces()`와 `apply_impulse()` 등 동일한 메서드를 사용해 상호작용할 수 있다.

새 씬을 생성하고 `RigidBody3D` 노드를 추가한 다음 이름을 `Ball`로 바꾼 뒤 저장한다.

필요한 것은 간단한 구 모양이고 고도에는 원시 모양이 포함되어 있으므로 여기에는 대단한 3D 모델이 필요하지 않다. `MeshInstance3D`를 자식으로 추가하고 **인스펙터**에서 **Mesh** 속성에 **새 SphereMesh**를 선택한다.

기본 크기가 너무 크므로 **Mesh** 속성을 클릭해 펼치고 **Radius**를 `0.05`로, **Height**를 `0.1`로 설정한다.

`CollisionShape3D` 노드를 추가하고 `SphereShape3D`로 설정한다. **Radius**를 `0.05`로 설정해서 메시와 일치하게 한다.

### 5.5.1 공 테스트

`Ball` 씬의 인스턴스를 코스에 추가한다. 아무 타일 위에 배치하고 씬을 재생한다. 공이 떨어지면서 바닥에 착지하는 것을 볼 수 있을 것이다.

**Linear/Velocity** 속성을 설정해 공에 일시적으로 움직임을 줄 수도 있다. 여러 가지 값으로 설정하며 씬을 재생해보자. y축이 위쪽이라는 것을 기억하고, 다음으로 넘어가기 전에 다시 (0, 0, 0)으로 설정하는 것도 잊지 말자.

## 5.5.2 공 콜리전 개선

속도를 조정했을 때 공이 벽을 통과하거나 이상하게 튕기는 경우가 있는데, 특히 속도값을 높였을 때 더 그렇다. 공의 동작을 개선할 수 있는 방법은 몇 가지가 있다.

먼저, **연속 콜리전 감지**continuous collision detection, CCD를 사용할 수 있다. CCD를 사용하면 물리 엔진이 콜리전을 계산하는 방식이 변경된다. 일반적으로 엔진은 먼저 오브젝트를 이동한 다음 콜리전을 테스트하고 해결하는 방식으로 작동한다. 이 방식은 빠르고 대다수 일반적인 상황에서 작동한다. CCD를 사용하면 엔진은 경로를 따라 오브젝트의 움직임을 투영하고 콜리전이 발생할 위치를 예측하려 한다. 이는 기본 동작보다 (계산상) 느리며, 특히 많은 오브젝트를 시뮬레이션할 때는 더 느리다. 하지만 정확성은 훨씬 높다. 지금은 공 하나에 아주 작은 환경분이라서 성능 저하가 눈에 띌 정도로 일어나지 않으므로 CCD가 좋은 옵션이다. **인스펙터**의 **Continuous CD** 속성에서 **사용**을 선택하면 된다.

그림 5.17 CCD 토글

공에도 조금 더 작업이 필요하므로 **Physics Material** 속성에서 **새 PhysicsMaterial**을 선택하고 **Bounce** 값을 `0.25`로 설정한다. 이 속성은 콜리전의 '튕김'을 결정한다. 값은 `0`(전혀 튕기지 않음)에서 `1.0`(가장 많이 튕김) 사이이다.

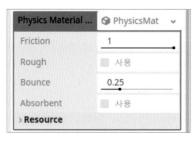

그림 5.18 물리 머티리얼 팅김 설정

공이 완전히 정지할 때까지 시간이 오래 걸린다는 것을 알아챘을 수도 있겠다. **Linear/Damp** 속성을 `0.5`로, **Angular/Damp**를 `1`로 설정한다. 이 값은 공기 저항 비슷한 것이라고 생각하면 된다. 표면과의 상호작용에 관계없이 오브젝트의 속도를 느리게 만들기 때문이다. 이 값을 높이면 공이 움직임을 멈출 때까지 플레이어가 오래 기다릴 필요가 없으며, 공이 구르는 것을 멈춘 후에도 제자리에서 회전하는 것처럼 보이지 않는다.

공 설정을 마쳤지만, 지금은 더 나아가기 전에 잠시 멈춰서 모든 것이 바라는 대로 되어 있는지 확인해보기 좋은 지점이다. 공이 팅기거나 구르는 느낌이 그럴 듯한가? 벽에 부딪혔을 때 공이 너무 많이, 또는 너무 적게 팅기는가? 공의 동작을 만족스럽게 조정했으면 다음 절로 넘어가서 공을 발사하는 방법을 설정하자.

## 5.6 UI 추가하기

이제 공이 코스에 있으니 겨냥하고 칠 방법이 필요하다. 이런 유형의 게임에 쓸만한 컨트롤 방식은 매우 다양하다. 이 프로젝트에서는 2단계 프로세스를 사용할 것이다.

1. **겨냥**aim: 화살표가 나타나서, 앞뒤로 흔들린다. 마우스 버튼을 클릭하면 겨냥 방향이 정해진다.
2. **발사**shoot: 힘power 바가 위아래로 움직인다. 마우스를 클릭하면 힘이 정해지고 공이 발사된다.

### 5.6.1 화살표로 겨냥하기

3D로 오브젝트를 그리는 2D에서만큼 쉽지 않다. 대부분의 경우는 블렌더 같은 3D 모델링 프로그램으로 전환해야 게임 오브젝트를 만들 수 있다. 하지만 이 경우에는 고도의 원시 모양도 쓸만하다. 화살표를 만들려면 2가지 메시가 필요하다. 바로 길고 가는 직육면체와 삼각기둥이다.

새 씬을 시작해 Node3D 노드를 추가하고 이름을 Arrow로 바꾼 다음 MeshInstance3D를 자식으로
지정한다. 이 노드의 **Mesh** 속성으로 새 BoxMesh를 선택하고 상자의 **Size**를 (0.5, 0.2, 2)로 설
정한다. 이것이 화살표의 몸통이 되겠지만, 계속 진행하기 전에 문제 하나를 해결해야 한다. 부모
노드를 회전하면 메시는 그 중심을 기준으로 회전한다. 여기서는 끝을 기준으로 회전해야 하므로
MeshInstance3D 노드의 **Position** 설정을 (0, 0, -1)로 바꾼다. 이 속성은 노드의 부모를 기준으로
측정하므로, 이렇게 하면 메시가 Node3D 노드에서 그만큼 오프셋된다.

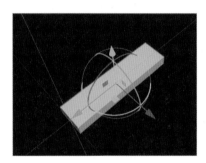

그림 5.19  **몸통 오프셋하기**

루트 노드(Arrow)를 기즈모로 회전하며 모양이 올바르게 오프셋됐는지 확인한다.

게임에서 볼 때는 화살표가 반투명해야 한다. 색상을 지정해 더 눈에 띄게 할 수도 있다. 메시의
시각적 속성을 변경하려면 **Material**을 사용해야 한다.

**Mesh** 속성(크기를 설정한 곳) 아래에 **Material** 속성이 보일 텐데 현재 비어 있을 것이다. 여기를 클
릭해 이 상자에 **새 StandardMaterial3D**를 생성한다.

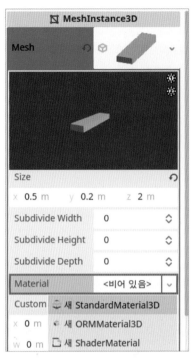

그림 5.20 머티리얼 추가하기

이 새 머티리얼 오브젝트를 클릭해 펼치면 새 속성 목록이 길게 나올 것이다. 걱정하지 말자. 바꿔야 하는 것은 2가지뿐이다.

먼저 **Transparency**(투명도) 섹션을 펼치고 **Transparency**를 **Alpha**로 설정한다. 이 속성은 렌더링 엔진에게 빛이 이 오브젝트를 통과할 수 있다고 알려준다.

다음으로 **Albedo**(알베도) 섹션에서 오브젝트의 색상을 설정한다. **Color** 속성을 클릭하고 노란색을 선택한다. **A**(알파) 값을 `128` 정도의 중간 값으로 설정하는 것도 잊지 말자.

이제 화살표의 뾰족한 끝을 만들기 위해 다른 `MeshInstance3D` 노드를 추가하는데, 이번에는 `PrismMesh` 메시를 선택한다. **Size**를 (`1.5`, `1.5`, `0.2`)로 설정해 납작한 삼각형 모양이 되게 한다. 직육면체의 끝에 배치하기 위해 **Position** 설정을 (`0`, `0`, `-2.75`)로, **Rotation** 설정을 (`-90`, `0`, `0`)으로 바꾼다.

마지막으로 루트 노드의 **Scale** 설정을 (`0.25`, `0.25`, `0.25`)로 설정해 전체 화살표의 스케일을 줄인다.

직사각형에서 한 것처럼 삼각기둥의 머티리얼도 설정해야 한다. 이 일을 빠르게 하기 위해, 상자 모양을 선택하고 **Material** 속성을 다시 찾아 드롭다운에서 **복사**를 선택한다. 그런 다음 삼각기둥 메시로 이동해 마찬가지로 **Material** 속성에서 **붙여넣기**를 하면 된다. 복사-붙여넣기를 했으므로 두 머티리얼의 데이터가 달라서 각각 다르게 설정할 수 있음에 주의하자. 완전히 동일한 머티리얼을 사용하고 싶다면 한 도형에서 **다른 이름으로 저장**을 한 다음 다른 도형에서 **불러오기**를 하면 된다. 이러면 한쪽에서 머티리얼을 수정할 경우 다른 도형에도 그 변경이 적용된다.

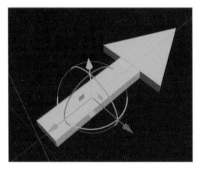

그림 5.21  화살표 위치 잡기

이렇게 겨냥 화살표가 완성됐다. 씬을 저장하고 `Hole` 씬에 인스턴스화한다.

### 5.6.2  UI 디스플레이

새 씬을 만들고 `CanvasLayer` 노드를 추가한 다음 이름을 UI라고 바꾼다. 이 씬에서는 힘 바와 함께 플레이어의 점수인 샷 수를 표시할 것이다. 2D에서와 마찬가지로 이 노드는 콘텐츠가 메인 씬 위에 그려지게 한다.

`Label` 노드와 `MarginContainer` 노드를 추가한다. `MarginContainer` 안에 `VboxContainer` 노드를 추가하고, 다시 그 안에 `Label` 노드 2개와 `TextureProgressBar` 노드를 추가한다. 각 노드들의 이름을 다음 그림과 같이 바꾼다.

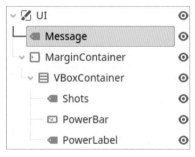

그림 5.22  UI 노드 레이아웃

MarginContainer에서 **Theme Overrides/Constants**를 모두 `20`으로 설정한다. 하위 두 `Label` 노드에 `Xolonium-Regular.ttf` 글꼴을 추가하고 글꼴 크기를 `30`으로 설정한다. `Shots`의 **Text** 설정을 **Shots: 0**으로 설정하고 `PowerLabel`은 **Power**로 설정한다.

`Message` 레이블은 글꼴 크기를 `80`으로 크게 하고 같은 글꼴을 추가한 다음, 텍스트를 `Get Ready!`로 설정한다. [앵커 프리셋] 메뉴에서 **중앙**을 고른 다음 노드 이름 옆의 눈 아이콘을 클릭해 숨긴다.

`PowerBar`의 **Texture/Progress** 속성에 `res://assets`에서 색상 바 텍스처 중 하나를 드래그해 넣는다. 기본적으로 `TextureProgressBar`는 왼쪽에서 오른쪽으로 커지므로, 세로 방향으로 올리기 위해 **Fill Mode**를 **Bottom to Top**으로 바꾼다. **Value**를 몇 가지 값으로 바꿔보며 결과를 확인한다.

완성된 UI 레이아웃은 다음 그림과 같아야 한다.

그림 5.23 UI 미리 보기

`Hole` 씬에 `UI`의 인스턴스를 추가한다. `CanvasLayer`이므로 3D 카메라 뷰 위에 그려질 것이다.

이제 코스 그리기를 끝내고 UI도 추가했으므로 플레이어가 플레이하는 동안 보게 될 모든 시각적 요소가 완성됐다. 다음 과업은 이런 부분들이 함께 작동하도록 코드를 추가하는 일이다.

## 5.7 게임 스크립팅

이 절에서는 모든 것이 함께 작동하는 데 필요한 스크립트를 만들 것이다. 게임의 흐름은 다음과 같다.

1. 공을 `Tee`에 배치한다.
2. **겨냥** 모드로 전환하고 플레이어가 클릭할 때까지 화살표를 애니메이션한다.

3. **힘** 모드로 전환하고 플레이어가 클릭할 때까지 힘 바를 애니메이션한다.

4. 공을 발사한다.

5. 공이 홀에 들어갈 때까지 2~4단계 과정을 반복한다.

### 5.7.1 UI 코드

다음 스크립트를 UI 씬에 추가해 UI 요소를 업데이트할 수 있게 한다.

```
extends CanvasLayer

@onready var power_bar = $MarginContainer/VBoxContainer/PowerBar
@onready var shots = $MarginContainer/VBoxContainer/Shots

var bar_textures = {
    "green": preload("res://assets/bar_green.png"),
    "yellow": preload("res://assets/bar_yellow.png"),
    "red": preload("res://assets/bar_red.png")
}

func update_shots(value):
    shots.text = "Shots: %s" % value

func update_power_bar(value):
    power_bar.texture_progress = bar_textures["green"]
    if value > 70:
        power_bar.texture_progress = bar_textures["red"]
    elif value > 40:
        power_bar.texture_progress = bar_textures["yellow"]
    power_bar.value = value

func show_message(text):
    $Message.text = text
    $Message.show()
    await get_tree().create_timer(2).timeout
    $Message.hide()
```

이 함수들은 새로운 값을 표시해야 할 때 UI 요소를 업데이트하는 수단을 제공한다. 〈스페이스 록〉에서와 같이 진행률 바의 텍스처를 값에 따라 바꾸면 힘 수준의 낮음/중간/높음을 바로 느낄 수 있어서 좋다.

## 5.7.2 메인 스크립트

Hole 씬에 스크립트를 붙이고 다음 변수를 사용하는 것부터 시작한다.

```
extends Node3D

enum {AIM, SET_POWER, SHOOT, WIN}

@export var power_speed = 100
@export var angle_speed = 1.1

var angle_change = 1
var power = 0
var power_change = 1
var shots = 0
var state = AIM
```

enum은 게임에서 가능한 상태를 나열하며, power와 angle 변수들은 관련 값을 설정하고 값이 시간에 따라 오르락내리락할 때 사용된다. 내보내는export 두 변수를 조정하면 애니메이션 속도를 (따라서 난이도를) 제어할 수 있다.

그런 다음, 게임을 시작하기 전 초깃값을 설정한다.

```
func _ready():
    $Arrow.hide()
    $Ball.position = $Tee.position
    change_state(AIM)
    $UI.show_message("Get Ready!")
```

공이 티 위치로 이동하고 AIM을 시작 상태로 한다.

다음은 각 게임 상태마다 수행해야 할 일들이다.

```
func change_state(new_state):
    state = new_state
    match state:
        AIM:
            $Arrow.position = $Ball.position
            $Arrow.show()
        SET_POWER:
            power = 0
```

```
SHOOT:
    $Arrow.hide()
    $Ball.shoot($Arrow.rotation.y, power / 15)
    shots += 1
    $UI.update_shots(shots)
WIN:
    $Ball.hide()
    $Arrow.hide()
    $UI.show_message("Win!")
```

AIM은 겨냥 화살표를 공 위치에 배치하고 눈에 보이게 한다. 화살표에 오프셋을 준 것을 상기하자. 그 덕에 화살표가 공에서 뻗어나가는 것처럼 보일 것이다. 화살표는 y축 둘레로 회전해서 언제나 지면과 평행이 되게 움직인다.

또한 SHOOT 상태에 들어갈 때는 공에 대해 shoot() 함수를 호출하는데, 이는 아직 정의되지 않았다는 점에 주목하자. 다음 절에서 추가할 것이다.

다음 단계는 사용자 입력을 확인하는 것이다.

```
func _input(event):
    if event.is_action_pressed("click"):
        match state:
            AIM:
                change_state(SET_POWER)
            SET_POWER:
                change_state(SHOOT)
```

게임의 유일한 입력은 (지금까지는) 마우스 왼쪽 버튼 클릭뿐이다. 현재 어떤 상태에 있는지에 따라, 클릭하면 그다음 상태로 전환된다.

_process()에서는 상태에 따라 무엇을 애니메이션할지 결정한다. 지금은 일단 적절한 속성을 애니메이션화하는 함수를 호출한다.

```
func _process(delta):
    match state:
        AIM:
            animate_arrow(delta)
        SET_POWER:
            animate_power(delta)
        SHOOT:
            pass
```

다음 두 함수는 비슷하다. 값을 두 극단 사이에서 점진적으로 변경하다가 한계에 달하면 방향을 뒤집는다. 화살표는 180° 범위(+90° ~ −90°)에 걸쳐 애니메이션하는 것에 주목하자.

```
func animate_arrow(delta):
    $Arrow.rotation.y += angle_speed * angle_change * delta
    if $Arrow.rotation.y > PI / 2:
        angle_change = -1
    if $Arrow.rotation.y < -PI / 2:
        angle_change = 1

func animate_power(delta):
    power += power_speed * power_change * delta
    if power >= 100:
        power_change = -1
    if power <= 0:
        power_change = 1
    $UI.update_power_bar(power)
```

공이 홀에 떨어졌을 때를 감지하기 위해 홀에 배치한 `Area3D(Hole)` 노드를 선택하고 `body_entered` 시그널을 연결한다.

```
func _on_hole_body_entered(body):
    if body.name == "Ball":
        print("win!")
        change_state(WIN)
```

마지막으로, 공이 멈추면 플레이어는 전체 프로세스를 다시 시작해야 할 것이다.

### 5.7.3 공 스크립트

공의 스크립트에는 2가지 기능이 필요하다. 첫째, 공에 **충격**을 가해서 움직이게 해야 한다. 둘째, 공이 움직임을 멈추면 메인 씬에 알려서 플레이어가 다음 샷을 칠 수 있게 해야 한다.

다음 스크립트는 `Ball` 씬에 추가해야 한다. `Hole` 씬의 공 인스턴스에 추가하지 않도록 주의하자.

```
extends RigidBody3D

signal stopped
```

```
func shoot(angle, power):
    var force = Vector3.FORWARD.rotated(Vector3.UP, angle)
    apply_central_impulse(force * power)

func _integrate_forces(state):
    if state.linear_velocity.length() < 0.1:
        stopped.emit()
        state.linear_velocity = Vector3.ZERO
    if position.y < -20:
        get_tree().reload_current_scene()
```

〈스페이스 록〉 게임에서 보았듯이, `_integrate_forces()`에서 물리 상태를 이용해 속도가 매우 느려졌을 때 공이 멈추도록 보장할 수 있다. 부동 소수점 문제로 인해 속도가 자체적으로는 `0`까지 떨어지지 않을 수도 있다. 멈춘 듯 보일 때도 `linear_velocity` 값은 꽤 오랫동안 `0.00000001` 정도일 수 있다. 이를 기다리느니 그냥 속도가 `0.1` 밑으로 떨어졌을 때 공을 멈추면 된다.

공이 벽을 넘어 코스 밖으로 튕겨나갈 가능성도 있다. 이 경우 씬을 다시 로드해 플레이어가 다시 시작하게 하면 된다.

`Hole` 씬으로 돌아가서 `Ball` 인스턴스의 `stopped` 시그널을 연결한다.

```
func _on_ball_stopped():
    if state == SHOOT:
        change_state(AIM)
```

### 5.7.4 테스트하기

씬을 재생해보자. 공의 위치에서 회전하는 화살표를 볼 수 있어야 한다. 마우스 버튼을 클릭하면 화살표가 멈추고 힘 바가 위아래로 움직이기 시작한다. 다시 클릭하면 공이 발사된다.

이런 단계 중 어느 하나라도 작동하지 않으면 더 이상 진행하지 말고, 이전 절로 돌아가서 놓친 내용이 있는지 다시 찾아보자.

모든 것이 정상적으로 작동하면, 몇몇 영역에서는 개선이 필요하다는 것을 알아차릴 것이다. 맨 먼저, 공이 멈췄을 때 화살표가 원하는 방향을 가리키지 않을 수 있다. 그 이유는 시작 각도가 항상 0인데 이는 z축 방향을 가리키고, 화살표는 거기에서 +/−90°까지만 흔들리기 때문이다. 다음 두 절에 나오는 '겨냥을 개선하는 2가지 방법' 중에서 선택하면 된다.

시작할 때 겨냥을 개선하는 방법 중 한 가지는 시작할 때 화살표가 홀을 향하게 한 뒤, 이 방향을 중심으로 180° 호를 그리도록 하는 것이다.

스크립트 상단에 `hole_dir`이라는 변수를 추가한다. 필요한 방향은 벡터 수학을 약간 사용해 찾을 수 있다.

```
func set_start_angle():
    var hole_position = Vector2($Hole.position.z,
        $Hole.position.x)
    var ball_position = Vector2($Ball.position.z,
        $Ball.position.x)
    hole_dir = (ball_position - hole_position).angle()
    $Arrow.rotation.y = hole_dir
```

공의 정확한 위치는 공의 중심이므로 코스 표면보다 약간 위에 있는 반면, 홀의 중심은 약간 아래에 있다는 점을 기억하자. 이 때문에 공에서 홀을 가리키는 벡터는 지면 아래쪽을 향하게 된다. 이를 방지하고 화살표의 수평을 유지하려면 position에서 x와 z 값만 사용해 Vector2를 생성하면 된다.

이제 AIM 상태를 시작할 때 초기 각도를 설정할 수 있다.

```
func change_state(new_state):
    state = new_state
    match state:
        AIM:
            $Arrow.position = $Ball.position
            $Arrow.show()
            set_start_angle()
```

화살표 애니메이션에서는 이 초기 방향을 +/-90° 흔들림의 기본 방향으로 사용하면 된다.

```
func animate_arrow(delta):
    $Arrow.rotation.y += angle_speed * angle_change * delta
    if $Arrow.rotation.y > hole_dir + PI / 2:
        angle_change = -1
    if $Arrow.rotation.y < hole_dir - PI / 2:
        angle_change = 1
```

다시 플레이해보자. 이제 화살표가 항상 홀 쪽을 가리킬 것이다. 전보다 나아졌지만 그래도 아직 겨냥하기 어려울 수 있다.

## 5.7.6 겨냥 개선 옵션 2

겨냥을 더 세밀하게 제어하는 편을 선호한다면, 화살표를 애니메이션하다가 클릭해서 겨냥을 정하는 대신, 마우스를 좌우로 움직임으로써 화살표를 직접 제어하면 좋을 것이다.

이렇게 하려면 고도의 `InputEvent` 유형 중 하나인 `InputEventMouseMotion`을 사용하면 된다. 이 이벤트는 마우스가 움직일 때마다 발생하며, 이전 프레임에서 마우스가 얼마나 멀리 움직였는지를 나타내는 `relative` 속성을 담고 있다. 이 값을 사용해 화살표를 약간 회전시키면 된다.

먼저 `_process()`에서 `AIM` 섹션을 제거해 화살표 애니메이션을 비활성화한다.

화살표가 마우스 움직임에 따라 얼마나 회전할지 제어하기 위한 변수를 추가한다.

```
@export var mouse_sensitivity = 150
```

그런 다음 `_input()`에 다음 코드를 작성해 마우스의 움직임을 확인하고 화살표를 회전한다.

```
func _input(event):
    if event is InputEventMouseMotion:
        if state == AIM:
            $Arrow.rotation.y -= event.relative.x / mouse_sensitivity
```

### ● 마우스 포획

마우스를 움직일 때 포인터가 게임 창을 벗어나서 클릭해도 더 이상 게임과 상호작용하지 않는 경우를 경험해봤을 것이다. 대부분의 3D 게임은 **마우스 포획**capturing the mouse으로 이 문제를 해결한다. 마우스 포획이란 포인터를 창 밖으로 못 나가게 잠그는 것이다. 이렇게 할 때는 플레이어가 프로그램을 닫거나 다른 창을 클릭할 수 있도록 마우스를 풀 수 있는 방법과 다시 포획해 게임으로 돌아오게 하는 방법을 제공해야 한다.

이 게임에서는 처음에 마우스 포획을 했다가 플레이어가 Esc 키를 누르면 마우스를 풀어주고 게임을 일시 정지할 것이다. 게임 창을 클릭하면 일시 정지가 해제되고 게임이 재개된다.

이 모든 기능은 `Input.mouse_mode` 속성을 통해 제어한다. 그럼으로써 `mouse_mode`를 다음 값 중 하나로 설정할 수 있다.

- `MOUSE_MODE_VISIBLE`: 기본 모드다. 포인터가 보이며 창 안팎으로 자유롭게 움직일 수 있다.
- `MOUSE_MODE_HIDDEN`: 마우스 포인터가 숨겨진다.
- `MOUSE_MODE_CAPTURED`: 포인터가 숨겨지되 위치는 창 안으로 잠긴다.
- `MOUSE_MODE_CONFINED`: 포인터가 보이지만 창에 국한된다.

`_ready()`에서 마우스 포획을 하는 것부터 시작하자.

```
Input.mouse_mode = Input.MOUSE_MODE_CAPTURED
```

`_process()`에서는 마우스가 풀려 있는 동안 애니메이션하지 않는 편이 좋다.

```
func _process(delta):
    if Input.mouse_mode == Input.MOUSE_MODE_VISIBLE:
        return
```

마우스를 풀기 위해 `_input()`에 다음 조건을 추가한다.

```
if event.is_action_pressed("ui_cancel") and Input.mouse_mode == Input.
                                            MOUSE_MODE_CAPTURED:
    Input.mouse_mode = Input.MOUSE_MODE_VISIBLE
```

그런 다음 창을 클릭할 때 마우스를 다시 포획하기 위해 `match state:` 바로 앞에 다음 코드를 추가한다.

```
if event.is_action_pressed("click"):
    if Input.mouse_mode == Input.MOUSE_MODE_VISIBLE:
        Input.mouse_mode = Input.MOUSE_MODE_CAPTURED
        return
```

씬을 재생해서 시험해보자.

**5.7.7** **카메라 개선**

다른 문제는 카메라를 티$_{tee}$ 근처에 배치하면 코스의 다른 부분이 잘 보이지 않는다는 점이다. 특히 코스를 비교적 넓게 배치한 경우에는 다른 부분이 아예 보이지 않을 수도 있다. 카메라를 움직여서 코스의 다른 부분을 보여주며 플레이어가 편안하게 겨냥할 수 있게 해야 한다.

이 문제를 해결하는 데는 크게 2가지 방법이 있다.

1. 다중 카메라: 코스 주변의 서로 다른 위치에 카메라를 여러 대 배치한다. `Area3D` 노드를 카메라에 붙여서, 공이 카메라 영역에 들어가면 그 카메라의 `current` 속성을 `true`로 설정해 활성화한다.

2. 이동 카메라: 카메라는 1대만 고수하되 공과 함께 움직이게 해서 플레이어의 시점이 항상 공의 위치에 기반해 움직이게 한다.

이 두 방식 다 장단점이 있다. 다만 옵션 1은 카메라를 정확히 어디에 배치할지, 몇 대를 사용할지 결정하는 등 계획을 많이 세워야 한다. 따라서 이 절에서는 옵션 2에 치중할 것이다.

플레이어가 카메라를 제어해 회전하고 움직일 수 있는 3D 게임이 많다. 일반적으로 이 제어 방식은 마우스와 키보드의 조합을 사용한다. 마우스 움직임은 이미 겨냥에 사용하고 있으므로(해당 옵션을 골랐을 때 말이지만) W/A/S/D 키를 사용하는 편이 좋다. 마우스 휠은 카메라의 줌을 제어하는 데 사용할 수 있다.

**입력 맵** 탭에서 다음 새 액션을 추가한다.

| 액션 | 데드존 | | |
|---|---|---|---|
| ∨ click | 0.5 ⌄ | + | 🗑 |
| 🖱 마우스 왼쪽 버튼 - 모든 기기 | | ⓘ | 🗑 |
| ∨ cam_left | 0.5 ⌄ | + | 🗑 |
| ⌨ A (물리) | | ⓘ | 🗑 |
| ∨ cam_right | 0.5 ⌄ | + | 🗑 |
| ⌨ D (물리) | | ⓘ | 🗑 |
| ∨ cam_up | 0.5 ⌄ | + | 🗑 |
| ⌨ W (물리) | | ⓘ | 🗑 |
| ∨ cam_down | 0.5 ⌄ | + | 🗑 |
| ⌨ S (물리) | | ⓘ | 🗑 |
| ∨ cam_zoom_in | 0.5 ⌄ | + | 🗑 |
| 🖱 마우스 휠 위로 - 모든 기기 | | ⓘ | 🗑 |
| ∨ cam_zoom_out | 0.5 ⌄ | + | 🗑 |
| 🖱 마우스 휠 아래로 - 모든 기기 | | ⓘ | 🗑 |

**그림 5.24 입력 맵**

## ● 짐벌 만들기

카메라 이동에는 몇 가지 제약이 필요하다. 우선, 항상 수평을 유지하고 좌우로 기울어지지 않아야 한다. 직접 시험해보자. 카메라를 잡고 y(기즈모의 초록 고리)를 중심으로 약간 회전한 다음, x(빨간 고리)를 중심으로 약간 회전한다. 이제 y 회전을 되돌리고 [미리 보기] 버튼을 클릭한다. 카메라가 어떻게 기울어졌는지 보이는가?

이 문제에 대한 해결책은 카메라를 **짐벌**gimbal 위에 배치하는 것이다. 짐벌이란 움직이는 물체의 수평을 유지하도록 설계된 장치다. Node3D 노드 2개를 사용하면 짐벌을 만들 수 있다. 각 노드는 카메라의 왼쪽/오른쪽과 위/아래 움직임을 제어한다.

먼저 씬에 이미 Camera3D 노드가 있다면 모두 제거해서 어느 카메라가 사용 중인지에 대한 충돌이 발생하지 않게 한다.

새 씬을 생성하고 Node3D 노드 2개와 Camera3D 노드를 추가한 다음, 그림 5.25와 같이 이름을 바꾼다.

그림 5.25 **카메라 짐벌 노드 설정**

Camera3D의 **Position**을 (0, 0, 10)으로 설정해 좀 떨어진 곳에서 원점을 바라보게 한다.

짐벌의 작동 방식은 다음과 같다. 바깥쪽 노드는 y축 둘레로**만** 회전할 수 있는 반면, 안쪽 노드는 x축 둘레로**만** 회전한다. 수작업으로 시험해봐도 좋지만 [로컬 공간 사용]을 켜는 것을 잊지 말자('3D에 대한 소개' 절 참조). 바깥쪽 짐벌 노드의 **초록** 고리와 안쪽 짐벌 노드의 **빨간** 고리**만** 움직여야 한다는 점을 명심하자. 카메라는 전혀 바꾸지 않는다. 실험이 끝나면 모든 회전을 다시 0으로 초기화하자.

이 움직임을 게임 안에서 제어하기 위해 루트 노드에 스크립트를 붙이고 다음 코드를 추가한다.

```
extends Node3D

@export var cam_speed = PI / 2
@export var zoom_speed = 0.1

var zoom = 0.2
```

```
func _input(event):
    if event.is_action_pressed("cam_zoom_in"):
        zoom -= zoom_speed
    if event.is_action_pressed("cam_zoom_out"):
        zoom += zoom_speed

func _process(delta):
    zoom = clamp(zoom, 0.1, 2.0)
    scale = Vector3.ONE * zoom
    var y = Input.get_axis("cam_left", "cam_right")
    rotate_y(y * cam_speed * delta)
    var x = Input.get_axis("cam_up", "cam_down")
    $GimbalInner.rotate_x(x * cam_speed * delta)
    $GimbalInner.rotation.x = clamp($GimbalInner.rotation.x, -PI / 2, -0.2)
```

보다시피 오른쪽/왼쪽 액션은 루트 `Node3D` 노드를 y축 둘레로 회전하고, 위/아래 액션은 `Gimbal Inner`를 z축 둘레로 회전한다. 전체 짐벌 시스템의 `scale` 속성은 줌을 처리하는 데 사용된다. 마지막으로, 회전과 줌은 `clamp()`를 사용해 제한되므로 사용자가 카메라를 거꾸로 뒤집거나 너무 가까이, 또는 멀리 줌하는 일을 방지할 수 있다.

`CameraGimbal`의 인스턴스를 `Hole` 씬에 추가한다.

다음 단계는 카메라가 공을 따라가게 하는 것이다. `_process()`에서 카메라의 위치를 공의 위치로 설정하면 된다.

```
if state != WIN:
    $CameraGimbal.position = $Ball.position
```

씬을 재생해서 카메라를 회전하고 줌 인/아웃할 수 있는지, 샷을 할 때 카메라가 공을 따라 움직이는지 테스트한다.

### 5.7.8 전체 코스 디자인

공이 홀에 들어가면 플레이어는 다음 홀로 넘어가서 플레이해야 한다. 다음 변수를 `hole.gd` 상단에 추가한다.

```
@export var next_hole : PackedScene
```

이렇게 하면 다음에 로드할 홀을 설정할 수 있다. **인스펙터**에서 **Next Hole** 속성을 선택해 다음에 로드할 씬을 고른다.

`WIN` 상태에 로딩 코드를 추가한다.

```
WIN:
    $Ball.hide()
    $Arrow.hide()
    await get_tree().create_timer(1).timeout
    if next_hole:
        get_tree().change_scene_to_packed(next_hole)
```

`Hole` 씬은 플레이어가 플레이할 수 있는 여러 개의 홀을 만들기 위한 범용 비계scaffold 용도다. 이제 작동하게 만들었으니 [씬 | 새 상속 씬]을 사용해 여러 씬을 만들 수 있다.

이 기법을 사용하면 홀을 원하는 만큼 만들어 전체 골프 코스로 연결할 수 있다. 다음 그림은 예제 프로젝트의 두 번째 홀이다.

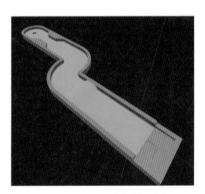

그림 5.26 **코스 레이아웃 예시**

## 5.8 비주얼 이펙트

씬에서 공을 비롯한 메시의 겉모습은 의도적으로 매우 평범하게 놔뒀다. 밋밋한 하얀 공을 색칠할 준비가 된 빈 캔버스라고 생각하면 된다. 먼저 용어부터 간단하게 알아보자.

- **텍스처**: 텍스처는 3D 오브젝트를 감싸는 평면 2D 이미지다. 평평한 종이가 패키지의 모양에 맞춰 접혀 있는 선물 포장을 상상해보자. 텍스처는 적용할 모양에 따라 단순할 수도 복잡할 수도 있다.

- **셰이더**: 텍스처가 오브젝트의 표면에 '무엇'이 그려지는지를 결정한다면 셰이더shader는 '어떻게' 그려지는지를 결정한다. 벽돌 패턴을 보여주는 텍스처가 있는 벽을 상상해보자. 벽이 젖어 있다면 어떻게 보일까? 메시와 텍스처는 동일하겠지만 빛이 반사되는 방식은 매우 달라질 것이다. 이것이 바로 셰이더의 기능이다. 빛이 오브젝트와 상호작용하는 방식을 변경해 오브젝트의 겉모습을 바꾸는 것이다. 셰이더는 일반적으로 전문 프로그래밍 언어로 작성되며 고급 수학을 잔뜩 사용할 수 있는데, 자세한 내용은 이 책의 범위를 벗어난다. 하지만 직접 셰이더 코드를 작성하지 않더라도, 고도는 오브젝트에 대한 셰이더를 생성해 다양한 커스터마이징이 가능한 대체 수단을 제공한다. 바로 `StandardMaterial3D`다.

- **머티리얼**: 고도는 **물리 기반 렌더링**physically based rendering, PBR이라는 그래픽 렌더링 모델을 사용한다. PBR의 목표는 실세계에서 빛이 작동하는 방식을 정확하게 모델링하는 방식으로 그래픽을 렌더링하는 것이다. 이런 효과는 메시의 머티리얼 속성을 이용함으로써 적용된다. 머티리얼이란 기본적으로 텍스처와 셰이더를 담는 그릇이다. 머티리얼의 속성에 따라 텍스처와 셰이더 효과가 적용되는 방식이 결정된다. 고도의 내장 머티리얼 속성을 이용하면 돌, 천, 금속 등 광범위한 물리적 재질material을 시뮬레이션할 수 있다. 기본 제공 속성으로는 필요한 용도에 부족하다면 셰이더 코드를 직접 작성해 더 많은 효과를 추가할 수 있다.

### 5.8.1 머티리얼 추가

`Ball` 씬에서 `MeshInstance`를 선택하고 **Mesh** 속성의 **SphereMesh**를 클릭해 펼친 뒤 **Material**을 찾아 새 `StandardMaterial3D` 머티리얼을 추가한다.

이 머티리얼을 클릭해 펼치면 대량의 속성이 나오는데, 너무 많아서 여기서 다 다룰 수 없다. 이 절에서는 공을 더 매력적으로 보이게 만드는 데 가장 유용한 몇 가지 속성에만 집중할 것이다. https://docs.godotengine.org/ko/latest/tutorials/3d/standard_material_3d.html을 방문해 모든 설정에 대한 자세한 설명을 살펴볼 것을 권장한다.

시작하기 위해 다음 매개변수들을 실험해보자.

- **Albedo**: 이 속성은 머티리얼의 기본 색상을 설정한다. 이 값을 바꾸면 공을 어떤 색으로든 만들 수 있다. 텍스처가 필요한 오브젝트로 작업하는 경우, 그 텍스처를 추가하는 곳이기도 하다.

- **Metallic**(금속성)과 **Roughness**(굵기)[6]: 이 파라미터는 표면이 빛을 반사하는 방식을 제어한다. 둘 다 `0`에서 `1`사이의 값으로 설정할 수 있다. **Metallic** 값은 **광휘**shininess를 제어한다. 값이 클수록 금속성 빛을 많이 반사한다. **Roughness** 값은 반사에 일정량의 번짐blur을 적용한다. 값이 낮을수록 반사율이 높아져서 거울 표면처럼 광택이 난다. 이 두 속성을 조정해 다양한 재질material을 시뮬레이션할 수 있다. 그림 5.27은 **Roughness**와 **Metallic** 속성이 오브젝트의 겉모습에 어떤 영향을 미치는지 보여주는 가이드다. 조명 등 다른 요인도 겉모습을 다르게 할 수 있다는 점을 명심하자. 빛과 반사가 표면 속성과 상호작용하는 방식을 이해하는 것은 효과적인 3D 오브젝트를 디자인하는 데 매우 큰 부분을 차지한다.

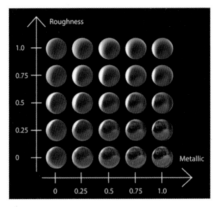

그림 5.27 Metallic과 Roughness 값

- **노멀 맵**: 노멀 맵normal map이란 표면의 요철과 움푹 들어간 모습을 시뮬레이션하기 위한 3D 그래픽 기법이다. 메시 자체에서 이를 모델링하면 오브젝트를 구성하는 폴리곤, 즉 면의 수가 대폭 증가해 성능 저하를 야기할 수 있다. 그러는 대신 2D 텍스처를 사용해 이런 작은 표면 특색에서 발생하는 빛과 그림자의 패턴을 매핑한다. 그런 다음 조명 엔진이 해당 정보를 사용해 빛 반사를 바꿔서 이런 디테일이 실제로 존재하는 것처럼 보이게 한다. 노멀 맵을 적절히 구성하면 밋밋해 보이는 오브젝트에 디테일을 대량으로 추가할 수 있다.

공은 노멀 맵에 대한 모범 사례의 완벽한 예다. 왜냐하면 실제 골프공의 표면에는 수백 개의 딤플dimple[7]이 있지만 사용 중인 구 원시 모양은 매끄러운 표면이기 때문이다. 일반 텍스처를 사용하면 반점을 추가할 수는 있지만, 표면에 색칠을 한 것처럼 평평해 보일 것이다. 이런 딤플을 시뮬레이션하는 노멀 맵은 다음 그림과 같다.

---

6 [옮긴이] 고도 에디터에서는 '굵기'라고 번역했는데, '거칠기' 쪽이 더 알맞다.
7 [옮긴이] 골프공의 비거리를 늘리기 위해 오목하게 들어가게 만든 부분을 말한다.

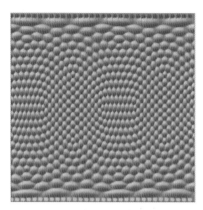

**그림 5.28　노멀 맵 예시**

빨강과 파랑 패턴에는 해당 지점에서 표면이 어느 방향을 향하고 있다고 가정해야 하는지, 따라서 해당 위치에서 빛이 어느 방향으로 반사되어야 하는지를 엔진에게 알려주는 정보가 들어 있다. 위쪽과 아래쪽으로 갈수록 늘어지는 것에 주목하자. 이 이미지는 구 모양을 감싸도록 만들어졌기 때문이다.

**Normal Map** 속성을 활성화하고 **Texture** 영역에 `res://assets/ball_normal_map.png`를 드래그해 놓는다. 처음에는 **Albedo** 색상을 흰색으로 설정해 효과를 가장 잘 볼 수 있게 하자. **Scale** 매개변수를 조정하면 효과의 세기를 높이거나 낮출 수 있다. 값이 음수면 딤플이 오목해 보인다. `-0.5`에서 `-1.0` 사이가 가장 적합하다.

**그림 5.29　노멀 맵이 적용된 공**

시간을 들여 여러 설정을 실험해보고 마음에 드는 조합을 찾아보자. 씬을 재생해서 보는 것도 잊지 말자. `WorldEnvironment` 기능의 환경광이 최종 결과에 영향을 미치기 때문이다.

다음 절에서는 `WorldEnvironment` 설정을 조정해 씬의 겉보기look를 변경하는 방법을 알아보겠다.

## 5.9 조명과 환경

지금까지는 5.4 '코스 만들기' 절에서 씬에 추가한 기본 조명 설정을 사용했다. 이 조명 설정에 만족할 수도 있겠지만, 이를 조정하면 게임의 겉모습을 크게 바꿀 수 있다.

`WorldEnvironment` 노드에 들어 있는 **Environment** 속성은 배경background, 하늘, 환경광 등 씬 겉모습의 여러 측면을 제어한다. 노드를 선택하고 해당 속성을 클릭해 펼치자.

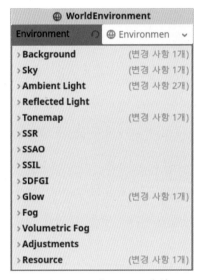

그림 5.30  Environment 속성

여기에는 설정이 많은데, 그중 일부는 특정 고급 상황에서만 유용하다. 하지만 다음 설정들은 매우 자주 사용하게 될 것이다.

- **Background와 Sky**(하늘): 여기에서 3D 씬의 배경 모양을 구성 설정할 수 있다. 단색을 선택할 수도, `Sky` 머티리얼을 선택할 수도 있다. 하늘 머티리얼은 다시 씬을 감싸는 특수 텍스처(이에 대한 예는 다음 게임 참조)일 수도, 엔진에서 자동으로 생성되는 텍스처일 수도 있다. 지금 사용하고 있는 기본 하늘은 후자인 `ProceduralSkyMaterial`이다. 이 속성을 펼쳐서 잠시 살펴보자. 여기서 하늘의 색상과 태양의 모양을 구성 설정할 수 있다.

- **Ambient Light**(환경광):모든 메시에 동일한 강도로 영향을 미치는 글로벌 조명이다. 색과 하늘에서 생성되는 양을 설정할 수 있다. 효과를 확인하려면 색상을 흰색으로 설정하고 **Sky Contribution**을 약간 줄여보자.

- **Screen Space Reflection**(SSR)(화면 공간 반사), **Screen Space Ambient Occlusion**(SSAO)(화면 공간 주변 차단), **Screen Space Indirect Lighting**(SSIL)(화면 공간 간접 조명), **Signed Distance Field Global Illumination**(SDFGI)(부호 있는 원거리 필드 글로벌 광채)[8]: 이런 옵션은 조명과 그림자가 처리되는 방식을 더욱 고급스럽게 제어할 수 있다. 좋은 조명 기법에 대해서는 책 1권을 통째로 써도 될 정도이지만, 이 절의 목적상 이런 각 기능에는 사실적인 렌더링과 성능 간의 절충점이 있다는 점만 이해하면 된다. 대부분의 고급 조명 기능은 모바일이나 구형 PC 하드웨어 같은 저사양 기기에서는 전혀 사용할 수 없다. 자세한 내용을 알아보려면 이런 조명 기능의 사용법을 자세히 소개한 고도 문서를 보자.

- **Glow**(빛 번짐): 이 조명 기능은 빛이 주변으로 '번지는' 필름 효과를 시뮬레이션해 오브젝트가 빛을 발하는 듯 보이게 한다. 이는 오브젝트가 실제로 빛을 발하는 머티리얼의 **Emission**(방출)과는 다르다. 빛 번짐은 기본적으로 활성화되어 있지만 매우 미묘한 설정이라 밝은 조명에서는 눈에 띄지 않을 수 있다.

다양한 환경 설정을 자유롭게 실험해보자. 완전히 길을 잃어서 기본값으로 돌아가고 싶다면, `WorldEnvironment` 노드를 삭제하고 메뉴에서 기본 버전을 다시 추가하는 방법이 있다.

## 요약

이 장에서는 3D 개발에 대해 소개했다. 고도의 매우 큰 강점 중 하나는 2D와 3D 양쪽에서 동일한 툴과 워크플로를 사용할 수 있다는 점이다. 씬 생성, 인스턴스화, 시그널 사용 등의 과정에 대해 배운 모든 것이 동일한 방식으로 작동한다. 예를 들어 2D 게임용 컨트롤 노드로 제작한 인터페이스를 3D 게임으로 가져와도 똑같이 작동할 것이다.

3D 에디터를 누비며 기즈모를 사용해 노드를 보고 배치하는 방법을 배웠다. 메시에 대해 배우고 고도의 원시 모양을 사용해 자신만의 오브젝트를 빠르게 만드는 방법도 배웠다. `GridMap`을 사용해 미니골프 코스를 배치했다. 카메라, 조명, 월드 환경을 사용해 게임 화면을 디자인하는 방법을 배웠다. 마지막으로, 고도의 **SpatialMaterial** 리소스를 통해 PBR 렌더링을 맛봤다.

다음 프로젝트에서는 3D 작업을 계속하면서 변형과 메시에 대한 이해를 넓힐 것이다.

---

8    [옮긴이] 이 항목에 병기한 한국어는 이해를 돕기 위한 것이다. 현업에서는 '사인드 디스턴스 필드 글로벌 일루미네이션(SDFGI)'처럼 음역한 용어들이 훨씬 많이 쓰인다.

# 6

# 인피니트 플라이어

이 장에서는 〈템플 런Temple Run〉이나 〈서브웨이 서퍼Subway Surfers〉의 계보를 잇는 3D 무한 러너[1](사실 더 정확하게는 무한 플라이어)를 만들 것이다. 플레이어의 목표는 떠다니는 고리를 통과해 포인트를 모으고 장애물은 피하면서 최대한 멀리 날아가는 것이다. 이 게임을 만들면서는 〈3D 미니골프〉나 〈정글 점프〉 같은 이전 게임처럼 하나하나 조립하기보다는 3D 오브젝트가 상호작용하는 방식과 3D 월드를 자동으로 생성하는 방법을 익히게 될 것이다.

다음은 이 장에서 새로 배우게 될 내용이다.

- 변형을 사용해 3D 공간에서 회전 및 이동하기
- 게임 월드의 '청크chunk' 로드와 언로드
- 게임 환경과 게임 오브젝트를 랜덤으로 생성하는 방법
- 데이터 영구 저장을 위한 파일 저장과 불러오기
- `CharacterBody3D` 사용과 콜리전 감지

다 완료하면, 게임은 다음 그림과 같이 보일 것이다.

---

1 [옮긴이] 끊임없이 달리는 캐릭터를 제어해 장애물을 피하며 얼마나 멀리까지 가는지를 다투는 게임이다. 러너 게임이라고도 한다.

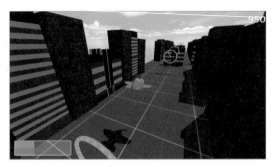

그림 6.1 완성된 게임 스크린숏

## 6.1 기술적 요구 사항

다음 링크에서 게임 애셋을 다운로드하고 새로 만든 프로젝트 폴더에 압축을 푼다.

https://github.com/PacktPublishing/Godot-4-Game-Development-Projects-Second-Edition/tree/main/Downloads

이 장의 전체 코드는 깃허브의 다음 링크에서 확인할 수 있다.

https://github.com/PacktPublishing/Godot-4-Game-Development-Projects-Second-Edition/tree/main/Chapter06 – Infinite Flyer

## 6.2 프로젝트 설정

고도에서 새 프로젝트를 생성하는 것으로 시작한다. 이전과 마찬가지로 프로젝트 애셋을 다운로드하고 새 프로젝트 폴더에 압축을 푼다. 프로젝트를 생성한 다음에는 게임에 필요한 입력과 고도 설정을 구성 설정하는 것부터 시작할 것이다.

### 6.2.1 입력

비행기는 위, 아래, 왼쪽, 오른쪽 입력으로 제어할 것이다. 다른 프로젝트에서 했던 것과 같은 방식으로 **입력 맵**에 추가하면 된다. 4개의 입력을 만들고 이름을 `pitch_up`, `pitch_down`, `roll_left`, `roll_right`로 바꾼다. 여기에 화살표 키와 Ⓦ, Ⓐ, Ⓢ, Ⓓ 키를 추가하면 되지만, 게임 컨트롤러가 있는 경우 조이스틱을 사용해 더 정밀하게 제어할 수도 있다. 조이스틱 입력을 추가하려면 [+] 버튼을 누른 후 **조이패드 축**을 선택하면 된다. 값에는 **왼쪽 스틱 업**과 같은 레이블이 지정되어 있어 입력을 쉽게 추적할 수 있다.

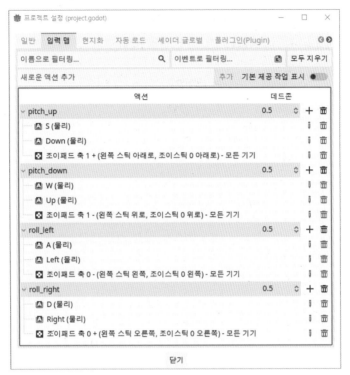

그림 6.2 **입력 구성 설정**

이 설정의 멋진 점은 입력 유형에 따라 코드가 달라질 필요가 없다는 것이다. `Input.get_axis()` 를 사용하고 4가지 입력 이벤트를 전달하면 플레이어가 키를 눌렀든 스틱을 움직였든 간에 같은 결과를 얻을 수 있다. 키를 누르는 것은 스틱을 한 방향으로 끝까지 미는 것과 같다.

이제 프로젝트가 설정됐으므로 게임 오브젝트 제작을 시작할 수 있다. 우선은 플레이어가 조종하는 비행기부터다.

## 6.3 비행기 씬

이 절에서는 플레이어가 조종할 비행기를 만든다. 비행기는 앞으로 쭉 날아가지만, 플레이어가 상하 좌우로 움직일 수는 있다.

새 비행기 씬은 `CharacterBody3D` 노드로 시작하고 이름을 `Plane`이라고 바꾼 다음 저장한다.

비행기의 3D 모델은 `assets` 폴더에서 찾을 수 있으며, 이름은 `cartoon_plane.glb`다. 이 확장자는 모델이 (Blender에서 내보낸) **바이너리** `.gltf` 파일로 저장되어 있음을 나타낸다. 고도는 `.gltf` 파일을 메시, 애니메이션, 머티리얼, 그밖의 오브젝트가 포함된 씬처럼 불러올 수 있다. [자식 씬 인스턴스화] 버튼을 클릭하고 비행기 모델을 고른다. 이 모델이 `Node3D`로 나오지만 향한 방향이 잘못되었음을 알 수 있다. 이를 선택하고 **인스펙터** 창에서 **Rotation/y** 속성을 `180`으로 설정해 고도의 '앞' 방향인 z축을 가리키게 한다. 직접 값을 입력하는 편이 마우스를 사용해 노드를 정확하게 회전하는 것보다 더 쉽다는 점에 주목하자.

> NOTE **모델 방향**
>
> 이전 장에서 언급했듯이 다양한 3D 디자인 프로그램마다 사용하는 축 방향이 서로 다르다. 모델을 불러올 때 앞쪽 방향이 고도와 일치하지 않는 경우가 매우 흔하다. 모델을 직접 만든 경우에는 내보낼 때 수정할 수 있지만, 다른 사람이 만든 모델을 사용하는 경우에는 고도에서 방향을 다시 지정해야 하는 경우가 많다.

`cartoon_plane` 노드를 오른쪽 클릭하고 **편집할 수 있는 자식**을 선택하면 비행기를 구성하는 모든 메시에 더해 `Animation Player`까지 볼 수 있다.

`AnimationPlayer`에는 프로펠러를 회전시키는 애니메이션이 담겨 있으므로 이를 선택하고 `prop_spin` 애니메이션에 [불러오면 자동 재생] 기능을 설정한다.

그림 6.3 비행기 메시

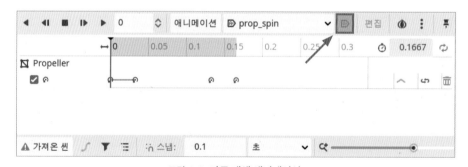

그림 6.4 자동 재생 애니메이션

**콜리전 모양**

Plane에 CollisionShape3D 노드를 추가하고 **Shape** 설정에서 새 CylinderShape3D를 고른다. 두 개의 주황색 크기 핸들을 사용해 원통의 크기를 조정할 수 있지만, 비행기의 동체에 정렬하려면 x축 둘레로 90도 회전해야 한다. 기즈모를 사용하거나(완벽하게 정렬하려면 [스냅 사용] 아이콘 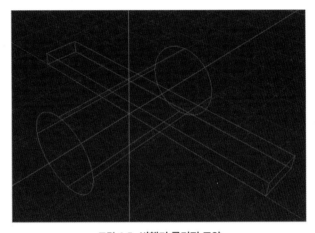 을 사용해 스냅 기능을 켜는 것을 잊지 말자) **인스펙터**에 직접 값을 입력하면 된다.

날개도 커버해야 하므로 두 번째 CollisionShape3D 노드를 추가한다. 이번에는 BoxShape3D를 사용한다. 날개를 커버할 수 있게 크기를 조정한다.

그림 6.5  비행기 콜리전 모양

**6.3.2** **비행기 스크립트 작성**

비행기의 컨트롤부터 시작하면 좋다. 컨트롤에는 이동 축이 2개 있다. '위 피치'와 '아래 피치'는 비행기의 기수를 높이거나 낮춰서(x축 둘레로 회전) 비행기가 위 또는 아래로 움직이게 한다. '왼쪽 롤' 과 '오른쪽 롤' 기능은 비행기를 z축 둘레로 회전시켜 왼쪽이나 오른쪽으로 이동시킨다.[2]

두 입력 다 부드럽게 회전하는 편이 좋고, 플레이어가 버튼에서 손을 떼거나 스틱을 중앙으로 되돌리면 비행기가 부드럽게 원래 위치로 회전해야 한다. 회전을 직접 설정하는 대신 **보간**interpolating을 이용하면 이를 구현할 수 있다.

---

2   올긴이 비행기나 배 등 3차원적으로 이동하는 탈것은 회전 방향을 가리키기 위해 피치(pitch), 롤(roll), 요(yaw)라는 용어를 사용한다. 본문에서 설명되지 않은 요는 y축 둘레로 회전(좌우 회전)함을 뜻하는데, 자동차라면 좌우 회전이 곧 방향 전환이지만 비행기는 옆으로 기울어진(롤) 쪽으로 선회하기 때문에(뱅킹(banking)이라고 함) 좌우 방향 전환 컨트롤을 롤로 하게 된다.

시작하기 위해 `Plane` 노드에 스크립트를 붙이고 몇 가지 변수를 정의한다.

```
extends CharacterBody3D

@export var pitch_speed = 1.1
@export var roll_speed = 2.5
@export var level_speed = 4.0

var roll_input = 0
var pitch_input = 0
```

내보내는export 변수를 사용하면 비행기의 모든 방향 회전 속도와 수평 비행으로 자동 복귀하는 속도를 설정할 수 있다.

`get_input()` 함수에서 **입력 맵**의 입력값을 확인해 회전할 방향을 결정한다.

```
func get_input(delta):
    pitch_input = Input.get_axis("pitch_down", "pitch_up")
    roll_input = Input.get_axis("roll_left", "roll_right")
```

`Input.get_axis()` 함수는 2가지 입력에 기반해 `-1`과 `1` 사이의 값을 반환한다. 키를 사용한다면 누르거나 누르지 않거나 뿐이므로 한쪽 키를 누르면 `-1`, 다른 쪽 키를 누르면 `1`, 둘 다 누르지 않으면 `0`이 반환된다. 하지만 조이스틱 축 같은 아날로그 입력을 사용하면 해당 범위 전체의 값을 얻을 수 있다. 예를 들어 조이스틱을 오른쪽으로 약간만 기울이면 `roll_input` 값이 `0.25` 정도로 작게 나오므로 더욱 정밀한 제어가 가능하다.

`_physics_process()`에서는 그렇게 받은 피치 입력을 기반으로 비행기를 x축으로 회전시킬 수 있다.

```
func _physics_process(delta):
    get_input(delta)
```

```
rotation.x = lerpf(rotation.x, pitch_input,
    pitch_speed * delta)
rotation.x = clamp(rotation.x, deg_to_rad(-45),
    deg_to_rad(45))
```

비행기가 완전히 뒤집히지 않게 `clamp()`를 사용해 회전을 제한하는 것도 중요하다. 다음 그림과 같이 새 테스트 씬을 만들고 비행기의 인스턴스와 `Camera3D`를 추가해 테스트해볼 수 있다.

그림 6.6 테스트 씬

카메라를 비행기 뒤에 배치하고 씬을 실행해 위 피치와 아래 피치를 눌렀을 때 비행기가 위아래로 올바르게 기울어지는지 테스트한다.

롤의 경우도 몸체를 z축으로 회전할 수 있겠지만, 그러면 두 회전이 더해지며 비행기를 수평 비행으로 되돌리기가 매우 어렵다. 이 게임에서는 비행기가 계속 앞으로 나아가기를 원하므로, `Plane` 대신 자식 메시만 회전하는 편이 더 쉬울 것이다. `_physics_process()`에 다음 코드를 추가한다.

```
$cartoon_plane.rotation.z = lerpf($cartoon_plane.rotation.z,
    roll_input, roll_speed * delta)
```

다시 테스트 씬에서 테스트하며 컨트롤이 모두 예상대로 작동하는지 확인한다.

움직임을 완성하기 위해 스크립트 상단에 변수를 2개 더 추가한다. 비행기의 비행 속도는 `forward_speed`가 된다. 나중에 이 값을 조정해서 게임의 난이도를 바꿀 것이다. 한편, 비행기가 화면 밖으로 올라가지 못하도록 `max_altitude`를 사용한다.

```
@export var forward_speed = 25

var max_altitude = 20
```

`get_input()`에서 입력을 확인한 뒤에 다음 코드를 추가해 비행기가 최대 고도에 도달하면 수평을 유지하게 한다.

```
if position.y >= max_altitude and pitch_input > 0:
    position.y = max_altitude
    pitch_input = 0
```

그런 다음 `_physics_process()`에 다음 코드를 추가해 이동을 처리한다. 이러면 전진 속도가 `forward_speed`만큼이 된다.

```
velocity = -transform.basis.z * forward_speed
```

좌우 이동(x 방향)의 경우 비행기의 롤에 따라 회전량을 곱해서 얼마나 빠르게 회전할지 정할 수 있다. 그런 다음 전진 속도를 기반으로 속도를 조정한다(2로 나누면 조금 느리게 만들 수 있다. 여러 숫자로 실험하며 적절한 느낌을 찾아보자).

```
velocity += transform.basis.x * $cartoon_plane.rotation.z / deg_to_rad(45) *
    forward_speed / 2.0
move_and_slide()
```

이제 비행기가 앞으로 날아가고 컨트롤이 예상대로 작동해야 한다. 비행기가 올바르게 동작하는지 확인할 때까지 다음 단계로 넘어가지 말자. 다음 절에서는 비행기가 날아갈 수 있는 환경을 만들 것이다.

## 6.4 월드 만들기

이 게임은 **무한** 방식이기 때문에 플레이어는 가능한 한 오랫동안 계속해서 월드를 비행하게 될 것이다. 이는 플레이어가 볼 수 있게 랜덤 건물, 수집용 아이템 등의 월드를 계속해서 만들어야 한다는 뜻이다. 이 모든 것을 미리 만들어두는 것은 비현실적이다. 플레이어가 얼마나 멀리 갈지 알 수 없을뿐더러, 매번 똑같은 게임을 플레이하고 싶지도 않기 때문이다. 또한 거대한 게임 월드를 로드해놓고 플레이어가 그 대부분을 보지 못한다면 비효율적이다.

그런 이유로 **청크**chunk 전략을 사용하는 편이 더 합리적이다. 랜덤하게 월드를 작은 조각, 즉 청크로 생성한다. 그런 다음 필요할 때마다, 즉 플레이어가 앞으로 나아갈 때마다 만들어내면 된다. 또한 이미 지나가서 게임에서 더 이상 추적할 필요가 없게 되면 제거할 수도 있다.

### 6.4.1 월드 오브젝트

새 월드 청크를 생성할 때마다 다양한 월드 오브젝트가 들어가야 할 것이다. 우선은 2가지만 가지고 시작해도 된다. 바로 장애물이 될 건물과 플레이어가 통과함으로써 수집해야 하는 고리다.

● 건물

첫 건물을 만들기 위해, 새 씬을 시작하고 `StaticBody3D`를 루트 노드로 선택한 다음 이름을 `Building1`로 바꾼다. `MeshInstance3D` 노드를 추가하고 `res://assets/building_meshes/Build_01.obj`를 **Mesh** 속성에 드래그해 넣는다. 건물 메시는 `.glTF` 파일이 아닌 **OBJ** 포맷으로 저장돼 있다. 메시의 머티리얼이 포함된 별도의 `.mtl` 파일도 있다. 고도의 **파일시스템** 패널에서는 이 파일이 보이지 않지만, 메시 인스턴스의 텍스처에 사용된다.

3D 뷰포트를 보면 건물의 중심이 원점에 있음을 알 수 있다. 건물의 크기가 모두 다르기 때문에 건물을 모두 지면에 배치하기는 어렵다. 각자 오프셋이 다르기 때문이다. 미리 모든 건물의 오프셋을 일정하게 맞춰두면 건물 배치가 더 쉬워진다.

건물 메시의 위치를 지정하려면 `MeshInstance3D` 노드의 **Position** 속성을 (0, 6, -8)로 바꿔서 메시를 위로 이동하고 한쪽 가장자리를 원점에 맞춘다. 메시를 선택하고 상단 메뉴에서 [메시 | **Trimesh 콜리전 동기 만들기**]를 선택해 콜리전 모양을 추가한다.

`res://buildings/`라는 새 폴더를 만들어 씬을 저장하고 다른 건물에 대해서도 이 과정을 반복해서, 각 씬을 `StaticBody3D` 노드로 시작하고, 메시를 추가하고, 오프셋을 설정한 다음, 콜리전 모양을 생성한다. 각 건물의 크기가 다르므로, 다음 표에 건물을 완벽하게 배치할 수 있는 오프셋을 정리했다.

| 건물 | 오프셋 |
|------|--------|
| 1 | (0, 6, -8) |
| 2 | (0, 8, -4) |
| 3 | (0, 10, -6) |
| 4 | (0, 10, -6) |
| 5 | (0, 11, -4) |

이제 청크는 이런 건물을 랜덤으로 로드하고 인스턴스화해서 다양한 도시 스카이라인을 생성할 수 있다.

## ● 고리

고리ring는 플레이어 앞에 나타나고, 비행기가 고리를 통과해야 점수를 획득할 수 있다. 비행기가 고리의 중앙에 매우 가까워지면 플레이어는 보너스 점수를 받게 된다. 게임이 진행됨에 따라 고리의 크기가 바뀌거나 앞뒤로 움직이는 동작 등으로 인해 고리 잡기가 더 어려워질 수 있다.

시작하기에 앞서, 이 책 다음 부분을 보지 말고 고리 오브젝트에 가장 적합한 노드 유형이 무엇일지 생각해보자.

`Area3D`를 선택했는가? 비행기가 고리를 통과하는 시점을 감지하되 충돌하기는 바라지 않으므로, 그 영역의 `body_entered` 감지가 이상적인 해답이 될 것이다.

새 씬을 시작하고 `Area3D` 노드를 추가해서 이름을 `Ring`으로 바꾼 다음 `MeshInstance3D`를 자식으로 추가한다. **Mesh**에서 **새 TorusMesh**를 고르고 펼친 다음 **Inner Radius**를 3.5로, **Outer Radius**를 4로 설정해 얇은 고리로 만든다.

`CollisionShape3D` 노드를 추가하고 **Shape**에서 **새 CylinderShape3D**를 선택한다. 이번에는 **Height** 속성을 `0.5`로, **Radius**를 3으로 설정한다.

나중에 고리가 위아래로 움직이도록 애니메이션하게 만들어야 할 것이다. 이를 쉽게 구현하는 방법으로는 루트 노드의 위치를 기준으로 콜리전 모양을 이동하는 것이 있다. 메시도 같이 움직여야 하므로 메시를 드래그해 `CollisionShape3D`의 자식으로 만든다. 이 콜리전 모양을 x축 둘레로 90도 회전시켜 세운다.

밋밋한 흰색 고리는 그다지 흥미롭지 않으므로 텍스처를 추가해보자. `MeshInstance3D`의 **Mesh/Material** 속성에서 **새 StandardMaterial3D**를 추가하고 클릭해 펼친다. **Albedo/Texture**에 `res://assets/textures/texture_09.png`를 추가한다. 밝은 사각형과 어두운 사각형이 번갈아 나오는 격자 텍스처가 원환체torus를 감싸고 잔뜩 늘어져 있는 모습을 볼 수 있다.

**UV1/Scale** 값을 변경하면 텍스처가 메시를 감싸는 방식을 조정할 수 있다. `(12, 1, 1)`을 시작 값으로 사용해보고 바라는 대로 조정한다. 기본적으로 고도는 3가지 스케일값을 연동해 동일하게 유지하므로, [링크] 버튼을 선택 해제해 서로 다른 값을 넣을 수 있게 해야 한다. **Shading**(셰이딩) 아래에서 **Shading Mode**를 **Unshaded**로 설정하면 고리가 빛과 그림자를 무시하고 항상 밝고 눈에 띄게 만든다.

그림 6.7 UV 스케일 조정하기

다음으로 `Ring` 노드에 `Label3D` 노드를 추가한다. 이 노드를 사용해 플레이어가 고리에서 몇 점을 얻었는지와 중앙 보너스를 받았는지 아닌지를 표시할 것이다. **Text**(텍스트)/**Text** 란을 `100`으로 설정해 테스트할 내용이 보이게 한다. **Text/Font**에 애셋 폴더의 `Baloo2-Medium.ttf`를 추가하고 글꼴 크기를 `720`으로 설정한다. 텍스트가 항상 카메라를 향하게 하기 위해 **Flags**(플래그)/**Billboard**를 **Enabled**로 설정한다.

고리에 스크립트를 붙이고 `body_entered` 시그널을 연결한다. `Label3D` 노드는 처음에는 숨겨져 있어야 하며, 고리는 비행기에 닿으면 숨겨질 것이다. 하지만 문제가 있다. 고리가 나타날 때 건물과 중첩되면 어떻게 될까? 그런 경우에도 `body_entered` 시그널은 트리거되지만, 건물이 고리를 수집하는 것은 바라는 바가 아니다.

이 문제는 콜리전 레이어를 설정함으로써 해결할 수 있다. `Plane` 씬에서 **Collision/Layer** 값을 `2`로 바꾼 다음(`1`은 제거), `Ring` 노드로 돌아와서 **Collision/Mask** 설정을 레이어 `2`에만 상호작용하게 설정한다. 이제 고리의 바디에 들어오는 것은 비행기뿐임을 보증할 수 있다.

```
extends Area3D

func _ready():
    $Label3D.hide()
```

그런 다음 비행기에서 고리 중앙까지의 거리를 찾아 플레이어가 보너스를 득점했는지 확인하고 `text` 속성을 올바른 값으로 설정해야 한다. 비행기가 고리의 중앙을 직접 맞추면(`2.0` 단위보다 가까움) 텍스트를 노란색으로 표시해 완벽하게 명중했음을 나타낼 수도 있다.

```
func _on_body_entered(body):
    $CollisionShape3D/MeshInstance3D.hide()
    var d = global_position.distance_to(body.global_position)
    if d < 2.0:
        $Label3D.text = "200"
        $Label3D.modulate = Color(1, 1, 0)
    elif d > 3.5:
```

```
        $Label3D.text = "50"
    else:
        $Label3D.text = "100"
    $Label3D.show()
```

`on_body_entered()` 함수에서 계속해서 레이블에 애니메이션을 추가해 움직이다가 페이드 아웃되
게 한다.

```
var tween = create_tween().set_parallel()
tween.tween_property($Label3D, "position", Vector3(0, 10, 0), 1.0)
tween.tween_property($Label3D, "modulate:a", 0.0, 0.5)
```

마지막으로, 고리에 멋진 회전 효과를 준다.

```
func _process(delta):
    $CollisionShape3D/MeshInstance3D.rotate_y(deg_to_rad(50) * delta)
```

### 6.4.2 청크

이제 청크의 빌딩 블록building block이 완성됐으므로 청크 씬 그 자체를 만들 차례다. 이 씬은 게임
에서 플레이어 앞에 더 많은 월드가 필요할 때마다 인스턴스화할 씬이다. 새 청크를 인스턴스화할
때는 왼쪽과 오른쪽에 랜덤으로 건물을 배치하고 길이를 따라 랜덤 지점에 고리를 스폰한다.

새 씬을 시작하고 `Node3D` 노드를 루트로 만든 다음 이름을
`Chunk`로 바꾼다. `MeshInstance3D`를 자식으로 추가하고 `Ground`
라는 이름으로 바꾼다. **Mesh** 속성에서 **새 PlaneMesh**를 선택하
고 **Size**를 `(50, 200)`으로 설정한다. 이것이 단일 청크의 크기다.

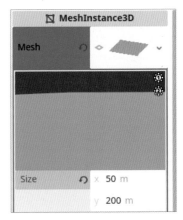

그림 6.8 평면 크기 설정

평면plane의 **Z** 위치를 -100으로 설정해 원점에서 시작하게 위치를 잡는다.

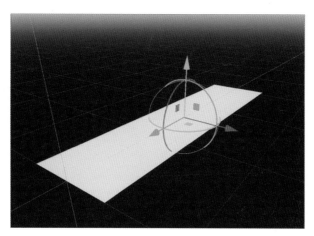

그림 6.9 **평면 위치 잡기**

머티리얼을 추가한 다음 texture_01.png를 **Albedo/Texture**로 사용하고 **UV1/Scale** 값을 (2, 10, 2)로 설정한다.

Ground 노드를 선택하고 [메시 | Trimesh Static Body 만들기]를 골라서 지면ground 크기에 맞는 StaticBody3D 노드와 CollisionShape3D 노드를 추가한다.

비행기가 청크의 끝을 향해 이동하면 새 청크를 앞에 스폰할 것이며, 이미 지나간 청크는 제거할 수도 있다. 후자를 지원하기 위해 VisibleOnScreenNotifier3D 노드를 추가하고 **Position** 속성을 (0, 0, -250)으로 설정해서 지면 평면의 끝을 지나간 위치에 배치한다.

이제 Chunk 노드에 스크립트를 붙이고 VisibleOnScreenNotifier3D의 screen_exited 시그널을 연결해서 그 청크가 제거되게 할 수 있다.

```
func _on_visible_on_screen_notifier_3d_screen_exited():
    queue_free()
```

스크립트 상단에서는 인스턴스화해야 하는 씬을 로드한다.

```
extends Node3D

var buildings = [
```

```
        preload("res://buildings/building_1.tscn"),
        preload("res://buildings/building_2.tscn"),
        preload("res://buildings/building_3.tscn"),
        preload("res://buildings/building_4.tscn"),
        preload("res://buildings/building_5.tscn"),
]
var ring = preload("res://ring.tscn")

var level = 0
```

> [NOTE] **대량의 씬 로드**
>
> 건물 수가 훨씬 더 많고 그 밖에 다른 씬도 있을 수 있는 더 큰 게임에서는 여기서처럼 스크립트에 모든 씬을 일일이 작성하기가 불편하다. 이에 대한 해결책은 특정 폴더에 저장된 모든 씬 파일을 로드하는 코드를 작성하는 것이다.

level 변수는 메인 씬이 청크를 로드할 때 설정해서 스폰하는 고리의 동작을 다양하게 함으로써 난이도를 높일 수 있다(자세한 내용은 나중에 설명한다).

_ready()에서 청크는 3가지 작업을 수행해야 한다.

- 지면 평면의 양 옆을 따라 건물 생성
- 가끔은 중간에 장애물로 작용할 건물 생성
- 고리 스폰

이런 각 단계는 코드가 상당하므로, 이 모두를 체계화하기 위해 3개의 개별 함수를 만들면 좋다.

```
func _ready():
    add_buildings()
    add_center_buildings()
    add_rings()
```

첫 번째 단계는 측면 건물을 스폰하는 것이다. 청크의 양쪽에 있어야 하므로 루프를 2번 반복한다. 양수 x 방향에 대해 한 번, 음수 방향에 대해 한 번이다. 각 루프는 청크의 길이를 따라 이동하면서 랜덤 건물을 스폰한다.

```
func add_buildings():
    for side in [-1, 1]:
```

```
        var zpos = -10
        for i in 18:
            if randf() > 0.75:
                zpos -= randi_range(5, 10)
                continue
            var nb = buildings[randi_range(0, buildings.size()-1)].instantiate()
            add_child(nb)
            nb.transform.origin.z = zpos
            nb.transform.origin.x = 20 * side
            zpos -= nb.get_node("MeshInstance3D").mesh.get_aabb().size.z
```

randf() 함수는 매우 일반적인 랜덤 함수로, 0과 1 사이의 부동 소수점 숫자를 반환하기 때문에 백분율 계산에 사용하기 편하다. 여기서는 랜덤 숫자가 0.75보다 큰지 확인함으로써 특정 지점에 건물이 없을 확률이 25%가 되게 한다.

get_aabb()를 사용해 건물 메시의 크기를 가져옴으로써 건물이 서로 겹치지 않게 할 수 있다. 다음 건물의 위치는 앞선 건물의 가장자리에 정확하게 위치한다.

다음으로, 중간 건물은 처음에 생성되지 않지만 게임 후반에는 20%의 확률로 나타나기 시작한다.

```
func add_center_buildings():
    if level > 0:
        for z in range(0, -200, -20):
            if randf() > 0.8:
                var nb = buildings[0].instantiate()
                add_child(nb)
                nb.position.z = z
                nb.position.x += 8
                nb.rotation.y = PI / 2
```

세 번째 단계는 고리를 스폰하는 것이다. 일단 지금은 고리 몇 개를 랜덤으로 고정된 위치에 배치한다. 나중에 게임이 진전됨에 따라 여기에 더 많은 변형을 추가할 것이다.

```
func add_rings():
    for z in range(0, -200, -10):
        if randf() > 0.76:
            var nr = ring.instantiate()
            nr.position.z = z
            nr.position.y = randf_range(3, 17)
            add_child(nr)
```

이렇게 청크 설정이 완료됐다. 청크가 로드되면 랜덤으로 건물과 고리를 채우고, 나중에 화면 밖으로 나가면 스스로를 제거한다. 다음 절에서는 이 모든 것을 한 씬에 모아서 비행기가 앞으로 이동함에 따라 청크를 인스턴스화할 것이다.

## 6.5 메인 씬

이 절에서는 메인 씬을 만들 것이다. 이 게임에서 메인 씬은 월드 청크 로딩, 게임 정보 표시, 게임 시작 및 종료를 처리한다.

새 씬을 시작하고 Node3D를 루트 노드로 추가해 이름을 Main이라고 바꾼다. 비행기의 인스턴스와 청크의 인스턴스를 추가하는 것으로 시작한다.

약간의 조명도 필요하므로 툴바에서 [태양과 환경 설정] 드롭다운을 선택하고 씬에 태양과 환경을 추가한다.

그림 6.10 태양과 환경 추가

생성된 하늘 텍스처를 사용하는 대신 애셋 폴더에 있는 styled_sky.hdr을 사용해도 된다.

WorldEnvironment를 선택한 다음 Sky 속성을 펼친다. ProdeduralSkyMaterial로 설정되어 있음을 볼 수 있다. 아래쪽 화살표를 클릭하고 **새 PanoramaSkyMaterial**을 선택한다. 이를 펼치면 빈 **Panorama** 속성이 표시되며, 여기에 `styled_sky.hdr`을 드래그해 놓으면 된다.

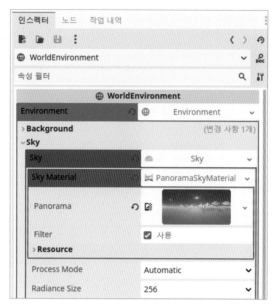

그림 6.11 WorldEnvironment 하늘 설정

테스트하기에 앞서 카메라도 필요할 것이다. `Camera3D`를 추가하고 다음 스크립트를 붙인다. 자식이 없는 단독형 노드이므로 별도의 저장된 씬으로 만들 필요가 없다.

```
extends Camera3D

@export var target_path : NodePath
@export var offset = Vector3.ZERO

var target = null

func _ready():
    if target_path:
        target = get_node(target_path)
        position = target.position + offset
        look_at(target.position)

func _physics_process(_delta):
    if !target:
        return
    position = target.position + offset
```

이 카메라 스크립트는 범용이라서 다른 프로젝트에서도 카메라가 움직이는 3D 오브젝트를 따라 가길 바랄 때 사용할 수 있다.

`Camera3D` 노드를 선택하고 **인스펙터**에서 **Target Path**를 클릭한 다음 `Plane` 노드를 고른다. **Offset**을 (7, 7, 15)로 설정하면 카메라가 비행기의 뒤, 위, 오른쪽에 유지된다.

그림 6.12 **카메라 뒤따르기 설정**

`Main` 씬을 플레이하면 청크를 따라 날아다니며 고리를 수집할 수 있어야 한다. 건물에 부딪혀도 아무 일도 일어나지 않으며, 청크의 끝에 도달해도 다른 청크가 보이지 않을 것이다.

### 6.5.1 새 청크 스폰하기

각 청크의 길이는 200이므로 비행기가 그 거리의 절반을 이동하면 이전 청크의 끝 위치에 새 청크가 미리 스폰되어야 한다. `max_position` 설정으로 다음에 올 청크의 중간을 추적할 것인데, 비행기가 이 위치에 도달하면 새 청크를 스폰한다.

또한 얼마나 많은 청크가 생성됐는지 추적할 수 있으므로, 이를 이용해 게임이 더 어려워져야 하는 시점을 정할 수 있다.

`Main`에 스크립트를 붙이고 다음을 추가한다.

```
extends Node3D

var chunk = preload("res://chunk.tscn")

var num_chunks = 1
var chunk_size = 200
var max_position = -100
```

비행기는 −z 방향을 앞으로 해서 이동하므로, 첫 번째 청크의 중앙에 있는 위치의 z 값은 `-100`이 될 것이다. 비행기의 z 좌표는 앞으로 이동함에 따라 계속 감소한다.

`_process()`에서 비행기의 위치를 확인하다가 `max_position`을 지나치면 새 청크를 인스턴스화하고 `max_position`을 다음 청크의 중앙으로 업데이트한다.

```
func _process(delta):
    if $Plane.position.z < max_position:
        num_chunks += 1
        var new_chunk = chunk.instantiate()
        new_chunk.position.z = max_position - chunk_size / 2
        new_chunk.level = num_chunks / 4
        add_child(new_chunk)
        max_position -= chunk_size
```

바로 여기서 청크 스폰이 일어난다. 새 청크는 이전 청크의 끝에 배치된다. `max_position`은 청크의 중앙이므로 `chunk_size / 2`도 더한다.[3]

그런 다음 레벨 숫자를 얻기 위해 4로 나누면 **정수 몫**이 나오고 분수 부분은 버려진다. 예를 들어 5번 청크에서 5/4는 그냥 1이다. 8번 청크에서는 2, 12번 청크에서는 3이 되는 식으로 레벨이 올라간다. 이렇게 하면 난이도를 점진적으로 증가시킬 수 있을 것이다.

씬을 재생한다. 이제 비행기가 앞으로 이동하면 새 청크가 앞에 나타나는 것을 볼 수 있다.

### 6.5.2 난이도 조절

이제 청크를 스폰하고 있으므로 이에 따라 레벨값이 점차 증가하게 된다. 이를 활용해 고리를 수집하기 더 어렵게 만들 수 있다. 예를 들어 현재는 고리가 정확히 중앙에 배치되어 있어 플레이어가 왼쪽이나 오른쪽으로 선회할 필요가 전혀 없다. 난이도가 올라가면 고리의 x 좌표를 랜덤화할 수 있다. 또한 고리를 앞뒤로 또는 위아래로 움직이게 할 수도 있다.

다음 변수를 `ring.gd` 상단에 추가한다.

```
var move_x = false
var move_y = false

var move_amount = 2.5
var move_speed = 2.0
```

---

3 　[옮긴이] - 방향으로 나아가고 있으므로, 예제 코드와 같이 실제로는 뺄셈이 된다.

불 변수 2개는 x 또는 y 방향으로의 움직임을 켜게 해주고, `move_amount`와 `move_speed`는 얼마나 움직일지를 제어하게 해준다.

해당 값이 설정되면 `_ready()`를 확인하고 움직임을 시작한 다음 트윈을 사용할 수 있다.

```
func _ready():
    $Label3D.hide()
    var tween = create_tween().set_loops().set_trans(Tween.TRANS_SINE)
    tween.stop()
    if move_y:
        tween.tween_property($CollisionShape3D, "position:y", -move_amount, move_speed)
        tween.tween_property($CollisionShape3D, "position:y", move_amount, move_speed)
        tween.play()
    if move_x:
        tween.tween_property($CollisionShape3D, "position:x", -move_amount, move_speed)
        tween.tween_property($CollisionShape3D, "position:x", move_amount, move_speed)
        tween.play()
```

기본적으로 트윈은 자동으로 재생을 시작하는 것에 주의하자. 플레이어가 어느 레벨에 있느냐에 따라 실제로 속성을 애니메이션할 수도 있고 안 할 수도 있으므로, 초기에는 `stop()`을 사용해 트윈을 중지했다가 영향을 주고자 하는 속성을 설정한 후에는 `play()`를 사용해 트윈을 시작할 수 있다. `set_loops()`를 사용하면 트윈이 앞뒤로 움직이면서 두 움직임을 무한 반복하게 할 수 있다.

이제 고리의 움직임이 준비됐으므로 청크가 고리를 스폰할 때 이 값을 설정할 수 있다. `chunk.gd`로 이동해 고리를 스폰하는 섹션에서 `level`을 사용하게끔 업데이트한다.

```
func add_rings():
    for z in range(0, -200, -10):
        var n = randf()
        if n > 0.76:
            var nr = ring.instantiate()
            nr.position.z = z
            nr.position.y = randf_range(3, 17)
            match level:
                0: pass
                1:
                    nr.move_y = true
                2:
                    nr.position.x = randf_range(-10, 10)
                    nr.move_y = true
                3:
```

```
            nr.position.x = randf_range(-10, 10)
            nr.move_x = true
        add_child(nr)
```

보다시피 레벨이 1에 도달하면 고리가 위아래로 움직이기 시작한다. 레벨 2가 되면 랜덤 x 위치가 생기기 시작하고 레벨 3이 되면 고리가 수평으로 움직이기 시작할 것이다.

이 코드를 어떤 것이 가능한지 보여주는 예시라고 생각하기 바란다. 자신만의 난이도 증가 패턴을 자유롭게 만들어보자.

### 6.5.3 콜리전

다음 단계는 비행기가 아무 곳에, 예컨대 땅이나 건물에 부딪히면 폭발하게 만드는 것이다. 폭발하면 폭발 애니메이션을 재생하고 게임을 종료한다.

#### ● 폭발

`Plane` 씬으로 이동해 `AnimatedSprite3D`를 자식으로 추가한다. 이름을 `Explosion`으로 바꾼다.

`AnimatedSprite3D` 노드는 이 책의 앞부분에서 사용한 2D 버전과 매우 비슷하게 작동한다. **Sprite Frames** 속성에 **새 SpriteFrames** 리소스를 추가하고 클릭하면 화면 하단에 **스프라이트 프레임** 패널이 열린다. `res://assets/smoke/`의 이미지 5개를 **애니메이션 프레임** 상자로 드래그해 넣고 **속도**를 10FPS로 설정한 다음 **루프**는 끈다.

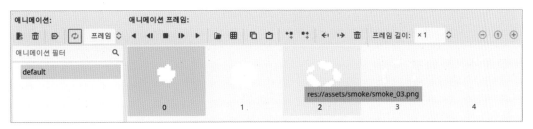

그림 6.13 **폭발 스프라이트 프레임**

뷰포트에서 스프라이트가 보이지 않는다는 것을 눈치챘을 수도 있겠다. 픽셀 단위로 그려진 2D 이미지를 3D로 표시할 때는 3D 공간에서 1 픽셀이 얼마나 큰지를 엔진이 알아야 한다. 폭발의 크기를 비행기의 크기와 일치하게 조정하기 위해 **인스펙터**에서 **Pixel Size**를 0.5로 설정한다. **Flags** 아래에서는 **Billboard**를 **Enabled**로 설정한다. 이렇게 하면 스프라이트가 항상 카메라를 향하게 된다.

이제 비행기에 큰 구름(애니메이션의 첫 번째 프레임)이 겹쳐진 것을 볼 수 있다.

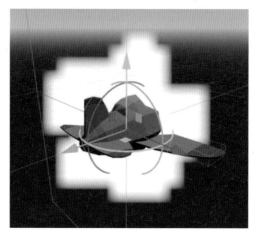

그림 6.14 폭발 스프라이트

폭발이 늘 보이기를 바라지는 않으므로, 눈 아이콘을 클릭해 숨긴다.

## ● 콜리전 스크립트 작성

plane.gd 상단에 새 시그널을 추가한다. 플레이어가 추락했음을 게임에 알리는 용도다.

```
signal dead
```

_physics_process()에서는 move_and_slide()를 사용해 비행기를 이동한다. CharacterBody3D 노드도 이 메서드로 움직이므로, 여기서 **슬라이드 콜리전**을 확인할 수 있다. 비행기가 **무엇**과 충돌 했는지는 중요하지 않고 콜리전이 '있었다'는 것만 중요하므로 move_and_slide() 바로 뒤에 다음 코드를 추가한다.

```
    if get_slide_collision_count() > 0:
        die()
```

그런 다음 die() 함수를 정의해서 비행기가 추락할 때 일어날 일을 처리하게 하면 된다. 먼저, 비행 기가 앞으로 나아가지 못하게 멈춘다. 그런 다음 비행기를 숨기고 폭발을 보여주며 애니메이션을 재생하면 된다. 애니메이션이 끝나면 게임을 리셋할 수 있다. 아직 타이틀 화면을 만들지 않았으므 로 지금은 그냥 다시 시작하면 된다.

```
func die():
    set_physics_process(false)
    $cartoon_plane.hide()
    $Explosion.show()
    $Explosion.play("default")
    await $Explosion.animation_finished
    $Explosion.hide()
    dead.emit()
    get_tree().reload_current_scene()
```

마지막 줄은 나중에 게임의 나머지 부분이 만들어졌을 때 제거할 것이다.

이제 Main 씬을 재생하고 아무 곳에 부딪혀서 폭발이 재생되고 씬이 다시 시작되는지 확인한다.

### 6.5.4 연료와 점수

다음 단계는 고리를 모을 때 획득하는 점수를 추적하는 것이다. 또한 비행기에 연료 요소를 추가한다. 이 값은 꾸준히 감소하며 연료가 다 떨어지면 게임이 종료된다. 플레이어가 고리를 모으면 연료를 다시 얻는다.

plane.gd 상단에 새 시그널 2개를 추가한다.

```
signal score_changed
signal fuel_changed
```

이 시그널들은 UI에 점수와 연료값을 알려서 표시하게 한다.

그런 다음 새 변수를 추가한다.

```
@export var fuel_burn = 1.0
var max_fuel = 10.0
var fuel = 10.0:
    set = set_fuel
var score = 0:
    set = set_score
```

이 변수에 대한 세터 함수는 해당 변수를 업데이트하고 시그널을 발신한다.

```
func set_fuel(value):
    fuel = min(value, max_fuel)
    fuel_changed.emit(fuel)
    if fuel <= 0:
        die()

func set_score(value):
    score = value
    score_changed.emit(score)
```

시간이 지남에 따라 연료를 감소시키기 위해 `_physics_process()`에 다음 줄을 추가하자.

```
    fuel -= fuel_burn * delta
```

메인 씬을 플레이해 보면 약 10초 후에 연료가 떨어지고 폭발하는 것을 확인할 수 있다.

이제 고리가 점수를 업데이트하고, 플레이어가 고리의 중앙에 얼마나 가까웠는지에 따라 연료를 올려줄 수 있다. 고리의 레이블은 이미 설정했으며, 나머지는 `ring.gd`의 동일한 섹션에서 할 수 있다.

```
    if d < 2.0:
        $Label3D.text = "200"
        $Label3D.modulate = Color(1, 1, 0)
        body.fuel = 10
        body.score += 200
    elif d > 3.5:
        $Label3D.text = "50"
        body.fuel += 1
        body.score += 50
    else:
        $Label3D.text = "100"
        body.fuel += 2.5
        body.score += 100
```

다시 테스트하면 고리를 계속 수집하는 한 더 오래 비행할 수 있을 것이다. 하지만 연료가 얼마나 남았는지 알기 어려우므로, 연료와 점수를 표시하는 UI 오버레이를 추가해야 한다.

## ● UI

새 씬을 만들고 `CanvasLayer`를 루트 노드로 추가한 다음 이름을 UI로 바꾼다. `TextureProgress Bar`(이름 FuelBar)와 `Label`(이름 Score)이라는 자식 2개를 추가한다.

Score 상자 **Text** 속성의 텍스트를 `0`으로 설정하고 앞서 했던 것처럼 글꼴을 추가해 **Size**를 `48`로 설정한다. 툴바 메뉴를 사용해 레이아웃을 **오른쪽 위**로 설정한다.

`FuelBar`용으로는 `assets` 폴더에 텍스처가 2개 있다. **Progress** 텍스처에는 `bar_red.png`를, **Over** 텍스처에는 `bar_glass.png`를 사용하면 된다. **Range** 아래에서 **Max Value**를 `10`으로, **Step**을 `0.01`로 설정한다.

이 바를 **왼쪽 아래**에 위치시키면 되지만, 크기를 조정하려면 몇 가지 설정을 더 바꿔야 한다. **인스펙터**에서 **Nine Patch Stretch**라는 속성의 **사용**을 선택한다. 그런 다음 경계 상자를 드래그해 바의 크기를 조정하면 된다. 그러나 윤곽선이 그에 따라서 왜곡됨을 알 수 있을 것이다. 크기를 매우 크게 조정해보면 확실히 보인다. 이를 방지하기 위해 내부를 늘려도 테두리의 크기는 그대로 유지하는 것이 **나인 패치 스트레치**[4]의 기능이다. **Stretch Margin**에서 4가지 값을 모두 `6`으로 설정한다. 이제 바의 크기를 어떻게 조정하든 테두리가 늘어나지 않은 상태로 유지되는 것을 볼 수 있다.

그림 6.15  나인 패치 스트레치 설정

바를 마음에 드는 크기로 만든 다음 UI에 스크립트를 붙인다.

```
extends CanvasLayer

func update_fuel(value):
    $FuelBar.value = value

func update_score(value):
    $Score.text = str(value)
```

---

4  　[옮긴이]　9조각 늘이기. 바, 상자, 버튼 등의 이미지를 9조각으로 잘라서, 각 조각마다 가로세로 방향으로 늘어날 수 있는지, 고정되는지를 별개로 정하는 기술이다.

UI 씬의 인스턴스를 `Main`에 추가한다. 비행기의 `score_changed` 시그널과 `fuel_changed` 시그널을 UI의 방금 만든 함수로 전달한다.

그림 6.16 비행기의 시그널을 UI에 연결하기

씬을 다시 한번 재생해서 바에 연료 변화가 표시되고, 고리를 수집할 때 점수가 올바르게 업데이트되는지 확인한다.

거의 다 끝났다. 이제 게임이 대부분 작동한다. 잠시 시간을 내서 몇 번 더 플레이하며 상호작용을 놓친 부분이 없는지 확인하자. 더 멀리 날아갈수록 청크의 난이도가 높아지는가? 움직이는 고리와 중앙에서 왼쪽과 오른쪽 위치에 생성되는 고리가 보여야 한다. 잘 모르는 부분이 있으면 이전 절들을 검토하자. 준비가 됐으면 타이틀 화면 만들기로 넘어간다.

## 6.6 타이틀 화면

타이틀 화면의 목적은 게임을 소개하고 버튼을 눌러 게임을 시작할 수 있는 방법을 제공하는 것이다. 이 절에서는 멋내기에 대해 자세히 설명하지 않으므로, 여러분 스스로 설정을 실험해보고 보기 좋게 만들려고 노력해야 한다.

새 씬을 만들고 Control을 루트 노드로 추가하는 것으로 시작한 다음, 이름을 TitleScreen 바꾸고 [앵커 프리셋] 메뉴에서 공간 전체를 선택한다. Label과 TextureButton을 자식으로 추가한 뒤에 TextureRect도 배경으로 더해준다.

TextureRect의 **Texture** 속성에는 styled_sky.hdr을 사용할 수 있다. 화면 크기보다 훨씬 크므로 바라는 대로 크기와 위치를 자유롭게 조정하자.

TextureButton용으로는 res://assets/buttons/ 폴더에 **Normal**, **Pressed**, **Hover** 텍스처에 상응하는 3개의 이미지가 있다. 이미지 크기가 상당히 커서 크기를 조정하기 어려우므로, **Ignore Texture Size**를 **사용**으로 선택하고 **Stretch Mode**를 **Keep Aspect**로 설정하면 크기를 재조정하기 쉽다.

Label 노드는 게임 제목을 표시하는 용도다. 글꼴 크기를 128 정도로 크게 설정한다. 화면에서 Label과 TextureButton을 정렬한다. 둘 다 **Layout**을 **중앙**으로 설정하고, 위아래로 이동해 위치를 바꾼다.

필요한 코드라고는 버튼을 눌렀을 때 무엇을 할지 정하는 것뿐이므로 씬에 스크립트를 추가하고 버튼의 pressed 시그널을 연결하면 된다. 버튼을 누르면 메인 씬이 로드되어야 한다.

```
extends Control

func _on_texture_button_pressed():
    get_tree().change_scene_to_file("res://main.tscn")
```

게임 종료 시 타이틀 화면으로 돌아가도록 비행기의 die() 함수에서 get_tree().reload_current_scene()을 제거한 다음, Main 씬으로 이동해 비행기 인스턴스의 dead 시그널을 연결한다.

```
var title_screen = "res://title_screen.tscn"

func _on_plane_dead():
    get_tree().change_scene_to_file(title_screen)
```

이제 추락하면 즉시 타이틀 화면으로 돌아가고, 거기서 다시 **Play** 버튼을 누를 수 있다.

## 6.7 오디오

assets 폴더에는 사운드 이펙트 파일이 2개 있다. impact.wav는 비행기 폭발용이고 three_tone.wav는 고리 수집용 사운드다. Plane 및 Ring 씬에 AudioStreamPlayer 노드를 추가해 적절한 타이밍에 재생하면 된다.

배경 음악은 게임 중에 반복 재생되어야 하므로, Main 씬에 AudioStreamPlayer를 추가하고 **Stream**에 Riverside Ride Short Loop.wav를 사용한다. 시작할 때 자동으로 재생되어야 하므로 **Autoplay**에서 **사용**을 선택하면 된다.

이 게임의 오디오는 의도적으로 단순하고 경쾌하게 유지됐다. 주요 게임 이벤트(고리 통과, 추락)에 대한 사운드 이펙트는 있지만, 비행기 엔진이나 보너스, 연료가 부족할 때 경고음 등을 추가해볼 수도 있다. 어떤 효과가 좋을지 실험해보자.

## 6.8 하이스코어 저장하기

플레이어의 하이스코어(최고 점수) 저장 역시 많은 게임에서 흔히 볼 수 있는 기능이다(이 책에 소개된 다른 게임에도 추가할 수 있다). 이 점수는 게임 세션이 달라도 유지돼야 하므로 다음에 게임을 열 때 읽을 수 있게 외부 파일에 저장해야 한다.

프로세스는 다음과 같다.

1. 게임이 실행되면 저장 파일을 확인한다.
2. 저장 파일이 있으면 그 파일에서 점수를 로드하고, 그렇지 않으면 0을 사용한다.
3. 게임이 종료되면 점수가 현재 하이스코어보다 높은지 확인한다. 맞다면 파일에 저장한다.
4. 타이틀 화면에 하이스코어를 표시한다.

게임의 여러 부분에서 하이스코어 변수에 접근해야 할 것이므로 자동 로드를 사용하는 편이 좋다. 스크립트 에디터에서 [파일 | 새 스크립트]를 클릭하고 이름을 global.gd로 바꾼다. 시작하는 데는 변수 2개가 필요하다.

```
extends Node

var high_score = 0
var score_file = "user://hs.dat"
```

### 6.8.1 파일 위치에 대해

저장 파일의 경로가 지금까지 작업한 다른 모든 파일과 달리 `res://`로 시작하지 않았음을 알아차렸을 것이다. `res://`는 게임의 프로젝트 폴더, 즉 모든 스크립트, 씬, 애셋이 있는 위치를 나타낸다. 하지만 게임을 내보내면export 해당 폴더는 읽기 전용이 된다. 영구 데이터를 저장하는 데는 기기에서 게임이 쓸 수 있게 따로 설정된 위치(`user://`)를 사용한다. 이 폴더의 실제 위치는 사용하는 운영체제에 따라 다르다. 예를 들어 윈도우라면 이 폴더는 `%APPDATA%\Godot\app_userdata\[프로젝트_이름]`이 될 것이다. 지원되는 다른 운영체제의 경로는 다음 링크에서 확인할 수 있다.

https://docs.godotengine.org/ko/4.x/tutorials/io/data_paths.html

### 6.8.2 파일 접근

고도에서 파일 접근은 `FileAccess` 오브젝트를 통해 이루어진다. 이 오브젝트는 파일 열기, 읽기, 쓰기를 처리한다. 다음 함수를 `global.gd`에 추가하자.

```
func _ready():
    load_score()

func load_score():
    if FileAccess.file_exists(score_file):
        var file = FileAccess.open(score_file, FileAccess.READ)
        high_score = file.get_var()
    else:
        high_score = 0

func save_score():
    var file = FileAccess.open(score_file, FileAccess.WRITE)
    file.store_var(high_score)
```

스크립트에서 볼 수 있듯이 `_ready()`에서 `load_score()`를 호출하므로, 게임이 실행되면 즉시 수행된다. `load_score()` 함수는 `FileAccess`를 사용해 저장 파일이 존재하는지 확인하고, 존재하면 파일을 열고 `get_var()`를 사용해 저장된 데이터를 읽어온다.

`save_score()` 함수는 그 반대의 일을 한다. 이 경우는 파일이 존재하는지 확인할 필요가 없다는 점에 주목하자. 존재하지 않는 파일에 쓰기를 시도하면 새로 만들어진다.

이 스크립트를 저장하고 프로젝트 설정에서 **자동 로드**로 추가한다.

그림 6.17 글로벌 스크립트 추가하기

Title 씬으로 이동해 하이스코어를 표시할 Label 노드를 추가한 다음 이름을 HighScore로 바꾼
다. 글꼴을 설정하고 화면에 배치한다(하단 가운데가 좋은 선택일 수 있다). 다음 코드를 스크립트에
추가하면 타이틀 화면이 로드될 때마다 점수가 표시되게 할 수 있다.

```
func _ready():
    $HighScore.text = "High Score: " + str(Global.high_score)
```

마지막으로, 게임이 끝나면 최고 기록이 경신되었는지 확인해야 한다. score 변수는 비행기에서
추적하므로, plane.gd를 열고 게임이 종료될 때 호출되는 die() 함수를 찾는다. 점수 확인을 추가
하고 필요한 경우 save_score()를 호출하게 한다.

```
    if score > Global.high_score:
        Global.high_score = score
        Global.save_score()
```

게임을 실행해서 하이스코어가 표시되고, 저장되고, 다음에 게임을 실행할 때 다시 로드되는지 테
스트한다.

이 기법은 게임을 끝내고 다시 실행할 때까지 저장하려는 모든 유형의 데이터에 사용할 수 있다.
유용한 기법이므로 앞으로 여러분의 프로젝트에 꼭 사용해보자. 코드 재사용은 개발 속도를 높일
수 있는 좋은 방법이므로, 만족스러운 저장 시스템을 찾았다면 계속 사용하길 바란다.

## 6.9 추가 기능에 대한 제안

추가 도전을 위해 게임을 확장할 수 있는 더 많은 기능을 덧붙여보자. 다음은 시작하는 데 도움이
되는 몇 가지 제안 사항이다.

- 각 게임에서 플레이어가 날아간 거리를 추적하고 최댓값을 하이스코어로 저장한다.
- 시간이 지남에 따라 속도를 점진적으로 높이거나, 비행기의 속도를 증가시키는 부스트 아이템을 넣는다.
- 다른 비행기나 새 등 피해야 하는 비행 장애물을 추가한다.
- (고급) 직선만 넣지 말고 곡선 청크도 추가한다. 플레이어는 방향 전환을 해야 하고 카메라는 플레이어의 뒤를 따라 움직여야 한다.

이 프로젝트는 모바일 플랫폼용 게임 제작을 실험해보기 좋은 게임이기도 하다. 게임 내보내기에 대한 자세한 내용은 다음 장을 참조하자.

# 요약

이 장에서는 CharacterBody3D 같은 고도의 3D 노드에 대해 더 많이 배우면서 3D 스킬을 확장했다. 3D 변형과 그로 인해 공간에서 오브젝트가 이동하고 회전하는 작동 방식을 잘 이해하고 있어야 한다. 랜덤으로 청크를 생성하는 일은, 이 게임에서는 비교적 간단했지만 훨씬 더 큰 게임과 복잡한 환경으로도 확장할 수 있는 잠재력을 가진 기능이다.

축하한다. 이제 마지막 프로젝트까지 완료했다. 하지만 이 5가지 게임은 게임 개발자가 되기 위한 여정의 시작에 불과하다.

다음 장에서는 예제 게임에 넣기에는 어려웠던 다른 몇 가지 주제에 대해 알아보고, 게임 개발 스킬을 쌓는 과정에서 다음 단계로 나아가야 할 방향에 대한 팁을 찾아보자.

# 다음 단계와 추가 리소스

축하한다. 여러분은 이 책에서 만든 프로젝트를 통해 고도 전문가가 되기 위한 첫걸음을 내디뎠다. 하지만 이건 고도로 할 수 있는 일의 수박 겉핥기에 불과하다. 숙련도가 높아지고 프로젝트 규모가 커지면 문제에 대한 해결책을 찾는 방법, 게임을 플레이할 수 있게 배포하는 방법, 심지어 엔진을 스스로 확장하는 방법까지 알아야 할 것이다.

이 장에서는 다음 주제에 대해 배우게 될 것이다.

- 고도의 자체 제공 문서를 효과적으로 사용하는 방법
- **깃**Git을 사용해 프로젝트 파일을 백업하고 관리하기
- 대부분의 게임 프로젝트에서 접하게 될 벡터 수학 개념에 대한 개요
- 오픈 소스 3D 모델링 애플리케이션인 **블렌더**를 사용해 고도에서 사용할 수 있는 3D 오브젝트 만들기
- 다른 플랫폼에서 실행할 수 있게 프로젝트 내보내기
- 셰이더 소개
- 고도에서 다른 프로그래밍 언어 사용하기
- 도움을 받을 수 있는 커뮤니티 리소스
- 고도 기여자 되기

이 장의 내용은 책의 프로젝트에서 한 걸음 더 나아가 자신만의 게임을 만드는 데 도움이 될 것이다. 여기에 있는 정보를 사용해 추가 리소스와 지침을 찾을 수 있을 뿐만 아니라, 앞서 다룬 초급 프로젝트에서는 다루지 않은 고급 주제도 찾아볼 수 있다.

## 7.1 고도 문서 사용하기

고도의 API application programming interface[1]를 배우는 일은 처음에는 벅차게 느껴질 수 있다. 다양한 노드와 그 노드 각각에 포함된 속성과 메서드에 대해 어떻게 전부 배울 수 있을까? 다행히도 고도 자체 문서가 도움이 될 것이다. 자주 사용하는 습관을 기르자. 처음 배울 때도 도움이 되지만, 사용법을 익힌 후에도 메서드나 속성을 빠르게 찾아 참조하기 좋은 방법이다.

> **NOTE  스킬 레벨 올리기**
> API 문서를 효과적으로 사용하는 방법을 배우는 것이야말로 스킬 수준을 극적으로 높일 수 있는 최고의 방법이다. 작업하는 동안 웹 브라우저에 문서 탭을 열어두고 자주 참조하며 현재 사용 중인 노드나 함수를 찾아보자.

에디터의 **Script** 탭에 들어가면 오른쪽 상단 모서리에서 다음 그림과 같은 버튼을 볼 수 있을 것이다.

**그림 7.1  문서 버튼**

[온라인 문서] 버튼을 누르면 브라우저에서 문서 웹 사이트가 열린다. 멀티 모니터를 사용한다면, 고도에서 작업하는 동안 빠르게 참조할 수 있게 API 참조를 한쪽에 열어두는 것이 매우 유용할 수 있다. 예를 들어 노드의 **Position**에 대해 작업하는 경우 `Vector2` 문서를 보고 해당 데이터 유형에 사용할 수 있는 모든 함수를 확인할 수 있다.

그 옆의 버튼은 고도 에디터에서 바로 문서를 볼 수 있게 해준다. [도움말 검색]을 클릭하면 메서드나 속성 이름을 검색할 수 있다. 검색은 **스마트**하므로 단어의 일부만 입력해도 되고, 많이 입력할수록 검색 결과가 좁혀진다. 다음 스크린숏을 살펴보자.

---

1   <sup>옮긴이</sup> 운영체제나 프로그래밍 언어가 제공하는 기능을 제어해 애플리케이션에서 사용할 수 있게 만든 인터페이스. 사람과 컴퓨터 사이의 인터페이스가 아니라 컴퓨터나 소프트웨어 사이의 인터페이스다.

그림 7.2  도움말 검색하기

원하는 속성이나 메서드를 찾으면, [**열기**]를 클릭해서 해당 노드에 대한 문서 참조를 볼 수 있다.

### 7.1.1  API 문서 읽기

바라는 노드에 대한 문서를 찾고 나면, 다음 스크린숏과 같이 공통 형식에 따라 노드 이름이 맨 위에 있고 그 뒤에 여러 하위 정보 절이 있음을 볼 수 있다.

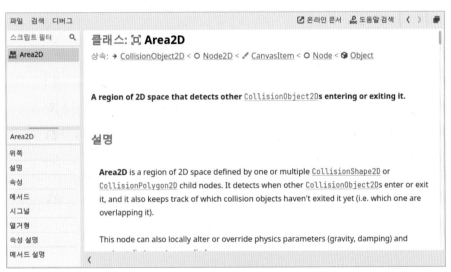

그림 7.3  API 문서

페이지 상단에는 **상속**Inherit이라는 목록이 있는데, 이는 특정 노드가 구축된 클래스의 체인을 보여주며, 고도의 기본 오브젝트 클래스인 `Object`까지 거슬러 올라간다. 예를 들어 `Area2D`에는 다음과 같은 상속 체인이 있다.

```
CollisionObject2D < Node2D < CanvasItem < Node < Object
```

이를 통해 이 유형의 오브젝트가 그 밖에 어떤 속성을 가질 수 있는지를 빠르게 확인할 수 있다. 예를 들어 `Area2D` 노드에는 **position** 속성이 있는데, 이 속성은 `Node2D`에 의해 정의되므로 `Node2D`를 상속하는 모든 노드는 2D 공간에서의 위치<sub>position</sub>도 갖게 된다. 이 목록에서 어느 노드 이름이든 클릭하면 해당 노드의 문서로 이동할 수 있다.

특정 노드에서 상속하는 노드(가 있다면) 유형의 목록과 노드에 대한 일반적인 설명도 볼 수 있다. 그 아래에서는 노드의 멤버 변수와 메서드를 볼 수 있다. 메서드와 유형 이름은 대부분 링크로 되어 있으므로, 아무 항목이나 클릭하면 그에 대한 자세한 내용을 읽을 수 있다. 이런 이름과 설명은 **인스펙터**에서 속성 위에 마우스를 올렸을 때 표시되는 것과 동일하다는 점에 주목하자.

작업할 때 일상적으로 API 설명서를 참조하는 습관을 기르자. 모든 것이 어떻게 엮여서 작동하는지에 대한 이해가 빠르게 향상됨을 느낄 수 있을 것이다.

## 7.2 버전 관리: 고도에서 깃 사용

누구나 언젠가는 실수를 하게 된다. 어쩌다 파일을 삭제하거나 일부 코드를 바꿔서 전체가 망가졌는데, 어떻게 해야 다시 작동하는 버전으로 돌아갈 수 있는지 알 수 없을 때가 있다.

이 문제에 대한 해결책은 **버전 제어 소프트웨어**<sub>version control software, VCS</sub>다. 가장 인기 있는 VCS는 전 세계 개발자가 사용하는 깃<sub>Git</sub>이다. 프로젝트에 깃을 사용하면 모든 변경 사항이 추적되므로 언제든지 시간을 '되감기'하고 원치 않는 변경 사항으로부터 복구할 수 있다.

다행히도 고도는 VCS에 매우 친화적이다. 게임의 모든 콘텐츠는 프로젝트 폴더에 보관된다. 씬, 스크립트, 리소스는 모두 사람이 읽을 수 있는 텍스트 형식으로 저장되어 깃에서 추적하기 쉽다.

깃은 일반적으로 명령줄 인터페이스를 통해 사용하지만, 그래픽 클라이언트도 사용할 수 있다. 고도의 **AssetLib**에서 받을 수 있는 깃 플러그인도 있으니 시험해봐도 좋다.

어떻게 사용하든 기본 워크플로는 2단계로 나눌 수 있다.

1. 추적하려는 파일을 **추가**<sub>add</sub>한다.
2. 변경한 내용을 **커밋**<sub>commit</sub>한다.

이뿐만 아니라, 깃허브나 깃랩GitLab 같은 웹사이트를 사용해 깃 기반 프로젝트를 저장하고 공유할 수 있다. 이는 개발자들이 프로젝트에서 협업하는 일반적인 방법이다. 실제로 고도 소스 코드 전체가 깃허브에 저장 및 관리된다. 이렇게 한다면 세 번째 단계가 추가될 것이다. 바로 커밋된 변경 사항을 원격 저장소repository에 **푸시**push하는 일이다.

대부분의 개발자는 명령줄 버전의 깃을 사용하는데, 이는 OS 패키지 관리자에서 설치하거나 https://git-scm.com/downloads에서 직접 다운로드할 수 있다. 깃 크라켄Git Kraken이나 깃허브 데스크톱GitHub Desktop 같은 GUI 인터페이스도 많다.

깃 사용에 대한 자세한 내용은 이 책의 범위를 벗어나지만, 가장 기본적인 사용법 하나만 예로 들겠다. 저장소를 만들고 업데이트해 변경 사항을 저장하는 방법에 대해서다. 이 모든 단계는 컴퓨터의 터미널, 즉 명령줄 인터페이스를 사용해 수행된다.

1. 첫 단계는 프로젝트 폴더에 새 깃 저장소를 만드는 것이다. 명령줄에서 해당 폴더로 이동해 다음을 입력하자.[2]

   ```
   [프로젝트 폴더]> git init
   ```

2. 프로젝트 작업 후에는 다음을 입력해 새 파일과 업데이트된 파일을 저장소에 추가한다.

   ```
   [프로젝트 폴더]> git add *
   ```

3. 변경 사항을 커밋해서, 필요한 경우 되돌릴 수 있는 '체크포인트'를 생성한다.

   ```
   [프로젝트 폴더]> git commit -m "짧은 설명"
   ```

이후 새 기능을 추가하거나 프로젝트를 변경할 때마다 2단계와 3단계를 반복한다.

커밋 메시지(예시의 "짧은 설명")에는 꼭 설명을 입력하자. 프로젝트 기록에서 특정 시점으로 되감아야 하는 경우 원하는 변경 사항을 식별하는 데 도움이 된다.

깃에는 방금 예시 말고도 다양한 기능이 있다. 브랜치branch(게임 코드의 버전 분기)를 생성하거나, 다른 사람들과 협업하여 동시에 수정하는 것 등이다. 다음은 프로젝트에서 깃을 사용하는 방법에

---

2  옮긴이 예시의 [프로젝트 폴더]는 명령줄 프롬프트다. 구체적인 모습은 OS 및 프로젝트 폴더마다 다르므로, 자신의 시스템에 맞게 찾아간 다음에 깃 명령어(예: git init)만 입력하면 된다.

대해 자세히 알아볼 수 있는 추천 정보다.

- https://docs.github.com/ko/get-started/quickstart/git-and-github-learning-resources
- 《Mastering Git》(Packt Publishing, 2016)

처음에는 어려워 보일 수도 있다. 깃은 학습 곡선이 가파르지만, 그만큼 투자할 가치가 있는 스킬이다. 처음으로 재난을 모면한 순간을 맞이하면 정말 감사하게 될 것이다. 게임 이외의 프로젝트에서도 깃의 유용함을 깨달을 수도 있다.

다음 절에서는 인기 있는 모델링 툴인 블렌더를 사용해 3D 오브젝트를 만들고, 이를 고도에서 사용하는 방법을 살펴본다.

## 7.3 고도와 블렌더 병용하기

블렌더는 매우 인기 있는 오픈 소스 3D 모델링 및 애니메이션 프로그램이다(그 밖에도 할 수 있는 작업이 많다). 3D 게임 제작을 계획하고 있고 그 게임에 사용할 아이템, 캐릭터, 환경을 만들어야 한다면 블렌더가 최고의 옵션일 것이다.

가장 일반적인 워크플로는 블렌더에서 glTF 파일을 내보낸 다음, 고도에서 가져오는 것이다. 안정적이고 신뢰할 수 있는 워크플로이며 대부분의 상황에서 잘 작동한다.

glTF 파일을 내보낼 때는 2가지 선택지가 있다. glTF 바이너리(`.glb`)와 glTF 텍스트(`.gltf`)다. 바이너리 버전이 압축률이 높은 만큼 더 선호되는 형식이지만, 어느 쪽이든 잘 작동한다.

### 7.3.1 가져오기 힌트

블렌더에서 메시를 가져온 다음에는 콜리전을 추가하거나 불필요한 노드를 제거하는 등의 수정을 하는 경우가 일반적이다. 이 작업을 단순화하기 위해 오브젝트 이름에 접미사를 추가하면 가져올 때 처리할 방식에 대한 힌트를 고도에 제공할 수 있다. 다음은 몇 가지 예시다.

- `-noimp`: 이 오브젝트는 가져온 씬에서 제거된다.
- `-col`, `-convcol`, `-colonly`: 이 옵션들은 해당 이름을 지정한 메시에서 콜리전 모양을 만들게 지시한다. 처음 두 옵션은 각각 자식 트라이앵글 메시나 볼록convex 폴리곤 모양을 만든다. `-colonly` 옵션은 메시를 완전히 제거하고 `StaticBody3D` 콜리전으로 대체한다.

- `-rigid`: 이 오브젝트를 `RigidBody3D`로 불러온다.

- `-loop`: 이 접미사가 있는 블렌더 애니메이션은 루프 옵션이 활성화된 상태로 불러온다.

문서를 참조하면 가용한 모든 불러오기 접미사에 대한 자세한 내용이 나온다.

## 7.3.2 블렌드 파일 사용하기

고도 4부터는 `.blend` 파일을 고도 프로젝트로 직접 가져올 수 있는 옵션이 추가됐다. 이 기능을 사용하려면 고도를 사용하는 바로 그 컴퓨터에 블렌더가 설치되어 있어야 한다.

이를 설정하려면 [에디터 설정]을 열고 **파일시스템/가져오기** 섹션을 확인하자. 여기에서 블렌더를 설치한 경로를 설정할 수 있다.

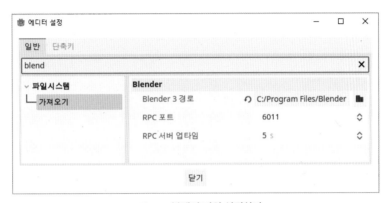

**그림 7.4 블렌더 지원 설정하기**

[폴더 아이콘]을 클릭해 블렌더 위치를 찾는다. 이 값을 설정하고 나면 `.blend` 파일을 고도 프로젝트 폴더에 바로 끌어다 넣을 수 있다. 이러면 디자인의 프로토타입 제작과 반복이 훨씬 빨라진다. 블렌더를 열고 디자인 변경 사항을 저장한 다음, 고도로 돌아가면 즉시 업데이트된 것을 확인할 수 있다.

블렌더는 3D 게임을 만들 계획이라면 꼭 배워야 할 중요한 툴이다. 오픈 소스이기 때문에 고도와 병행해 쓰기에 매우 적합하다. 학습 곡선이 도전적일 수 있지만, 시간을 투자해 배우면 3D 게임을 디자인하고 제작할 때 큰 도움이 된다.

이제 외부 콘텐츠를 게임 프로젝트로 가져오는 방법을 살펴봤으므로 다음 절에서는 게임을 내보내서 모바일 기기, PC, 웹 등 다른 시스템에서 실행하는 방법에 대해 설명한다.

## **7.4** 프로젝트 내보내기

언젠가는 여러분의 프로젝트가 전 세계와 공유할 만한 단계에 이르게 될 것이다. 프로젝트 내보내기란 고도 에디터가 없는 사람도 실행할 수 있는 패키지로 변환하는 것을 뜻한다. 프로젝트는 다양한 인기 플랫폼으로 내보낼 수 있다.

고도가 지원하는 대상 플랫폼은 다음과 같다.

- 안드로이드Android(모바일)
- iOS(모바일)
- 리눅스Linux
- 맥OSmacOS
- HTML5(웹)
- 윈도우 데스크톱
- 유니버설 윈도우 플랫폼Universal Windows Platform, UWP

프로젝트를 내보내기 위한 요구 사항은 대상 플랫폼에 따라 다르다. 예를 들어 iOS로 내보내려면 엑스코드Xcode가 설치된 맥OS 컴퓨터에서 실행 중이어야 한다.

각 플랫폼마다 고유한 특성이 있으며, 게임의 일부 기능은 하드웨어 제약, 화면 크기, 기타 요인으로 인해 일부 플랫폼에서 작동하지 않을 수 있다. 예를 들어 〈코인 대시〉 게임을 안드로이드 휴대폰용으로 내보낸다면, 사용자에게 키보드가 없기 때문에 플레이어가 움직일 수 없다. 해당 플랫폼의 경우 게임 코드에 터치스크린 컨트롤을 포함해야 한다(특정 플랫폼용으로 내보내기에 대해서는 뒤에서 자세히 설명한다).

모든 플랫폼은 고유한 특성이 있으며 내보내기를 위해 프로젝트를 구성 설정할 때는 고려해야 할 요소가 많다. 원하는 플랫폼으로 내보내기에 대한 최신 지침은 공식 문서를 참조하자.

> NOTE **콘솔용으로 내보내기**
> 고도 게임은 스위치Switch나 엑스박스Xbox 같은 콘솔에서도 완벽하게 실행 가능하지만, 그 과정은 좀 더 복잡하다. 닌텐도나 마이크로소프트 같은 콘솔 회사는 개발자에게 비밀 유지 조항이 포함된 계약서에 서명할 것을 요구한다. 이는 콘솔에서 게임을 실행할 수는 있지만 게임이 돌아갈 수 있게 작성한 코드를 공개적으로 공유할 수는 없다는 뜻이다. 콘솔 플랫폼에 게임을 출시할 계획이라면, 해당 작업을 스스로 하거나 이미 해당 계약을 체결한 회사와 파트너 관계를 맺어야 한다.

### 7.4.1 내보내기 템플릿

**내보내기 템플릿**export template은 각 대상 플랫폼에 맞게 컴파일되었지만 에디터는 포함되지 않은 고도 버전이다. 프로젝트를 대상 플랫폼의 템플릿과 결합하면 독립 실행형 애플리케이션이 생성된다.

시작은 내보내기 템플릿을 다운로드하는 것부터다. [에디터] 메뉴에서 [내보내기 템플릿 관리]를 선택한다.

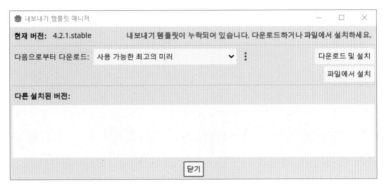

그림 7.5  내보내기 템플릿 관리

이 창에서 [다운로드 및 설치]를 클릭해 사용 중인 고도 버전과 일치하는 내보내기 템플릿을 패치할 수 있다. 어떤 이유로 여러 버전의 고도를 실행 중인 경우라면 창에 다른 버전도 나열될 것이다.

### 7.4.2 내보내기 프리셋

프로젝트를 내보낼 준비가 되면 [프로젝트 | 내보내기]를 클릭한다.

그림 7.6  내보내기 설정

그림 **7.6**의 창에서 [추가]를 클릭하고 목록에서 플랫폼을 선택하면 각 플랫폼에 대한 **프리셋**preset 을 만들 수 있다. 사전 설정은 각 플랫폼마다 바라는 만큼 많이 만들 수 있다. 예를 들어 프로젝트 의 '디버그' 버전과 '출시' 버전을 따로 만들 수도 있다.

각 플랫폼마다 고유한 설정과 옵션이 있으며, 여기서 설명하기에는 너무 많다. 일반적으로는 기본 값으로 충분하지만, 프로젝트를 배포하기 전에 철저히 테스트해야 한다. 자세한 내용은 다음 링크 에서 공식 문서를 참조하자.

https://docs.godotengine.org/ko/4.x/

### 7.4.3 내보내기

내보내기 창 하단에는 내보내기 버튼이 2개 있다. 두 번째 버튼인 [PCK/ZIP 내보내기]는 프로젝트 데이터의 PCK, 즉 압축 버전만 생성한다. 여기에는 실행 파일이 포함되지 않으므로 게임을 단독으 로 실행할 수 없다. 이 방법은 게임에 애드온, 업데이트, 다운로드 가능 콘텐츠downloadable content, DLC를 제공해야 하는 경우에 유용하다.

첫 번째 버튼인 [프로젝트 내보내기]를 클릭하면 게임의 실행 가능 버전(예: 윈도우용 `.exe`나 안드로이 드용 `.apk`)이 생성된다.

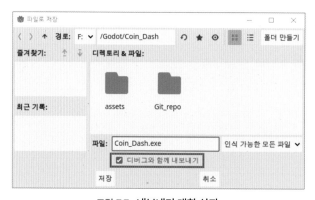

**그림 7.7 내보내기 대화 상자**

그다음에 나오는 대화 상자에서는 내보내는 프로젝트를 어디에 저장할지 고를 수 있다. [디버그와 함께 내보내기] 확인란을 주목하자. 선택된 상태가 기본인데, 게임의 최종 출시 버전을 내보낼 때는 이 옵션을 비활성화하는 편이 좋다.

**7.4.4** **특정 플랫폼용으로 내보내기**

내보내기를 위한 정확한 단계와 요구 사항은 대상 플랫폼에 따라 다르다. 예를 들어 데스크톱 플랫폼(윈도우, 맥OS, 리눅스)으로 내보내기는 매우 간단하며 추가 구성 설정 없이도 작동한다.

그러나 모바일 플랫폼에서 내보내기는 더 복잡할 수 있다. 예를 들어 안드로이드용으로 내보내려면 구글의 안드로이드 스튜디오Android Studio를 설치하고 올바르게 구성을 설정해야 한다. 모바일 플랫폼이 업데이트됨에 따라 세부 요구 사항이 주기적으로 변경될 수 있으므로, 가장 정확한 정보를 얻으려면 다음 링크에서 고도 문서를 확인해야 한다.

https://docs.godotengine.org/ko/4.x/tutorials/export/

내보내려는 플랫폼을 구성 설정하고 나면 다음과 같은 창이 표시된다.

그림 7.8 **내보내기 준비**

고도의 내보내기 시스템은 포괄적이고 강력하다. 여러 버전을 관리하고 플랫폼마다 다른 기능을 내보내는 등 다양한 옵션이 가능하다. 처음에는 복잡해 보일 수 있지만, 이런 복잡성은 대부분 특정 플랫폼의 규칙에서 비롯된다는 점을 기억하자. 모바일 작업을 시도하기 전에 데스크톱 플랫폼에서 먼저 연습하는 편이 가장 좋다.

다음 절에서는 셰이더라는 특수한 유형의 프로그램을 사용해 비주얼 이펙트를 구현하는 방법에 대해 알아본다.

## 7.5 셰이더 소개

**셰이더**shader는 GPU에서 실행되게 설계한 프로그램으로, 오브젝트가 화면에 나타나는 방식을 바꾼다. 셰이더는 2D 및 3D 개발 양쪽에서 광범위하게 사용되며 다양한 비주얼 이펙트를 낸다. 원래는 음영shading과 조명 효과에 사용됐기 때문에 셰이더라고 불리지만, 오늘날에는 폭넓은 비주얼 이펙트에 사용된다. GPU에서 **병렬**parallel로 실행되기 때문에, 매우 빠르며 한편으로 몇 가지 제약도 있다.

> **NOTE** 추가 학습
>
> 이 절에서는 셰이더의 개념에 대해 매우 간략하게만 소개한다. 좀 더 깊이 알고 싶다면 https://thebookofshaders. com/ 및 고도의 셰이더 문서(https://docs.godotengine.org/ko/4.x/tutorials/shaders/)를 참조하자.

이 책의 앞부분에서 `StandardMaterial3D`를 메시에 추가했을 때, 실제로는 (고도에 미리 구성 설정된 채 내장된) 셰이더를 추가하는 것이었다. 이 정도로도 대부분의 일반적인 상황에 유용하지만 때로는 더 구체화할 필요가 있으며, 이를 위해서는 셰이더 코드를 작성해야 한다.

고도에서는 GLSL ES 3.0과 매우 유사한 언어로 셰이더를 작성하게 된다. C 계열 언어에 익숙하다면 구문이 매우 유사함을 알 수 있을 것이다. 그렇지 않다면 처음에는 낯설게 보일 수도 있다. 이 절의 끝 부분에 추가 학습이 가능한 리소스 링크가 있으니 참조하자.

고도의 셰이더는 여러 가지 유형으로 제공된다.

- **spatial**: 3D 렌더링용
- **canvas_item**: 2D 렌더링용
- **particles**: 파티클 효과 렌더링용
- **sky**: 3D 하늘 머티리얼 렌더링용
- **fog**: 볼류메트릭volumetric 안개 효과 렌더링용

셰이더의 첫 줄에서 어떤 유형을 작성하고 있는지 선언해야 한다. 일반적으로 이 부분은 특정 유형의 노드에 셰이더를 추가할 때 자동으로 채워진다.

셰이더 유형을 정한 다음에는 렌더링 프로세스의 어떤 단계에 영향을 미칠지 고를 수 있다.

- **프래그먼트**fragment 셰이더는 영향을 받는 모든 픽셀의 색상을 설정하는 데 사용한다.
- **버텍스**vertex 셰이더는 모양 또는 메시의 꼭짓점vertex을 수정해 겉보기 모양을 바꿀 수 있다.
- **라이트**light 셰이더는 오브젝트에 대한 빛 처리 방식을 바꿀 때 적용한다.

이 3가지 셰이더 유형 각각에 영향을 받는 모든 대상에서 **동시에** 실행되는 코드를 작성하게 된다. 셰이더의 진정한 힘은 바로 여기서 나온다. 예를 들어 프래그먼트 셰이더를 사용하면 오브젝트의 모든 픽셀에서 동시에 코드가 실행된다. 이는 기존 언어를 사용하는, 각 픽셀을 한 번에 하나씩 반복하던 프로세스와 매우 다르다. 이런 종류의 순차적 코드는 최신 게임에서 처리해야 하는 엄청난 수의 픽셀을 처리하기에는 너무 느리다.

> **NOTE** **GPU의 중요성**
>
> 비교적 낮은 해상도인 480 × 720에서 실행되는 게임을 생각해보자. 이는 일반적인 휴대폰 해상도. 화면의 총 픽셀 수는 거의 35만 개에 달한다. 이런 픽셀을 조작하는 작업은 어느 것이든 1/60초 이내에 이루어져야 지연이 발생하지 않으며 게임 로직, 애니메이션, 네트워킹 등 프레임마다 실행되어야 하는 나머지 코드를 고려하면 이보다 훨씬 더 짧은 시간 안에 이루어져야 한다. GPU가 중요한 이유가 바로 여기에 있다. 프레임마다 수백만 개의 픽셀을 처리해야 하는 고사양 게임에서는 특히 더 중요하다.

### 7.5.1 2D 셰이더 만들기

몇 가지 셰이더 효과를 실감하기 위해, 씬을 만들고 `Sprite2D` 노드를 추가한 다음, 아무 텍스처나 마음에 드는 것으로 고르자. 이 예시에서는 〈코인 대시〉의 플레이어 이미지를 사용한다.

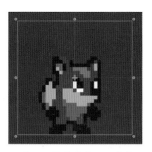

그림 7.9  **플레이어 스프라이트**

모든 `CanvasItem` 파생 노드(이 경우는 `Sprite2D`)는 **Material** 속성을 통해 셰이더를 추가할 수 있다. 이 속성에서 새 **ShaderMaterial**을 선택하고 새로 생성된 리소스를 클릭한다.

그림 7.10  셰이더 머티리얼 추가하기

첫 번째 속성은 셰이더로, 여기서 **새 셰이더**를 선택할 수 있다. 그러면 **셰이더 만들기** 창이 나타난다.

그림 7.11  셰이더 만들기 옵션

**모드**에 이미 올바른 셰이더 유형이 표시되어 있지만, 셰이더의 파일 이름을 넣어야 한다는 점에 주의하자. 기본적으로 고도 셰이더 파일은 `.gdshader`로 끝난다. 이름 입력 후 [만들기]를 클릭한 다음 새 셰이더를 클릭하면 하단 패널에서 편집할 수 있다.

방금 만든 새 셰이더에는 기본적으로 다음 코드가 있다.[3]

```
shader_type canvas_item;

void vertex() {
    // Called for every vertex the material is visible on.
}

void fragment() {
    // Called for every pixel the material is visible on.
}

//void light() {
    // Called for every pixel for every light affecting the CanvasItem.
    // Uncomment to replace the default light processing function with this one.
//}
```

셰이더 함수에는 내장built-in 입력값 또는 출력값이 많다. 예를 들어 TEXTURE 내장 입력에는 오브젝트 텍스처의 픽셀 데이터가 포함되며, COLOR 내장 출력은 픽셀 색상을 설정하는 데 사용된다. 프래그먼트 셰이더의 코드는 처리되는 모든 픽셀의 색상에 영향을 미친다는 점을 기억하자.

예를 들어 TEXTURE 속성에서 셰이더로 작업할 때, 좌표는 **정규화**normalize된 (즉 0에서 1 사이의) 좌표 공간에서 측정된다. 이 좌표 공간은 x/y 좌표 공간과 구분하기 위해 UV라고 부른다.

아주 간단한 예로, UV 위치에 따라 이미지의 각 픽셀 색상을 바꾸는 셰이더를 만들어보자.

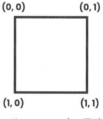

그림 7.12 UV 좌표 공간

**셰이더 에디터** 패널에 다음 코드를 입력한다.

```
shader_type canvas_item;

void fragment() {
    COLOR = vec4(UV.x, UV.y, 0.0, 1.0);
}
```

---

3  [옮긴이] 이 코드는 주석까지 자동 생성되므로 번역하지 않았다. 해석하자면 다음과 같은 뜻이다.
　　// 머티리얼이 표시되는 모든 꼭짓점에 대해 호출됨.
　　// 머티리얼이 표시되는 모든 픽셀에 대해 호출됨.
　　// 선택적으로 사용하기 때문에 전체가 주석 처리되어 생성된 light() 함수.

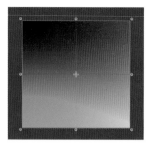

그림 7.13  색상 그러데이션

입력하자마자 전체 이미지가 빨강과 초록의 그러데이션gradation으로 바뀌는 것을 볼 수 있다. 무슨 일이 일어난 걸까? 그림 7.13의 UV 이미지를 보면 왼쪽에서 오른쪽으로 이동함에 따라 빨강값이 0에서 1로 증가하고, 초록도 마찬가지로 아래에서 위로 가며 증가한다.

다른 예를 시도해보자. 이번에는 색상을 선택할 수 있게 `uniform` 변수를 사용한다.

`uniform`을 사용하면 외부에서 셰이더로 데이터를 전달할 수 있다. `uniform` 변수를 선언하면 **인스펙터**에 해당 변수가 표시되며(GDScript에서 **@export**가 작동하는 방식과 비슷하다), 코드를 통해 설정할 수도 있다.

```
shader_type canvas_item;

uniform vec4 fill_color : source_color;

void fragment() {
    COLOR = fill_color;
}
```

**인스펙터**의 **Shader Parameters** 아래에 **Fill Color**가 나타남을 볼 수 있을 것이다. 클릭하면 값을 변경할 수 있다.

그림 7.14  셰이더 파라미터

이 예시에서 왜 이미지의 사각형 전체 색상이 바뀌었을까? 출력 COLOR가 모든 픽셀에 적용되기 때문이다. 플레이어 이미지 주변에는 투명한 픽셀이 있으므로, 픽셀의 a(알파) 값을 바꾸지 않으면 이런 픽셀은 무시할 수 있다.

```
    COLOR.rgb = fill_color.rgb;
```

이제 오브젝트의 색상만 바꿀 수 있다. 이를 '명중' 효과로 바꿔서 오브젝트가 부딪힐 때마다 깜박이게 해보자.

```
shader_type canvas_item;

uniform vec4 fill_color : source_color;
uniform bool active = false;

void fragment() {
    if (active == true) {
        COLOR.rgb = fill_color.rgb;
    }
}
```

이제 **Active** 속성을 클릭해 색상을 켜고 끌 수 있다. 두 uniform 변수가 모두 **인스펙터**에 나타나므로 이제 AnimationPlayer에 트랙을 추가하고 이 값들을 애니메이션해서 비주얼 이펙트를 낼 수 있다.

다음은 또 다른 예시다. 이번에는 이미지 주위에 윤곽선outline을 만들어보자.

```
shader_type canvas_item;

uniform vec4 line_color : source_color;
uniform float line_thickness : hint_range(0, 10) = 0.5;

void fragment() {
    vec2 size = TEXTURE_PIXEL_SIZE * line_thickness;
    float outline = texture(TEXTURE, UV + vec2(-size.x, 0)).a;
    outline += texture(TEXTURE, UV + vec2(0, size.y)).a;
    outline += texture(TEXTURE, UV + vec2(size.x, 0)).a;
    outline += texture(TEXTURE, UV + vec2(0, -size.y)).a;
    outline = min(outline, 1.0);

    vec4 color = texture(TEXTURE, UV);
    COLOR = mix(color, line_color, outline - color.a);
}
```

이 셰이더에서는 훨씬 많은 일이 진행된다. 내장된 `TEXTURE_PIXEL_SIZE`를 사용해 각 픽셀의 정규화된 크기(이미지 크기와 비교한 픽셀 크기)를 가져온다. 그런 다음 이미지의 4면 모두에 있는 픽셀의 투명도를 '합산'한 부동 소수점 값을 구한다. 마지막으로, `mix()` 함수를 사용해 해당 윤곽선 값을 기반으로 원본 픽셀의 색상과 선 색상을 조합한다.

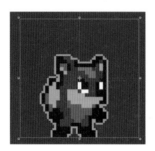

그림 7.15 윤곽선 셰이더

한 가지 중요한 점이 있다. 윤곽선이 캐릭터의 발 아래로는 내려가지 않았음에 주목하자. 이는 오브젝트의 셰이더가 해당 이미지의 픽셀에만 영향을 줄 수 있기 때문이다. 이 이미지에서 캐릭터의 발은 가장자리에 있기 때문에, 그 아래에는 셰이더의 영향을 받을 수 있는 픽셀이 없다. 2D 셰이더 효과를 작업할 때는 이 점을 염두에 두는 것이 중요하다. 2D 아트를 만드는 경우에는 이미지 주위에 몇 픽셀의 테두리를 남겨서 가장자리가 잘리지 않도록 하자.

### 7.5.2 3D 셰이더

3D 셰이더 하나를 이용해 `vertex()` 셰이더가 어떻게 작동하는지 살펴보자. 새 씬에서 Mesh Instance3D를 추가하고 PlaneMesh 모양을 선택한다. 꼭짓점을 더 잘 볼 수 있게 [원근] 메뉴에서 **와이어프레임 표시**를 선택한다.

**Mesh** 리소스를 클릭해 펼치고 이전에 했던 것처럼 **Material** 속성에 새 셰이더를 추가한다.

그림 7.16 평면에 셰이더 추가하기

평면 모양을 사용하므로 네 모서리에 4개의 꼭짓점이 있다. vertex() 함수는 이 각 꼭짓점에 효과를 적용한다. 예를 들어 y 값에 뭔가를 더하면 모두 위로 이동한다.

다음 코드부터 시작해보자.

```
shader_type spatial;

void vertex() {
    VERTEX.y += sin(10.0 * UV.x) * 0.5;
}
```

이번엔 spatial 유형 셰이더를 사용하는 것에 주목하자. 현재 노드가 Node3D 계열이기 때문이다.

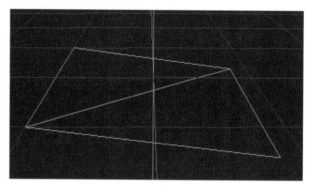

그림 7.17 꼭짓점 이동하기

별로 달라진 것이 없어 보인다. +x 방향의 두 꼭짓점이 약간 아래로 이동했을 뿐이다. 하지만 이 메시에서는 UV.x가 0 또는 1에 불과하므로 sin() 함수의 역할이 많지 않다. 더 많은 변화를 보려면 꼭짓점을 더 추가해야 한다. 메시 속성에서 **Subdivide Width**와 **Subdivide Depth**를 둘 다 32로 바꾸자.

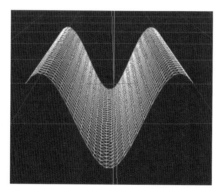

그림 7.18 많은 꼭짓점으로 작업하기

이제 훨씬 더 다양한 효과를 볼 수 있다. X축을 따라 꼭짓점들이 위아래로 움직이면서 부드러운 사인파sine wave를 만들어낸다.

한 가지 더 재미있는 효과를 위해 내장된 TIME을 사용해 효과를 애니메이션해보자. 코드를 다음과 같이 바꾼다.

```
VERTEX.y += sin(TIME + 10.0 * UV.x) * 0.5;
```

시간을 들여 이 함수를 실험해보자. 새로운 시도를 두려워하지 말자. 실험이야말로 셰이더의 작동 방식에 익숙해질 수 있는 훌륭한 방법이다.

### 7.5.3 추가 학습

셰이더는 놀랍도록 다양한 효과를 낼 수 있다. 고도의 셰이더 언어를 실험해보는 것은 기본을 익히는 훌륭한 방법이다. 시작점으로는 고도 문서의 셰이더 절이 가장 좋다.

https://docs.godotengine.org/ko/4.x/tutorials/shaders/

인터넷에는 추가 학습을 위한 리소스가 풍부하다. 셰이더에 대해 배우다 보면 고도에 특화되지 않은 리소스를 사용할 수도 있으며, 그래도 고도에서 작동하는 데 큰 문제가 없을 것이다. 기본 개념은 모든 유형의 그래픽 애플리케이션에서 동일하다.

게다가 고도 문서에는 다른 인기 있는 소스의 셰이더를 고도의 GLSL 버전으로 변환하는 것에 대한 페이지도 있다.

셰이더가 얼마나 강력한지에 대한 몇 가지 예를 보려면 https://www.shadertoy.com/을 방문해보자.

이 절에서는 셰이더와 셰이더 효과라는 심층적인 주제에 대해 간략하게 소개했다. 셰이더는 통달하기 매우 어려운 주제일 수 있지만, 셰이더가 제공하는 강력한 기능은 그만큼 노력할 가치가 있다.

다음 절에서는 고도에서 다른 프로그래밍 언어를 사용할 수 있는 방법을 살펴본다.

## 7.6 고도에서 다른 프로그래밍 언어 사용하기

이 책에 수록된 프로젝트는 모두 GDScript를 사용해 작성됐다. GDScript는 장점이 많아서 게임 제작을 위한 최고의 선택이 될 수 있다. 고도의 API와 매우 긴밀하게 통합되어 있으며, 파이썬 식의 구문이라 신속한 개발에 유용할 뿐만 아니라 초보자도 사용하기 쉽다.

하지만 이것이 유일한 옵션은 아니다. 고도는 2가지 다른 '공식' 스크립팅 언어를 지원하며, 그 밖의 다양한 언어를 사용한 코드를 통합할 수 있는 툴도 제공한다.

C#은 게임 개발에서 매우 인기 있는 언어이며, 고도 버전은 .NET 6.0 프레임워크를 기반으로 한다. 널리 사용되는 만큼 C#을 배우는 데 사용할 수 있는 리소스가 많고, 다양한 게임 관련 기능을 수행하기 위한 기존 코드도 많다.

이 글을 쓰는 시점에는 고도 버전 4가 아직 비교적 새로운 버전이다. 지속적으로 기능이 추가되고 버그도 수정되고 있으므로, 최신 정보를 얻으려면 다음 링크의 C# 문서를 참조하자.

https://docs.godotengine.org/ko/4.x/tutorials/scripting/c_sharp/index.html

C# 구현을 사용해보려면 먼저 .NET SDK가 설치돼 있는지 확인해야 한다. `https://dotnet.microsoft.com/ko-kr/download`에서 다운로드할 수 있다. 또한 C# 지원이 포함된 고도 버전을 다운로드해야 하는데, `http://godotengine.org/download`에서 **Godot Engine - .NET**이라고 표시된 버전을 받으면 된다.

또한 고도의 내장 에디터보다 더 많은 디버깅과 언어 기능을 제공하는 외부 에디터(비주얼 스튜디오 코드Visual Studio Code나 모노디벨롭MonoDevelop 등) 사용이 필요하다. [에디터 설정]의 **닷넷**Dotnet 섹션에서 설정할 수 있다.

C# 스크립트를 노드에 붙이려면, **노드 스크립트 붙이기** 대화 상자에서 언어를 선택한다.

그림 7.19 스크립트 만들기 대화 상자

일반적으로 C# 스크립트는 이 책에서 GDScript로 한 작업과 거의 동일하게 작동한다. 가장 큰 차이점은 API 함수의 이름이 GDScript의 표준인 스네이크 방식snake_case 대신 C# 표준을 따르는 파스칼 방식PascalCase으로 바뀐다는 점이다.

게임을 제작할 때 유용하게 사용할 수 있는 기존 C# 라이브러리도 많다. 절차적 생성, 인공 지능, 그 밖의 심도 있는 주제는 가용한 C# 라이브러리를 사용하는 편이 구현하기 더 쉬울 수 있다.

다음은 C#에서 `CharacterBody2D`를 이동하는 예제다. 이를 〈정글 점프〉의 이동 스크립트와 비교해보자.

```csharp
using Godot;

public partial class MyCharacterBody2D : CharacterBody2D
{
    private float _speed = 100.0f;
    private float _jumpSpeed = -400.0f;

    // 프로젝트 설정에서 중력을 가져와 리지드 바디 노드와 동조한다.
    public float Gravity = ProjectSettings.GetSetting(
        "physics/2d/default_gravity").AsSingle();
    public override void _PhysicsProcess(double delta)
    {
        Vector2 velocity = Velocity;

        // 중력을 더한다.
        velocity.Y += Gravity * (float)delta;
        // 점프 처리
        if (Input.IsActionJustPressed("jump") && IsOnFloor())
            velocity.Y = _jumpSpeed;

        // 입력 방향을 구한다.
        Vector2 direction = Input.GetAxis("ui_left", "ui_right");
        velocity.X = direction * _speed;

        Velocity = velocity;
        MoveAndSlide();
    }
}
```

C# 설정과 사용에 대한 자세한 내용은 앞서 소개한 고도 문서 링크의 스크립팅 절을 참조하자.

## 【7.6.2】 그 밖의 언어: GDExtension

선택할 수 있는 프로그래밍 언어는 많다. 각 언어마다 장단점이 있으며, 선호하는 팬들도 있다. 고도에서 모든 언어를 직접 지원하는 것은 합리적이지 않지만, GDScript만으로는 특정 문제를 해결하는 데 충분하지 않은 상황이 있을 수 있다. 기존 외부 라이브러리를 사용하고 싶거나, AI 또는 절차적 월드 생성 등 계산 집약적인 작업을 수행하는 경우 GDScript로 작성하는 것이 합리적이지 않을 수 있다.

GDScript는 인터프리트interpret 언어이기 때문에 성능 대신 유연성을 얻었다. 이는 일부 프로서서 집약적인 코드의 경우 용납할 수 없을 정도로 느리게 실행될 수 있다는 뜻이다. 이 경우 컴파일compile 언어로 작성된 네이티브 코드를 실행하면 높은 성능을 얻을 수 있다. 이런 상황에는 해당 코드를 GDExtension으로 옮길 수 있다.

**GDExtension**은 GDScript와 C#에서 사용 가능한 동일한 API를 개방하는 기술로, 다른 언어로 작성한 코드로 고도에게 지시할 수 있게 해준다. 기본적으로 C와 C++에서 직접 작동하지만 제3자 바인딩third-party binding을 사용하면 다른 많은 언어도 사용할 수 있다.

이 글을 쓰는 현재, 다른 언어를 스크립팅에 사용할 수 있게 GDExtension을 사용하는 프로젝트가 여러 가지 있다. 여기에는 C, C++, 러스트Rust, 파이썬, 님Nim 등이 포함된다. 이 글을 쓰는 시점에서 이런 추가 언어 바인딩은 아직 비교적 새롭지만, 각각 언어마다 전담 개발자 그룹이 작업하고 있다. 특정 언어를 고도에서 사용하는 데 관심이 있다면, 구글에서 'godot + [언어 이름]'으로 검색하면 어떤 언어가 사용 가능한지 찾을 수 있을 것이다.

다른 프로그래밍 언어로 작업하는 것이 모든 게임 프로젝트에 반드시 필요한 일은 아니므로, 낯선 언어까지 반드시 배워야 한다고 생각하지는 말자. 이 절은 이 정보가 유용할 수 있는 독자들을 위한 것이며, 작업에 쓰고 싶은 언어가 있을 경우 염두에 두면 좋을 것이다.

다음 절에서는 고도의 작동 방식에 대해 추가 학습을 하거나, 예제를 찾거나, 자신의 프로젝트에 대한 도움을 받을 수 있는 커뮤니티 리소스를 찾아볼 것이다.

## 7.7 도움받기: 커뮤니티 리소스

온라인 커뮤니티는 고도의 강점 중 하나다. 오픈 소스의 특성상 다양한 사람들이 함께 엔진을 개선하고, 문서를 작성하고, 문제 해결을 위해 서로 돕는다.

공식 커뮤니티 리소스 목록은 https://godotengine.org/community에서 확인할 수 있다. 이런 링크는 시간이 지남에 따라 바뀔 수도 있긴 하다. 현재 알아두어야 할 주요 커뮤니티 리소스는 다음과 같다.

- **깃허브**: https://github.com/godotengine/

  고도 깃허브 저장소는 고도의 개발자들이 일하는 곳이다. 직접 사용하기 위해 커스텀 버전의 엔진을 컴파일해야 하거나 그냥 엔진의 내부 작동 방식이 궁금하다면 이곳에서 고도의 소스 코드를 찾을 수 있다.

  엔진 자체에 문제가 있는 경우(뭔가가 작동하지 않거나 문서에 오타가 있는 경우 등) 이곳에 신고하자.

- **고도 Q&A**: https://forum.godotengine.org/

  고도의 공식 도움말 사이트다. 커뮤니티의 답변을 바라고 이곳에 질문을 게시할 수 있으며, 이전에 답변된 질문의 데이터베이스를 검색할 수도 있다. 혹시 답을 아는 질문을 발견했다면 여러분이 도움을 줄 수도 있다.

- **디스코드**: https://discord.gg/zH7NUgz

  고도 엔진 디스코드는 매우 활발하고 친절한 고도 사용자 커뮤니티로, 도움을 받고, 질문에 대한 답을 찾고, 다른 사람들과 프로젝트에 대해 토론할 수 있다. 필자가 #beginner 채널에서 질문에 답변하는 모습을 볼 수도 있다.

### 7.7.1 고도 레시피

필자가 만든 고도 레시피 웹사이트(https://kidscancode.org/godot_recipes/4.x/)도 있다. 어떤 게임 시스템을 만들든 도움이 될 만한 해결책과 예제 모음이 있다. FPS 캐릭터를 만들거나, 복잡한 애니메이션 상태를 처리하거나, 적에게 AI를 추가하는 방법을 볼 수 있다.

또한 직접 체험해볼 수 있는 추가 튜토리얼과 완성된 게임 예시도 있다.

그림 7.20 **고도 레시피 웹사이트**

이미 설명했듯이 고도 엔진의 가장 큰 강점 중 하나는 커뮤니티다. 여기에 나열된 리소스뿐만 아니라 다른 많은 리소스들도 엔진에 대해, 그리고 다른 사람을 돕는 데 열정을 가진 고도 사용자 커뮤니티가 구축한 것이다. 다음 절에서는 여러분이 고도에 기여할 수 있는 방법을 찾아볼 수 있다.

## **7.8** 고도에 기여하기

고도는 커뮤니티가 주도하는 오픈 소스 프로젝트다. 고도의 제작, 테스트, 문서화, 그 밖에도 지원을 위해 수행되는 모든 작업은 주로 열정적인 개인이 자신의 시간과 기술을 기부함으로써 이루어진다. 기여자 대부분에게 이 작업은 애정 어린 노동이며, 사람들이 즐겁게 사용할 수 있는 양질의 무언가를 만드는 데 도움이 된다는 자부심을 가지고 있다.

고도가 지속적으로 성장하고 발전하기 위해서는 언제나 한 명이라도 많은 커뮤니티 구성원의 참여와 기여가 필요하다. 스킬 수준이나 헌신할 수 있는 시간이 얼마나 되든, 도움을 줄 방법은 다양하다.

### 7.8.1 엔진에 기여

고도의 개발에 직접 기여할 수 있는 방법은 크게 두 가지가 있다. https://github.com/godotengine/godot를 방문하면 고도의 소스 코드를 볼 수 있을 뿐만 아니라 현재 어떤 작업이 진행 중인지도 확인할 수 있다. [Code | Download Zip]을 클릭하면 가장 최근의 소스 코드를 다운받고 최신 기능을 테스트해볼 수 있다. 그러려면 엔진을 빌드해야 하지만, 겁내지 말자. 고도는 컴파일하기 매우 쉬운 오픈 소스 프로젝트다. https://docs.godotengine.org/ko/4.x/contributing/development/compiling/index.html에 이에 대한 안내가 나와 있다.

C++ 코드에 직접 기여할 수 없다면, **Issues** 탭으로 이동해 버그를 신고하거나 버그 및 개선에 대한 제안을 읽어도 된다. 버그 보고서를 확인하고, 수정 사항을 테스트하고, 새로운 기능에 대한 의견을 제시할 사람은 늘 필요하다.

### 7.8.2 문서 작성

고도의 공식 문서가 좋아지는 방법은 커뮤니티의 기여뿐이다. 오타 수정 같은 사소한 것부터 전체 튜토리얼 작성에 이르기까지 모든 수준의 도움이 환영받고 있다. 공식 문서의 홈페이지는 https://github.com/godotengine/godot-docs이다.

지금쯤이면 시간을 들여 공식 문서를 살펴보고 무엇이 가능한지에 대한 아이디어를 얻었기를 바란다. 잘못된 내용이나 누락된 부분을 발견하면 앞서 언급한 깃허브 링크에서 이슈를 생성하자. 깃허브 사용에 익숙하다면 한 걸음 더 나아가 직접 풀 리퀘스트pull request[4]를 제출할 수도 있다. 다만, 먼저 모든 지침을 읽어본 뒤에야 기여가 승인될 수 있다는 점은 명심하자. 이 지침은 https://docs.godotengine.org/ko/4.x/contributing/ways_to_contribute.html에 나와 있다.

영어 이외의 언어를 사용하는 독자라면, 번역도 간절히 필요하니 영어를 사용하지 않는 고도 사용자들에게 큰 도움이 될 것이다. 자신의 언어로 기여하는 방법에 대해서는 https://docs.godotengine.org/ko/4.x/contributing/documentation/editor_and_docs_localization.html을 보자.

---

4 　[옮긴이] 풀(pull)은 깃허브에서 소스 코드 등을 가져오는 행위다. 풀 리퀘스트란 원본 저장소에 자신이 작업한 내용을 '가져가주길 바란다'고 요청하는 것이다. 다시 말해 자신이 기여한 부분을 원본에 적용해달라는 요청이다.

### 7.8.3 기부

고도는 비영리 프로젝트이며, 사용자 기부는 호스팅 비용과 하드웨어 등의 개발 리소스를 충당하는 데 큰 도움이 된다. 또한 후원금은 프로젝트의 핵심 개발자에게 급여를 지급함으로써 부업 또는 전업으로 엔진 개발에 전념할 수 있게 한다.

고도에 기부하는 가장 쉬운 방법은 기부 페이지(https://godotengine.org/donate)를 이용하는 것이다.

## 요약

이 장에서는 고도를 다루는 스킬을 더욱 향상시키는 데 도움이 되는 몇 가지 추가 주제에 대해 배웠다. 고도에는 이 책에서 살펴본 것 말고도 매우 많은 기능이 있다. 여러분만의 프로젝트를 진행하게 되면 어디를 살펴보고 어디에서 도움을 요청해야 하는지 알아야 한다.

또한 다른 프로그래밍 언어로 작업하고 셰이더를 사용해 게임의 비주얼 이펙트를 향상하는 등의 고급 주제에 대해서도 배웠다.

거기에 더해, 고도는 커뮤니티에 의해 만들어졌기 때문에 함께 참여하고 팀의 일원으로 합류해서 이 엔진이 가장 빠르게 성장하는 프로젝트 중 하나가 될 수 있게 기여하는 방법을 배웠다.

# 한국어판 부록:
# 고도 엔진 에디터 메뉴 버튼 설명

고도 엔진의 에디터는 다른 경쟁 제품에 비해서 사용하기 쉬운 편이지만, 각 메뉴와 기능에 대한 친절한 안내서가 없으므로 게임 개발 자체를 처음 접하는 사람에게는 다소 어려울 수 있다.

다행히도 대부분의 메뉴와 버튼(아이콘)은 다음과 같이 마우스를 위에 얹으면roll over 짤막한 도움말이 뜨므로, 이를 활용하면 많은 기능을 손쉽게 익힐 수 있다.

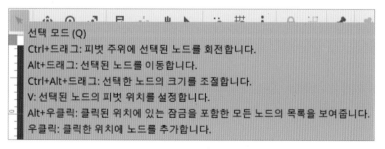

**그림 A.1 롤오버 팁 예시**

이 한국어판 부록에서는 본문에서 설명한 메뉴는 간략히 넘어가고 자세한 설명이 없었던 메뉴 위주로 소개한다.

## A.1 에디터 선택 메뉴

고도 에디터 최상단에는 뷰포트에 어떤 기능을 보여줄지 고르는 에디터 선택 메뉴가 있다.

⌐ 2D    ⇄ 3D    ▋Script    ⬇ AssetLib

그림 A.2 최상단 메뉴바

⌐ **2D** (2D 에디터): 2D 노드들의 배치 상태를 보고 편집할 수 있다. 프로젝트의 전체 노드가 아닌 한 씬 안의 노드만 보이는 것에 주의하자. 씬은 파일시스템 탭에서 선택하거나 오른쪽 상단 메뉴의 [씬]에서 열 수 있다.

⇄ **3D** (3D 에디터): 3D 노드들의 배치 상태를 보고 편집할 수 있다. 기본 기능은 2D 에디터와 비슷하지만 [원근] 버튼 등 3D에 특화된 UI가 많다.

둘 중 어느 뷰포트를 선택한 상태이든, 씬 탭에서 2D 노드를 선택하면 2D 에디터로, 3D 노드를 선택하면 3D 에디터로 자동 변경된다는 점에 주의하자. 2D 노드를 3D 에디터에서 보거나 3D 노드를 2D 에디터에서 볼 수는 없다. 어떤 노드가 2D인지 3D인지는 해당 노드의 아이콘 색깔로 알 수 있다. 2D는 파란색, 3D는 빨간색이다. UI용으로 쓰이는 컨트롤 노드는 초록색이며, 에디터에서는 2D로 취급된다.

▋ **Script** (스크립트 에디터): 선택한 노드의 스크립트를 보고 편집할 수 있다. 다른 프로그래밍 언어 에디터와 비슷하며, 모든 메뉴가 아이콘이 아닌 문자로 되어 있어서 알아보기 쉬운 편이다.

⬇ **AssetLib** (애셋 라이브러리): 고도 커뮤니티 멤버들이 제작한 각종 플러그인을 다운로드할 수 있는 곳이다. 각종 툴, 머티리얼, 셰이더, 심지어 스크립트까지 종류도 다양하다. 소수 인원이 큰 프로젝트를 진행하고 싶다면, 바퀴를 재발명하기보다 먼저 여기서 필요한 기능을 다운로드할 수 있는지 찾아보는 편이 좋다. 모든 애셋은 요약 정보에 라이선스가 표시돼 있으므로, 각자의 재정적 여건에 따라 활용 가능한 것만 다운로드하면 된다(대다수는 고도 엔진 자체와 같이 MIT 허가서를 따른다).

## A.2 2D 에디터 상단 메뉴

2D 에디터를 선택하면 뷰포트 상단에 다음과 같은 메뉴바가 보인다.

**그림 A.3  2D 에디터 메뉴바**

**(선택 모드):** 2D 에디터의 기본 모드다. 원칙적으로는 뷰포트 안에 있는 노드를 클릭해서 선택하는 기능이지만, 그 밖에도 이동, 회전, 크기 조정 등 다른 2D 뷰포트 모드의 기능 상당수를 이 모드 안에서 해결할 수 있다.

**(이동 모드):** 선택한 노드의 위치를 바꿀 수 있는 모드다. 기즈모를 이용해 가로나 세로 한 방향으로만 이동시킬 수도 있다. 여러 노드를 선택해서 한 번에 이동할 수도 있지만, 이 경우 기즈모는 사라진다. 마우스 드래깅 외에 키보드의 방향키로도 이동 가능하다. 기즈모 활용 말고는 선택 모드의 이동 기능과 같다.

**(회전 모드):** 선택한 노드를 회전시킬 수 있는 모드다. 여러 노드를 선택해서 한 번에 회전시킬 수도 있다. 선택 모드의 [Alt + 드래그]와 같다.

**(스케일 모드):** 선택한 노드의 크기를 조정할 수 있는 모드다. 기즈모를 이용해 가로나 세로 한 방향으로만 크기를 조절할 수도 있다. 드래깅할 때 노드의 위치가 아닌 피벗(Offset)을 기준으로 크기가 조정된다는 점에 주의하자. 선택 모드의 [Ctrl + Alt + 드래그]와 같다.

**(목록에서 선택):** 마우스를 클릭한 곳에 겹쳐 있는 노드가 목록으로 뜨며, 그중 하나를 선택할 수 있다. 해당 위치에 노드가 하나뿐이면 자동으로 그 노드가 선택된다. 여러 노드가 한 위치에 겹쳐 있을 때 유용한 기능이다. 선택 모드의 [Alt + 우클릭]과 같다.

**(피벗 변경):** 선택한 노드의 피벗 위치를 바꿀 수 있는 모드다. 피벗은 회전뿐만 아니라 크기 조정의 기준점도 된다. Offset 속성이 없는 노드를 선택했을 때는 이 버튼이 비활성화된다. 선택 모드의 Ⓥ 키와 기능은 같지만 사용법이 다른데, 피벗 변경 모드에서는 클릭할 때 피벗이 변경되지만 선택 모드의 Ⓥ 키는 누른 상태에서 마우스를 움직이는 동안 피벗이 마우스 포인터를 계속 따라다니며 바뀌다가 키에서 손을 떼면 그 자리에 고정된다.

**(팬 모드):** 좌클릭해서 뷰포트에서 보이는 영역을 옮길 수 있는 모드다. 다른 모드에서 마우스 가운데 버튼을 클릭하고 드래그할 때와 같다.

**(자 모드):** 이 모드를 선택하고 뷰포트를 클릭하면 현재 좌표가, 클릭 후 드래깅하면 다음 그림과 같이 처음 클릭한 곳으로부터의 변위 및 각도가 표시된다. 노드 간의 상대적인 위치를 파악할 때 유용하다.

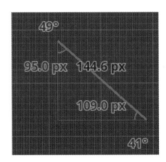

**그림 A.4 자 모드에서의 길이 및 각도 측정**

**(스마트 스냅):** 스마트 스냅 모드를 토글한다. 스마트 스냅은 노드를 이동하거나 회전, 혹은 크기를 조정할 때 가까이 있는 노드와 가이드에 자동으로 맞춰주는 기능이다.

**(격자 스냅):** 이동, 회전, 크기 조정을 일정한 간격의 격자grid로 스냅하는 모드를 토글한다.

**(스냅 설정):** 스마트 스냅과 격자 스냅의 설정을 구성하는 메뉴다. 다음 그림과 같이 다양한 설정이 가능하다.

**그림 A.5 스마트 스냅 및 격자 스냅 설정**

🔒 **(노드 잠금)**: 선택한 노드를 고정시켜 변형(이동, 회전, 크기 조정)을 불가능하게 한다. 잠근 노드는 뷰포트에서 더 이상 선택이 불가능하고, 다시 변형하려면 씬 탭에서 선택한 뒤 잠금 아이콘을 눌러 해제해야 한다. 다만 잠근 상태에서도 인스펙터 탭에서 속성 변경을 통해 변형할 수는 있다.

📱 **(노드 그룹화)**: 선택한 노드의 자식을 선택 가능/불가능하게 토글한다. 2.4.1 '씬 생성' 절에서도 설명했지만, 노드가 많고 서로 복잡하게 겹칠수록 요긴해지는 기능이다.

🦴 **(스켈레톤 설정)**: 노드의 스켈레톤을 설정하는 기능이다. 스켈레톤은 멋진 애니메이션 작업을 할 수 있는 유용한 기능이지만 이 책의 범위를 벗어나므로, 자세한 내용은 다음 링크를 참조하자.

https://docs.godotengine.org/ko/4.x/tutorials/animation/2d_skeletons.html

🎥 **(프로젝트 카메라 오버라이드)**: 현재 실행 중인 프로젝트 창의 카메라를 뷰포트의 카메라와 일치시키는 기능이다. 실행 중인 게임 화면의 패닝과 줌 인/아웃이 가능해서, 화면 크기보다 큰 레벨 디자인이 플레이 중에 잘 작동하는지 검토할 때 특히 유용하다. 다만 뷰포트에 선택한 씬과 현재 실행 중인 씬이 일치하지 않을 경우 실행 창이 제대로 보이지 않을 수 있다. 프로젝트나 씬의 [실행] 중에만 활성화할 수 있으며, 평소에는 여기 보이는 아이콘처럼 비활성화된다.

보기 뷰포트에서 여러 가지 요소가 보일지 안 보일지를 설정하는 메뉴다. 프로젝트 자체의 내용과는 관계가 없고, 편집 작업에 도움이 되는 각종 보조 요소를 끄고 켤 수 있는 기능이다.

그 밖에, 선택한 노드에 따라 추가 메뉴(컨텍스트 메뉴)가 보이는 경우가 있다. 예를 들어 `Sprite2D` 노드의 추가 메뉴는 다음 그림과 같다.

그림 A.6 **Sprite2D의 뷰포트 추가 메뉴**

## **A.3** 3D 에디터 상단 메뉴와 원근 버튼

3D 에디터의 메뉴바에는 2D 에디터 메뉴바와 동일한 기능이 많으므로, 여기서는 2D 에디터와 다른 점만 설명하겠다.

**그림 A.7** 2D 뷰포트 메뉴바

**(선택 모드):** 2D 에디터의 선택 모드와 같지만, 이동이나 크기 조정 등 몇 가지 기능이 빠져 있다. 3D는 2D보다 화면 보기가 복잡하고 팬 모드가 없어서 패닝 및 줌 인/아웃 방법을 따로 익혀야 한다. [Ctrl + 가운데 클릭 드래깅]은 줌 인/아웃이고, [Ctrl + 우클릭 드래깅] 또는 [Shift + 가운데 클릭 또는 우클릭 드래깅]은 패닝이다.

**(로컬 공간 사용):** 로컬 공간 사용을 토글한다. 자세한 내용은 '5.2.4 글로벌 공간과 로컬 공간' 절을 참고하자.

**(스냅):** 3D에서는 스마트 스냅과 격자 스냅의 구분이 없다. 스냅 기본값은 이동 1m, 각도 15°, 스케일 10%이며, [변형 | 스냅 구성...]에서 바꿀 수 있다.

**(프로젝트 카메라 오버라이드):** 3D 시점(원근) 변경이 가능하다는 것 말고는 2D 에디터의 기능과 매우 유사하게 작동하나, 3D 노드의 색깔에 맞춰서 빨간색 아이콘으로 변경되었다.

**(태양 미리 보기):** 태양광 아래에서 오브젝트들이 어떻게 보일지를 토글한다. 활성화가 기본값이다. 씬 안에 `DirectionalLight3D` 노드가 있다면 (태양광도 이 노드에 해당되므로) 자동으로 비활성화된다.

**(환경 미리보기):** 기본 환경 안에서 오브젝트들이 어떻게 보일지를 토글한다. [태양 미리 보기]와 마찬가지로, 활성화가 기본값이며 씬 안에 `WorldEnvironment` 노드가 있다면 자동으로 비활성화된다.

**(태양 및 환경 설정):** 태양광과 환경을 간편하게 설정하는 기능이다. 자세한 내용은 '5.4.3 환경과 조명' 절을 참고하자. 이 설정을 하고 나면 [태양 미리 보기]와 [환경 미리 보기]는 비활성화된다.

**변형** 위치, 회전, 크기 조정 등 각종 변형을 설정할 수 있는 기능이다. 인스펙터 탭의 Transform 섹션을 이용해도 되지만, 노드마다 해당 섹션을 일일이 찾기는 번거로우므로 자주 활용된다. 오브젝트를 자동으로 바닥에 맞추는 [오브젝트를 바닥에 스냅] 기능은 특히 편리하다. 앞서 설명했듯이, [스냅]의 구성 설정도 이 메뉴에서 하게 된다.

보기 2D 에디터와 마찬가지로 각종 보조 요소를 토글할 수 있지만, 이 메뉴의 가장 중요한 기능은 뷰포트를 몇 개 사용할지 설정하는 것이다. 3D에서는 단일 뷰포트만으로는 오브젝트의 정확한 공간 위치를 파악하기 어렵기 때문에 다중 뷰포트가 도움이 된다. 뷰포트의 기본값 설정도 이 메뉴에서 한다.

그림 A.8  뷰포트 개수 선택 및 원근 기본값 설정

원근 이 버튼은 상단 메뉴바가 아니라 뷰포트에 있지만, 3D 에디터에서 중요한 기능이므로 같이 소개한다. 뷰포트를 보는 '시점'을 다양하게 선택할 수 있고 명암, 와이어프레임, 셰이더 등을 토글할 수도 있다. 이 중 특히 자주 쓰이는 직교/원근 뷰 선택은 원근 메뉴로 들어가지 않아도 뷰포트 오른쪽 위에 있는 좌표축 아이콘을 클릭하거나 드래그해서 바로 이용할 수도 있다.

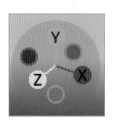

그림 A.9  뷰 선택이 가능한 좌표축 아이콘

## A.4 플레이 테스트 메뉴바

제작 중인 프로젝트가 제대로 작동하는지 테스트하기 위해 사용하는 버튼들이다. 에디터 창 맨 오른쪽 위에 있다.

**그림 A.10 플레이 테스트 메뉴바**

▶ **(프로젝트 실행)**: 현재 프로젝트의 메인 씬을 실행한다. 메인 씬이 없을 경우는 선택하라는 대화창이 나타난다. 프로젝트 실행 중에는 [재시작] 버튼으로 바뀌는데, 이를 클릭하면 '현재' 프로젝트를 재시작하게 된다. 즉 실행 중에 씬이나 스크립트를 변경했을 경우에 재시작하면 이 변경이 반영된다.

⏸ **(프로젝트 일시 정지)**: 현재 실행 중인 프로젝트와 씬을 일시 정지시킨다. (당연히) 실행 중에만 활성화되며, 다시 한번 누르면 정지가 풀리고 실행이 재개된다.

⏹ **(프로젝트 정지)**: 현재 실행 중인 프로젝트를 종료하고 창을 닫는다. 일시 정지와 마찬가지로 실행 중에만 활성화된다.

🖥 **(원격 디버그)**: 원격 디버깅을 위해 별도 기기에서 실행한다. Forwad+ 렌더링 환경에서는 브라우저에서 실행하는데, 이 기능을 사용하기에 앞서 내보내기 템플릿을 설치할 필요가 있다. 이에 대해서는 7.4.1 '내보내기 템플릿' 절을 참조하자.

🎬 **(현재 씬 실행)**: 현재 선택한 씬만 실행한다. 모든 씬이 '실행' 가능한 것은 아니므로, 별다른 작동이나 애니메이션이 없는 씬은 정지된 노드나 빈 화면만 표시될 것이다.

🎬 **(특정 씬 실행)**: 실행할 씬을 선택한다는 점 말고는 현재 씬 실행과 동일하다.

🎨 **(무비메이커)**: 프로젝트 및 씬의 실행을 동영상 파일로 저장한다. 이 기능을 사용하기에 앞서 [프로젝트 | 프로젝트 설정...]의 에디터/영상 제작기 필드에서 저장할 영상 파일 이름을 지정할 필요가 있다.

| Forward+ ∨ | **(렌더링 선택)**: 렌더링 모드를 선택한다. 다음과 같은 3가지 모드가 있으며, 모두 포워드 렌더링이다.

- **Forward+**: 크러스터링되는 조명을 사용하는 방식이며, 데스크톱에서 좋은 성능을 보여주지만 모바일에서는 효율이 크게 떨어진다.
- **모바일(Mobile)**: 단일 패스식 조명을 사용하는 렌더러로, 모바일 GPU에 최적화되어 있으나 데스크톱에서도 실행할 수 있다.
- **호환성(Compatibility)**: 전통적인 (클러스터링되지 않은) 렌더러로, 구형 및 저가 모바일 기기에서도 잘 동작하는 데 초점이 맞춰져 있다.

고도 엔진의 렌더링에 대한 자세한 내용은 다음 링크를 참조하자.

https://docs.godotengine.org/ko/4.x/contributing/development/core_and_modules/internal_rendering_architecture.html

## A.5 고도 에디터 활용 참고 문서

고도에는 2D, 3D, 스크립트 에디터 등 기본 에디터만이 아니라 애니메이션 트랙 에디터, 타일 맵 에디터, 타일셋 에디터 등 특정 기능에 전문화된 에디터들도 있다. 이 에디터의 사용법을 모두 살펴보는 것은 이 책의 범위를 벗어나므로 해당 기능에 대한 고도 문서를 참고할 것을 추천한다. 하지만 고도 입문자가 방대한 문서에서 필요한 내용을 바로 찾아보기는 어렵기에 이에 대한 링크를 정리했다.

이 문서 중 상당수가 아직 영어로 되어 있지만, 이 책을 준비하는 동안에도 기여자들의 노력으로 고도 문서의 한국어 번역이 꾸준히 이루어져 왔으므로 앞으로 점점 접근성이 좋아질 것으로 기대한다.

- **애니메이션 트랙 에디터 사용법**

  https://docs.godotengine.org/ko/4.x/getting_started/first_3d_game/09.adding_animations.html

- **타일 맵 에디터 사 용법**

  https://docs.godotengine.org/ko/4.x/tutorials/2d/using_tilemaps.html

- **타일셋 에디터 사용법**

  https://docs.godotengine.org/ko/4.x/tutorials/2d/using_tilesets.html

- **고도 엔진 에디터 단축키 목록**

  단축키 목록은 에디터를 사용할 때에도 편리하게 이용할 수 있지만, 고도 엔진에 무슨 기능이 있는지를 파악하는 데에도 매우 유용하다.

  https://docs.godotengine.org/ko/4.x/tutorials/editor/default_key_mapping.html

귀중한 시간을 내서 이 책을 읽어주어서 감사하다. 고도로 게임 개발 여정을 시작하는 데 유용했기를 바란다. 이 책의 목표는 게임 제작에 대한 '복사-붙여넣기' 해법을 제공하는 것이 아니라, 게임 개발 과정에 대한 직관력을 키우는 데 도움을 주는 것이다. 다른 리소스들을 살펴보면서 알게 되겠지만, 문제를 해결하는 방법은 여러 가지가 있으며 '정답'이 아예 없을 수도 있다. 자신의 상황에 맞게 무엇이 적합한지 평가하고 결정하는 것은 개발자인 여러분의 몫이다. 앞으로의 게임 프로젝트에 행운이 깃들기를 바라며, 언젠가 여러분이 만든 게임을 플레이할 수 있기를 바란다.

# 찾아보기